長州の刺客

星亮一
Hoshi Ryoichi

明治維新の内幕

批評社

はじめに

明治維新とはなんだったのか。根本的な見直しが求められている。

それは薩摩、長州藩が複数の刺客《しかく》を東北に送り込み、まったく必要のない戦争を誘発し挙句の果てに、北海道まで内戦の渦に巻き込み、多くの犠牲者を出し、国土を疲弊させた。勝てば官軍、負ければ賊軍という悪しき日本を誕生させたからである。この功罪が今日まで問われてこなかったことは、日本近代史の一大汚点であった。

戊辰戦争に敗れた東北諸藩は、一山百文《ひとやまひゃくもん》とあざけられ、長州藩の宿敵、会津藩の人々は罪人として下北半島に流罪とされた。その無慈悲なやり方は見せしめ以外の何物でもなかった。

仙台に本社を置く新聞社、河北新報の社名は「白河以北一山百文」に由来する。薩長政権のたらい回しに反抗し、初めて薩長以外から総理になった南部藩出身の原敬《はらたかし》の雅号も一山だった。

そうした歴史のせいか、東北地方出身の総理は少なく、仙台は、江戸藩邸で育った高橋是清一人だけで、会津若松からは一人の総理も出ていない。

会津から総理の声があったのは伊東正義《いとうまさよし》代議士である。大平正芳総理の盟友で、官房長官、外務大臣、臨時首相代理を歴任した。先祖は会津藩士である。

外務大臣に就任した時である。外務省の記者倶楽部の会見で冒頭、

「俺は長州が大嫌いだ。ここに、山口県の者はおるか」

と、叫んだ。外務大臣としては異例の発言である。皆、唖然として伊東を見つめた。大平総理が倒れ

た後、総理候補にあがったが、辞退した。体調がすぐれなかったという話しである。残念というか無念である。

一体、奥羽に戦乱をもたらした人物は誰なのか。会津殲滅《せんめつ》を強く打ち出したのは長州藩の木戸孝允《きどたかよし》（桂小五郎）である。京都で反幕府のテロ活動を行っていた時代から木戸は会津藩と新選組に激しい憎悪を抱いてきた。一度、会津藩の警備網に摑まり危うく命を落としかけたことがあった。

木戸孝允は会津藩をどうしてもこの世から消してしまいたいという憎悪の執念を持っていた。そこで木戸は仙台に一人の刺客を送り込んだ。長州藩士世良修蔵《せらしゅうぞう》である。

世良修蔵は仙台藩に会津総攻撃を命じ、仙台藩も一度はその手にはまったが、「東北皆敵」という世良の秘密文書が露見し、怒った仙台藩士が世良を誅殺し、東北諸藩あげて、薩長軍と戦火を交えるに至った。

明治維新は日本の近代化のためには避けて通れない道ではあったが、奸策と狡知によって倒幕、権力を詐取し、奥羽六藩を無視してそれを実現しようとした薩長軍首脳の思考は、日本の歴史を大きく歪める元凶になった。

かくて会津、仙台藩をはじめ東北の人々は、歪んだ日本近代史に今日なお不信感を抱き続けている。

長州の刺客

明治維新の内幕＊目次

はじめに 3

第一章
仙台湾 13

奇襲上陸 13／但木土佐の驚愕 14／公家の二枚舌 16／臨検、そして強奪 17／
実権を握る下参謀 18／薩長軍の傍若無人な振る舞い 19／洋式調練 21／
江戸に出奔 22／遣米使節 24／ポーハタン号 25／会津藩鶴ケ城 27／
世良修蔵の罵倒 28／会津藩討伐の藩論 31／会津に激震 32／混乱する近隣諸藩 34

第二章
仙台藩は、どこに向かうのか 35

疑心暗鬼 35／小幕府 36／伊達一門の傑出した人物 37／暁天の星群 40／
中士階級 41／藩主慶邦に上洛の勅命 43／兵制改革 44／蟹油事件 45／
泥縄式の出兵 47／戦争への不安 48／記念の額 50／会津藩説得 51

第三章
仙台藩出陣　53
会津征討軍の出陣　53／目前の会津兵　55／本営は岩沼　56／
凶作の中の御用金徴収　57／緊張と喧噪の七ヶ宿　58／伊達安芸隊　59／
小斎佐藤隊の出陣　62／会津兵に接触　63／
梃子でも動かぬ佐川官兵衛　65／戦闘勃発　66／砲弾乱れ飛ぶ前線　67

第四章
七ヶ宿会談　69
介添役の米沢藩　69／真田喜平太と梶原平馬　73／梶原平馬の予言　74／
梶原平馬の思惑　75

第五章
河井継之助　77
江戸　77／彰義隊の上野戦争　78／会津・長岡藩の密約　79／奥羽越諸藩の会談　82／

軍事顧問　82／桑名藩の決断　84／越後十一藩　85／
町野久吉、突撃死　87／新潟会談　89／会津藩の疑念　90／
会津藩の両面作戦　92／正義党事件　93

第六章　関東戊辰戦争

95

捨て石　95／古屋佐久左衛門　96／奇襲攻撃　98／
銃声一発　99／市街戦　100／大鳥圭介脱走　101／報恩寺　102／
乱れ飛ぶ戦乱の情報　103／日光東照宮　104／江戸奪還を目指す　105／
黒羽藩の動向　106／九条総督と面談　107

第七章　世良修蔵誅殺

110

謝罪嘆願書　110／但木土佐の満面の笑み　112／梶原平馬の涙　113／世紀の会合　114／
裸の奥羽鎮撫総督九条道孝　117／白河決戦　118／謝罪嘆願拒否の波紋　121／
世良修蔵の身に迫る危機　122／金沢屋　124／世良修蔵の手紙　126／瀬上主膳激怒　127／

決行の夜　128／世良修蔵の処刑　129／墓碑　131／木谷のオビー（比丘尼）　132

第八章　奥羽越列藩同盟　135

仙台藩の大義　135／激しい怒号　136／奥羽越列藩の盟約　138／大田原藩　143／
前哨戦　144／仙台、会津藩の布陣　145／会津の大軍団　147／仙台城下の喧噪　150／
藩内の不調和音　153／薩長軍の巧妙な戦略　154／棚倉口　157／花は白河　160／
白河民衆の伝聞　161

第九章　岩倉具視の策謀　165

秘密文書露見　165／姦物岩倉具視　167／新たな刺客の派遣　168／
奥羽越列藩同盟の瓦解　169／判断が甘い仙台藩　171／
九条道孝の逃避行　172／桂太郎の秋田藩懐柔策　174

第十章　仙台藩大失敗・秋田藩離脱　175
工作開始　175／評定奉行自殺　176／内官と外官の対立　177／雷風義塾　178／仙台藩使節暗殺を命令　181／ためらう決起隊　183／狂気・仙台藩使節の斬殺　184／一輪の花　186／顔面蒼白　187

第十一章　ものの哀れは秋田口　189
支離滅裂　189／楢山佐渡　190／進撃開始　192／コヘイタサマの命令　194／庄内藩連戦連勝　196／掠奪合戦　197／「五本骨月印扇」旗の退却　199

第十二章　列藩同盟の危機　202
水沢兵の帰国　202／磐城国　203／降服会談　207／三春藩　209／但木土佐の辞意　211／

敵は相馬藩　213／決戦駒ヶ嶺峠　214／相馬藩から密書　216／恭順した相馬藩の悲劇　221

第十三章　無念の降伏

223
会津鶴ヶ城落城　223／阿鼻叫喚の地獄絵　225／亘理で降伏式　226／白鳥事件　228／
勤王派仙台藩士の残虐な裏切り　229／秋田藩の戦後　231／楢山佐渡の死　233

第十四章　戊辰戦争史の原点

235
三斗小屋事件　235／入り乱れる間者　236／豊岡村の人馬の動員　237／
芸州藩の徴発　238／小説と史実の違い　240／民百姓の声　241／百姓の悪知恵　242／
嫁が来た　243／イギリス人医師　245／保科正之との隔壁　247／白岩一揆　249／
なぜ戦争に　250／森谷秀亮　251／秋田の変心　254／新潟のお寺　256／三春と二本松　258／
少年兵平太の目　259／美化された薩長　262／私の取材録　263／前夜祭　264／平行線　264／
吉田松陰　265／略奪暴行　266／和解への遠い道のり　268

エピローグ

仙台藩幕末群像ルポ　269

世良修蔵の墓——東北戊辰戦争の火ぶた　269／
仙岳院本堂〜輪王寺宮御座所　272／
清浄光院——「額兵隊」星恂《じゅん》太郎《たろう》墓　273／
日浄寺——悲劇の重臣、坂英力の墓　273／
龍雲院——「鴉組」細谷十太夫の碑　275／
保春院——奥羽越列藩同盟の立役者、玉虫左太夫の墓　276／
飯沼貞吉終焉の地　278／
瑞鳳殿——弔魂碑、鹿児島県人七士の墓　279

あとがき　280

参考文献一覧　282

第一章
仙台湾

奇襲上陸

鳥羽伏見の戦争で、幕府、会津軍を破り、江戸に侵攻して、江戸「無血」開城を成し遂げた薩長軍は、宿敵会津藩を攻撃すべく、慶応四年(一八六八)三月早々、仙台湾に海路、軍船を派遣した。

この頃、連日、仙台湾には強風が吹いていた。空はどんよりと暗い。白波が大きくくだけ、岸壁に飛沫が上がっていた。普段は茫洋とした霞のなかにある松島も、荒々しい風景であった。

春の嵐である。沿岸警備の仙台藩兵は、この強風のなかを近づいて来る大型軍船の存在を知っていた。

「あれはなんだ」

漁師が叫んだ。水平線の彼方に千切れるようにたなびく煙が見えた。船は次第に巨大な姿を現した。

慶応四年(一八六八)三月十八日、仙台湾寒風沢《さぶさわ》に薩長軍の軍船が入港した。この日は風波悪しく、一行は翌日東名浜《とうなはま》に上陸した。仙台藩は予想だにしなかった奇襲を受けた。

薩長軍一行は三月二日、京都を発し、大坂に出て、十一日に大坂から乗船、仙台湾に入港したのである。公家、薩摩、長州藩の参謀、筑前、仙台、秋田藩の兵が加わった大兵団である。

「これが仙台か」

長州藩士世良修蔵《せらしゅうぞう》の得意げな顔があった。多くの人は長い船旅で、青ざめており、奥羽鎮撫総督の従一位九条道孝は、憔悴しきっていた。傍らに副総督沢為量《さわためかず》、参謀醍醐忠敬《だいごただゆき》の公卿の顔があった。船酔いは、上陸するとすぐ治るものである。

一行は三人の公卿のほかに薩摩藩部隊、隊長和田五左衛門、同斥候樺山彦右衛門、半隊長山本治郎兵衛ら戦士八十六人、雑兵役夫百二十八人、長州藩部隊、隊長桂太郎、同小隊長粟谷市太郎、同半隊長飯田千歳ら戦士百六人、雑兵三十人。

さらに筑前藩応接永田慎七郎、隊長大野忠右衛門、監察杉山新五右衛門、銃隊長貝原市之進、安永駿、菅弥一右衛門、和田市之丞、神尾七兵衛ら戦士百人、雑兵三十六人、総督付諸大夫塩部少輔朝山刑部、権少輔谷中書、戸田主水ほか兵九十七人、副総督兵三十四人、参謀兵十三人が乗り込んでいた。しめて三百人。ほかに仙台藩隊長大越文五郎、小監察伊藤十郎兵衛、銃士七十九人（うち三十九人は但木土佐の兵、ほかは江戸邸卒）、遊撃隊湯目長太郎、黒沢亮之輔、兵百人と秋田藩士土屋源吾、泉恕助らも乗船していた。

見なれぬ軍船に人垣ができた。女や子供たちも遠巻きに、一行の上陸を見つめた。兵士たちは、ダン袋姿に錦切れを縫いつけ、異様な服装だった。女たちを見ると、卑猥な声を投げつけた。

但木土佐の驚愕

「まさか」

知らせを受けた仙台藩首席奉行、執政の但木土佐《ただきとさ》は、青ざめた。

但木土佐はこの正月、京都にいた。正月十三日に薩長新政府の機関、参与所《さんよしょ》から召喚があり、出頭すると、至急、兵を上洛させよとの達しである。

「仙台は僻遠残雪余寒《へきえんざんせつよかん》のため三月初旬になる」

と但木土佐は答えた。どうなるかわからない。うかつには動けない。それが京都の情勢だった。但木土佐は翌日、再び召喚され、

「仙台藩一手を以って、会津本城を襲撃すべし」

と命じられた。土佐はこれを聞いて、わが耳を疑った。仙台一藩で会津藩を攻撃すると、仙台藩の重役の一人が述べたというのである。

「ばかな」

但木土佐は初めて我に返った。翌日、江戸在勤の大童信太夫《おおわらしんだゆう》が仮建所に出頭し、そうした事実はない、誤りだと述べたが、どうも大童の放言が原因のようだった。

去る一夜、大童が酒宴の席で気焔を挙げたことが元で、尾ひれ羽ひれが付き、あちこちに広がったというのが真相だった。「ばかものが」、土佐は機嫌が悪かった。

但木土佐が見た京都は驚天動地《きょうてんどうち》の世界、皆がトコトンやれの調子につられて踊り出しそうな雰囲気だった。

嘉永、安政以来、幕府の取締りを嘲うかのように、尊王攘夷を唱えながら、市中で乱暴狼藉を働き、挙げ句、天皇の御所に向かって大砲を撃ち込んだ薩長の無頼の志士たちが、天下を握りかけたのだから、京都はひっくり返るような騒ぎであった。薩長にあらずんば人にあらず、そういう雰囲気だった。

公家の二枚舌

但木土佐は、公家衆の二枚舌にも驚いた。鳥羽伏見戦争で、まさか幕府軍と会津藩が負けるとは思ってもいなかったので、公家の驚きは大きく、薩長軍の背後で暗躍し、火を焚きつけた岩倉具視《いわくらともみ》もいささか不安になったのか、但木土佐の顔を見ると、

「薩長は図に乗って何をやらかすか心配じゃ。余は伊達を頼りにしておる」

と土佐に語った。公家得意の両天秤である。土佐は身震いを感じた。岩倉ら公家集団は、散々薩長をけしかけ、討幕に成功するや豹変し、今度は仙台藩にもすり寄る狡猾《こうかつ》ぶりである。但木土佐は公家のそうした諂《へつら》いに嫌悪感を覚えた。

山内容堂や松平春嶽《しゅんがく》らも苦々しい表情で、土佐に、

「これは徳川と島津の喧嘩で御座る。そこへ錦の御旗を持出して一方を賊となさるおつもりじゃによって事が面倒になった」

と言った。

先が見えない京都での日々、但木土佐は目が冴えて眠れなかった。こうした京都の情報は仙台の国元に刻々伝えられ、但木土佐に続いて、三好監物《みよしけんもつ》、富田小五郎らも上洛し、対処したが、仙台藩の大言壮語が一人歩きし、一月十七日には、仙台藩士坂本大炊と富田小五郎に、「仙台藩単独で朝敵会津を討つべし」と錦旗を授けられる始末だった。事態が変転していて、何がどうなっているのか分からないうちに、仙台藩も薩長諸藩の仲間に加えられ、会津攻撃の先兵を命じられていた。このまま京都

に留まってはいられない。但木土佐は大急ぎで帰国してみると、仙台藩は何も変わってはいなかった。どこを眺めても誰に話を聴いても、まるで危機意識がなかった。

「いい天気だいっちゃ」

人々は春を満喫していた。

仙台藩は江戸や京都の情勢に疎《うと》かった。薩長軍がどのような奸策を弄して倒幕し、天下を握ったのか、会津藩がどのような思いで、会津に帰国したのか、まったく思いが及ばなかった。天下が逆転するまで、仙台の人々は、はるか遠い出来事と思っていた。

錦旗を手にした坂本大炊は、感激のあまり涙ながらに会津討伐の出兵論を唱え、三好監物のごときは、恰《あたか》も薩長軍の代弁者のような口ぶりだった。

しかし、奥羽鎮撫総督府なるものが、仙台に乗り込んでくるとは、その時、誰一人、夢にも思わなかった。

奥羽鎮撫総督府の無頼の徒は、早速、松島の海で略奪行為に出た。

臨検、そして強奪

「あれはなんだ」

突然、薩摩藩士下参謀大山格之助が入り江に浮かぶ西洋型帆船を指差した。この日、東名浜には江戸商人の船が停泊していた。商品の砂糖、陶器を満載し、南部釜石まで運搬する途中、ここで強風を避けていた。

大山はやにわに臨検を命じ、積み荷の中身を知るや、

「これは敵の船なり」

と分捕りを命じ、貨物と船を没収した。後日、それを売って数千両をかせいでいる。この掠奪行為を目撃した住民は驚き、婦女子は一目散に逃げ帰った。

「これが帝《みかど》の軍隊か」

仙台藩兵も余りのことに愕然とした。

この日、総督一行は周辺の民家に分宿した。急を聞いて仙台藩から三好監物が出迎えた。商船を強奪するという意外な事件の勃発に、薩長派を自任する三好も顔色を変えた。何が起こるか分かったものではない。前途に暗雲が漂っていた。

総督一行は二十一日、松島を遊覧し、松島随一の旅館観瀾亭《かんらんてい》に宿泊した。

奥羽鎮撫総督九条道孝は摂家の一つ、関白尚忠の長男で、鼻筋の通った貴公子である。この時二十九歳。後年、四女節子が大正天皇皇后となった。副総督沢為量《さわためかず》は五十六歳。参謀醍醐忠敬は十九歳。総督も含めて薩長軍の傀儡《かいらい》である。

実権を握る下参謀

総督一行を牛耳るのは下参謀である。薩摩藩の大山格之助は西郷隆盛の配下で、文政八年(一八二五)生まれの四十三歳。後に綱良《つなよし》を名乗り、鹿児島県令となるが、西南の役で、西郷隆盛に味方し斬首刑となる。

今回の任務は庄内藩征討である。

会津藩担当が長州藩の世良修蔵で、天保六年（一八三五）生まれの三十三歳。高杉晋作の奇兵隊で活躍した革命の申し子である。長州藩正義派の幹部として活躍、第二奇兵隊の軍監を務め、数々の修羅場を乗り越え、革命軍の幹部に上り詰め、自信満々で仙台に乗り込んで来た。

長州藩の最高指導者木戸孝允が送り出した会津攻撃の刺客である。宿敵会津の攻撃に執念を燃やし、もっぱら命令は世良から出された。

仙台藩主伊達慶邦が型通りの挨拶をすませると、世良が九条に、

「早々に人数を繰りだし会津へ討ち入ること、策略は参謀と申し談ずべきこと」

と抑揚のない声で命じた。

但木土佐は顔色を変えた。仮にも主君慶邦は仙台藩主、官位は中将である。一片の言葉で命令するとは何事か。慶邦の表情にも明らかに不快感があった。

「余は帰る」

慶邦はそそくさと帰城した。

薩長軍の傍若無人な振る舞い

三月二十六日、榴ヶ岡《つつじがおか》公園の梅林亭《ばいりん》で花見の宴が開かれた。総督府から沢副総督、醍醐参謀、世良下参謀らと薩長軍の諸隊長が出席した。酒がはいると世良は酔いにまかせて、出兵せぬ仙台藩は軟弱だとなじった。この日、下参謀大山格之助は東名浜に行って欠席した。

報告によれば、分捕った船の処分に当たり乱暴極まりない言葉を吐き、奥羽など眼中にないと傍若無人の振る舞いである。この日を境に薩長兵は公然と仙台人を侮蔑した。薩摩、長州、筑前藩の兵士たちは、

竹に雀を袋に入れて
後においらのものとする

と、仙台藩をあざける俗謡を唄いながら、徒党を組んで仙台の町をのし歩いた。竹に雀は、いわずと知れた伊達家の紋所である。

天下はすでに俺たちのものだ、仙台藩も奪い取ってやるという唄である。なかには商人の店《たな》に押し入って、品物を強奪したり、婦人を強姦する薩長兵まで現れた。

総督府の宿舎として藩校養賢堂を奪われた学徒たちは烈火のごとく怒り、仙台の婦人が辱めを受けたことにも、耐えがたい屈辱と義憤を感じた。

「養賢堂に火を放ち、薩長兵を皆殺しにしてやる」

学徒たちが立ち上がった。但木土佐は、監察の安田竹之助を呼び、

「若い奴らをなだめてくれ。いま、ことを起こすべきにあらず」と説得を命じたが、

「私は学徒たちを支持する」と叫ぶ教官もいて藩校養賢堂は大混乱に陥った。

薩長軍は、まだできたばかりの無頼漢の寄り合い集団に過ぎなかった。幕府の残存勢力として、京都で覇権を争ってきた会津藩が厳然として存在している以上、このような形での東北入りは、伊達政

宗以来の雄藩、仙台藩士の感情を逆撫でする傍若無人なものであった。

当時、仙台藩領は天候不順による凶作で、仙台藩は窮乏にあえいでいた。正直のところは戦争どころではなかった。しかし朝廷からの命令とあらば、受けるしかなかった。

洋式調練

三月二十五日には、「ご覧」と称して郊外の杉山台で、奥羽鎮撫使の軍勢と仙台藩兵の演習があった。仙台藩は新式のミニエー銃を持ち、ダン袋姿の足軽一大隊を出し、射撃や調練を披露した。

「どうだ」

といわんばかりに、但木土佐は胸を張った。

次に薩長兵が登場し、散兵訓練を披露した。ところが戦法がまるで違っていた。小銃を手にした兵士たちは、匍匐《ほふく》したり、藪に隠れて狙撃したりする戦法に皆度胆をぬかれた。

但木土佐の表情が厳しくなった。圧巻は大砲隊だった。奥羽鎮撫使の軍勢は圧倒的に優勢だった。長州や薩摩は「ハンドルモデル」と称する軽快な新式大砲を持ち出し、どこにでも運搬して自由自在に砲撃した。仙台藩の砲術関係者は顔色を失った。新式銃、新式大砲の購入と訓練が急務だった。

江戸で西洋銃砲伝習を受け、講武所の西洋砲術兵法の師範役を務めた若年寄の真田喜平太《さなだきへいた》は、薩長軍と仙台藩の圧倒的な武力の差を感じ、薩長軍に与して仙台藩も官軍一体になって、会津を討つしかないと判断した。彼は、真田幸村の末裔である。

勤王派の宿老の遠藤文七郎、儒者で勤王派の桜田良佐《りょうすけ》、登米郡石越領主芦名靭負《あしなゆきえ》、東磐井郡薄衣《うすぎぬ》

領主泉田志摩《いずみだしま》、参謀の増田歴治《ますだれきじ》らもこれに同調した。しかし藩主伊達慶邦は慎重であった。

「会津の意向を聞かずして、事は収まるまい。玉虫左太夫を会津に遣わすべし」

といった。

慶邦は何が何でも会津を討つという世良修蔵の言い分は、きわめて奇怪に思えた。慶邦の考えは双方の言い分を聞くという中立の立場である。そのために会津藩の意向を聞く必要がある。慶邦はそう考えた。

玉虫左太夫は万延元年（一八六〇）、日米通商修好条約の批准の際、米国に派遣された遣米使節の一員として訪米した仙台藩の開明派の人物だった。反薩長の論客で、「薩長は王道を歩んでいない。私利私欲の集団であり、彼らが日本国を治めることは認めがたい」と主張していた。

年齢は四十五歳、決して若くはないが、その思考は柔軟だった。

江戸に出奔

玉虫左太夫は仙台藩鷹匠頭、玉虫平蔵の五男として文政六年（一八二三）仙台に生まれた。中級武士の倅である。子供の頃から頭が切れた。

仙台藩校養賢堂に入学するやたちまち頭角を現し、十三歳のとき、仙台藩士荒井東吾の養子に迎えられた。荒井には娘虎婦《こふ》がおり、玉虫はやがて結婚して一女佐世をもうけたが、虎婦は病弱で、間もなく病没。左太夫は佐世を虎婦の妹に託して、江戸に出奔した。弘化三年（一八四六）十一月、玉虫左太夫二十四歳のときだった。

江戸への旅で知り合った越後の商人、高橋左治右衛門の紹介で、江戸湯島の商人内藤家に下男として住み込み、やがてここを出て、秘かに大学頭林復斎の門に入る機会を狙った。

仙台藩が生んだ蘭学者大槻磐渓《おおつきばんけい》は、玉虫左太夫のひたむきな努力を評価し、その推薦もあって、ようやく林復斎の門に入ることができた。

江戸は広い。天下の秀才が集まって来る。そのなかで自己の存在を誇示するのは容易ではない。ある日、玉虫左太夫は古詩を朗吟しながら草むしりをしていた。そこへ林復斎《はやしふくさい》が通りかかった。

「おい、なかなかできるな」

林は立ち止まって、玉虫を見た。これが玉虫左太夫登用のきっかけとなった。

人間の運命はふとしたことで決まるものだ。この日から玉虫は、読書の補導に任じられ、さらに塾長に昇進、諸侯の間を代講した。この努力が仙台藩首脳の眼にとまり、江戸で学ぶ仙台藩の青年たちの指導に当たることに実を結んだ。

青年たちのなかに富田鉄之助、横尾東作、星恂太郎、高橋和喜治（是清）らがおり、富田と高橋は、のちにアメリカに留学、富田は日銀総裁、高橋は総理大臣となっている。星恂太郎は仙台藩初の洋式軍隊額兵隊を組織する。

皆、長刀を腰に差し、衣服は垢でよごれ、玉虫左太夫の住む長屋は、浪人長屋と陰口をたたかれたのもこの頃である。

「人間、姿恰好などどうでもよい。要は学問だ」と言ってはみたものの、正直なところ金がなく、衣服もろくろく買えず、粗服で通すしかなかった。

遣米使節

やがて幕府外国方に仕え、安政四年（一八五七）には、箱館奉行堀織部正《ほりおりべのしょう》の近習として蝦夷地に渡り、蝦夷地の風土習慣、衣食住をくわしく観察して、これをまとめた。

その努力が報いられ、ついに万延元年（一八六〇）、遣米使節の一員に選ばれた。玉虫左太夫は狂喜した。仙台を出て十四年、三十七歳の時である。

この遣米使節は、開明派の大老井伊直弼の発案で、日米修好通商条約批准書交換のためにアメリカの首都ワシントンを訪れたものである。もちろん、日本人としては初の海外公式訪問である。

当時、この団員に選ばれた人々は、「なんたる悲運」と嘆いた。太平洋の向こう側にあるアメリカなど紅毛碧眼《こうもうへきがん》の異人の国であり、生きて帰ることは難しいと見られていた。しかし、玉虫はまったく別の思案をして、自ら積極的に志願した。

使節団の構成は、正使新見《にいみ》豊前守《ぶぜんのかみ》正興《まさおき》（外国奉行兼神奈川奉行）、副使村垣《むらがき》淡路守《あわじのかみ》範正《のりまさ》（外国奉行兼神奈川奉行兼箱館奉行）、監察小栗《おぐり》豊後守《ぶんごのかみ》忠順《ただまさ》（幕府目付）という顔ぶれで、三人を首脳に勘定方、外国方、通弁方、目付方、医師、賄方ら合計七十七人で編成された。

玉虫左太夫の役は正使新見豊前守正興の従者である。従者は玉虫左太夫を入れて九人、幕臣のほかに熊本藩、長州藩、佐賀藩、館林藩、南部藩などから来ていた。仙台藩主慶邦は玉虫左太夫の快挙に金三十両を贈り、壮途を祝した。

ポーハタン号

一行が上船した船は、アメリカ海軍のフリゲート艦ポーハタン号二千四百十五トンだった。乗組員は、提督ジョサイア・タットナル、艦長ジョージ・ピアソン以下三百十二人だった。

万延元年（一八六〇）正月十八日、品川を出航したポーハタン号は、二十二日、横浜からアメリカに向けて出帆した。

玉虫左太夫は報告書『航米日録』の第一ページに大要次のように記した。

「蒸気焔々《えんえん》舟歩《あゆみ》の疾き矢のごとく」

日々、驚きの連続だった。船はすぐに台風に襲われた。山のような波が甲板にくだけ、船は激しく傾斜し、船室は水浸しになり、何度もこの世の終わりを感じた。危うく海原に流されそうになり、奇跡的に助かったこともあった。

台風の時に見た水兵たちの働きは、超人的なものがあった。艦長はずっと操舵室で陣頭指揮に当たり、水兵は艦長の命令どおり不眠不休で働き、台風を乗り切った。台風が去るとすぐ表彰式があり、艦長は働いた水兵たちに賞金を与えた。

玉虫は、この情景を見て仰天した。日本なら表彰までに半年はかかる。加えて艦長の人格、統率力、すぐれた経験に感服した。

この時、伴走した幕府海軍の軍艦咸臨丸の艦長は勝海舟《かつかいしゅう》だったが、ひどい船酔いで寝てばかりいた。操艦したのは、アメリカ海軍の士官と水兵だった。帰国後、勝は日本人初の太平洋横断を成し遂げたと息巻いたが、実際はアメリカ人の手によるものだった。以来、玉虫左太夫は勝海舟を信用しなかった。

大老井伊直弼が水戸藩浪士によって桜田門外で暗殺された後も、遣米使節団の一行は、北米からさらに中米を視て太平洋、大西洋、アフリカの沿岸から喜望峰を通ってインド洋を航行して、香港、琉球、薩摩、四国沖から品川に戻ってきて、歴史的大偉業を成し遂げたのであった。

玉虫左太夫はアメリカという国は、実力がなければ身分の高い職責には就けないことを知ったが、これは正しいことだと思った。

アメリカの大統領は入札（選挙）によって選ばれ、ホワイト・ハウスまで一人の護衛もなく、歩いて来る一個の人間だった。

日本の天皇は、代々血統による世襲制であり、神格化され、その姿を拝顔することなど不可能に近い存在である。幕府の将軍も同じように徳川家の世襲で、日本の統治機構は世界には通用しない仕組みのように思われた。

「これは、天と地が逆さまだ」

玉虫は肝を潰した。以来、筆を片時も離さず、見聞したことを漏らさず記録に留めたのである。玉虫左太夫は、訪米と世界一周紀行によって、これから先の日本の夜明けを予測していた。それは幕藩体制ではなく、アメリカのような共和政治だった。

帰国後、玉虫左太夫は江戸の仙台藩校順道館の教頭となり、若い子弟の教育に当たったが、いつもアメリカ大統領やアメリカ海軍を例に引いて、上下一致、官民平等を話して聞かせた。

「諸君、日本も世界と手を結ぶことによって、いずれ新しい時代がくる」

玉虫左太夫は、そういって学生たちを鼓舞した。高圧的で野蛮な薩長軍のやり方は、共和政治には程遠いというのが口癖だった。

「その通りだ」

藩主慶邦は玉虫を高く評価した。

会津藩鶴ヶ城

会津若松に派遣された玉虫左太夫は、同行する若生文十郎と途中で、米沢藩に立ち寄り、奥羽での戦争を避けることで意見の一致をみて、会津若松に乗り込んだ。

この時、会津藩主松平容保は、すでに退隠閉居して恭順の意を表し、輪王寺宮はじめ二十二藩に我が身を託していた。

会津藩は、松平容保以下、重臣が顔を揃えて玉虫左太夫たちを迎えた。忌憚《きたん》のない意見が相互に交わされ、会談は成功裏に終わり酒席が催された。

「玉虫、そちはいけるとか。大杯をとらせよう」

容保が言うと、玉虫左太夫は、

「恐れながら小生、大盃（大敗）を嫌います。小盞（勝算）を賜りたい」

といったので、皆が声をあげて笑った。

世良修蔵の罵倒

会津から帰国すると玉虫左太夫と若生文十郎は、世良修蔵と大山格之助に呼び出された。

「その方ども、会津に参ったそうだな」

世良がじろりと睨んだ。大山格之助と世良修蔵の両下参謀はかわるがわる、

「その方どもは奥羽の諸藩中にて、少しはわけのわかる者ゆえ、使者に使われたのであろうが、見下げ果てたものだ。その呆気にこそ、左様な者どもの主人も知れたものだ。所詮《しょせん》奥羽には目鼻の明るい者は見当たらぬ」

と皮肉たっぷりに罵倒《ばとう》した。

「会津藩は帝に楯突くつもりなど微塵もござらぬ、それは言いがかりでござろう」

玉虫左太夫も負けてはいない。

「何を言うか、わけもわからぬ癖に。お前のような使者をだした慶邦も呆か者よ」と世良が吐き捨てた。玉虫は自分の感情をいかにして抑えるか、歯を噛んで耐え忍んだ。

これで世良の意図ははっきりした。無理やり会津藩に朝敵の汚名を着せて戦争に持ち込み、東北諸藩を乗っ取る算段である。玉虫は明確に会津藩を支持し、反薩長を決意した。

世良修蔵の後ろで操っている人物は、かつての桂小五郎、木戸孝允しかいない。この日から玉虫左太夫は、但木土佐がどのようになだめても、頑として反薩長の主張を変えなかった。但木土佐は困惑した。三好監物は、矢のように出兵を催促してくる。御一門の重臣たちも薩長軍の邪《よこしま》だが長い物に

は巻かれろで、すべて先送りの積もりある。但木は藩主慶邦に決断を求めた。

「戦の準備だけは、せねばならぬ」

慶邦は苦しげな表情で答えた。

「朝敵会津を攻撃せよ」

仙台藩は世良修蔵の強硬な要求の下に置かれ、会津追討の触れが仙台領内を駆けめぐった。

「なんたる弱腰」

と、仙台藩の煮え切らない態度に腹を立てた世良は、天朝の軍隊による会津攻撃という切り札をぶら下げ、事ある毎に振りかざしていた。

玉虫左太夫は慨嘆した。玉虫の理想とする新生日本は合議制による共和政治である。アメリカと同じように、国の統治者は選挙で選ばれ、上下両院議会で外交、防衛、財政などを審議して国策を決める政治形態である。一足飛びにそこまでは行くのは無理だったが、玉虫左太夫は高く理想を掲げ、日々、夢を語った。

薩摩と長州が考える藩閥政府の独裁国家は断固、拒否しなければならない。彼らの目的は専制国家だと玉虫は考えていた。

玉虫左太夫の紀行文は、日本人の海外渡航記の白眉と言われる作品で、『西洋見聞集』（岩波書店）に収録され、今日、誰でも読むことができる。

『西洋見聞集』に政治学者松沢弘陽《まつざわひろあき》氏の「さまざまな西洋見聞――「夷情探索」から「洋行」へ」と題したすぐれた論考が収録されている。そこにはこうあった。

玉虫をはじめ、西洋世界へのはっきりした関心を抱き、機会をとらえて直接に西洋の人と事物を知ろうとつとめる人々は、ワシントンに着くまでの二カ月の航海の間にさまざまな経験を重ね、それまでの西洋と自国についての観念の反省と修正をせまられてゆくことになった。

出航後ほどない暴風雨は、かつて知らない自然の猛威の経験であると同時に、大きな社会的経験あるいは衝撃だった。

ポーハタン号の使節一行も咸臨丸乗組員も、身分の上下・役職のちがいにかかわりなく、航海に長じ荒天に動じないアメリカ乗組員に対して、船の動揺や破損に恐怖し狼狽する日本の一行について、「赧顔《たんがん》ニ堪ヘズ」といった反省を記している。（中略）

荒天に翻弄される日本人の一行は、危機にのぞんだ日本の旧体制を象徴していた。正使副使監察各九人という格式本位の従者をつれ諸国名産の嗜好品まで持ち込んだ莫大な食料品類で、割当てられた区域は混雑していた。居室は三使の「広クシテ且美」な個室から、玉虫の場合のように四畳半ほどの砲郭の砲門をふさいで七人を容れる、従者の部屋まで区別されていた。それは、身分的に差別・隔絶されて動きがとれない社会の縮図だった。（中略）

舷側を破って打ちこむ波に手荷物をさらわれ、ずぶぬれになった玉虫を励まし助けてくれたのは、こうした上司ではなく、異国の水兵だった。

荒天の時は提督自らが操艦に当たり、それを乗り切ると翌日、船員を表彰する光景に玉虫は感動し、若シ長官独リ傍観シテ、徒《いたずら》ニ属官ヲ呵責《かしゃく》シテ労苦セシメ、又功労アリトモ、我意ニ合ザルモノハ賞セズ、又賞スルモ、数次ノ吟味ヲ経、日月ノ久キヲ待ツコトナドアラバ、必ズ人ノ死力ヲ得ル能《あた》ハズ

と書き、江戸時代以降、特に厳しくなった上下の身分差別の在り方を批判した。

会津藩討伐の藩論

訪米、訪欧体験によって培われた世界観を持つ玉虫左太夫が、仙台藩を誹謗し、会津藩への軍事攻撃を強要し、東北諸藩を牛耳ろうとする世良修蔵を許せるはずはなかった。

ある意味で、玉虫左太夫は孤独な少数派だった。どんなに話してみても欧米の博愛人道主義や共和制政治は、当時の日本人には理解されなかった。そこに玉虫左太夫の悲劇があったのかも知れない。

藩主慶邦は会津出兵という苦渋の決断を下した。玉虫左太夫は、怒ったが、それは仙台藩の総意であり、藩主慶邦の決断であり、如何ともしがたいことだった。戦争は巨大な戦費が費消される。それだけで生産的な要素は何もなかった。仮に一万人の兵を動かせば、最低でも数万挺の小銃と百万発、二百万発の弾丸が必要である。それをいかにして調達するか、軍資金はどのようにして確保するか、仙台藩は大騒動に包まれた。

出陣の触れは、領内各地に通達され、「仙台と会津の戦争が始まる」と領民はわが耳を疑った。会津松平家は、幕府の名代として京都守護職を務めた家柄である。それまでは仙台藩も幕府を支持する立

場にあった。こともあろうに鳥羽伏見戦争で幕府が敗北を喫し、奸策と狡知に長けた薩長軍が権力を掌握した。その薩長に命令されて仙台藩が会津藩を攻撃するなど、藩全体の賛意を得られるはずはない。

「しかし天子さまの命令だそうだ」

「訳が分からぬ」

人々は頭を抱えて沈黙した。

会津に激震

仙台藩出兵の動きを知った会津藩は、四境に兵を送り防備を固めた。仙台藩と戦うことに戸惑いを感じたが、それが薩長軍のやり方である以上、仙台藩の軍勢に全力でぶつかるしか方法はなかった。会津藩城下は臨戦態勢になった。

鳥羽伏見戦争で五百にのぼる犠牲者を出したので、農兵も募集した。武器弾薬をいかに確保するか。江戸に残った首席家老の梶原平馬が長岡藩の河井継之助と連携し、横浜から武器弾薬を購入、船をチャーターし、新潟経由で会津に運び入れた。しかし、まだまだ十分ではない。武器の近代化が急務だった。

主君松平容保が陣頭指揮し、白河に通じる大平《おおだいら》口には、原田対馬を総督とし、軍事奉行櫻井新五左衛門、朱雀三番士中組中隊頭上田八郎右衛門、青龍三番足軽組中隊頭蜷川友次郎、正奇隊頭相馬直登、新練隊頭土屋鉄之助、土工兵頭小池帯刀、朱雀一番足軽隊日向茂太郎、朱雀三番足軽組中隊頭原

田主馬、義集隊の一部、山口次郎の率いる新選組の一部、幕府の歩兵百数十人が向かった。

東方面の勢至堂《せいしどう》口より北、桧原口の諸口の総督は、家老西郷頼母、猪苗代口に陣を構え、用局中山甚之助、大堀東八、渡部定之助、使番三宅貢がこれに属した。

副総督、若年寄横山主税《ちから》は三代《みよ》駅にあり、軍事奉行添役用局日向造酒、矢島儀右衛門、永田又助、幌役《ほろやく》津田範三、青龍一番士中隊頭鈴木作右衛門がこれに属し、勢至堂峠に関門を設け、塁壁を築き、山谷の細流を湛えて敵軍の来襲に備えた。

中地《なかじ》村口は、遊撃隊頭遠山伊右衛門が鶏峠、追分峠の二口を守った。三森《さんもり》峠は、坂部三十郎、地方《ちかた》士《し》七十五人を率いて守備を固めた。御霊櫃《ごれいびつ》峠は、鈴木一郎右衛門、青竜足軽一番隊を率いて守った。

塁柵の修築は高津助之進、塩見仙吾右衛門、香阪和平、津田範三が担当、中山峠、山潟《やまがた》、都沢、壺《つぼ》下《おろし》の経路は、義集大隊頭辰野源左衛門、朱雀一番士中組中隊頭小森一貫斎、青龍一番寄合組中隊頭木村兵庫が担当した。

石筵《いしむしろ》口には、猪苗代城代田中源之進、砲兵二番隊頭高橋権太輔、朱雀四番足軽組中隊頭横山伝蔵、力士隊赤埴《あかはに》平八が配置に就いた。

峠の頂上、勝軍《かつぐん》山には砲台を築き、田中源之進が配置された。

酸川《すかわ》の隘路は、水を湛えて辰野源左衛門が守り、その他、仙台藩と対峙する沼尻峠、高森、横向峠には朱雀一番寄合組中隊頭一柳四郎左衛門を配した。

桧原峠は青龍二番士中隊頭有泉寿彦を配した。

会津藩は日光口、越後口に精鋭部隊を送っており、隊員の数は少なく、仙台藩が一気に攻め込めば、苦戦は避けられなかった。

混乱する近隣諸藩

会津藩は、この事態を予測していた。京都から引き揚げた時点から、近隣諸藩に支援を依頼してきた。会津藩は全国有数の武力集団である。近隣諸藩は、会津藩に反旗を翻すことは、心情的にも物理的にも不可能であった。

仙台藩の白河城に近い棚倉《たなぐら》藩は、一も二もなく協力を約束した。奥州街道に面した二本松藩も同じだった。

ところが一転、薩長軍の威嚇によって仙台藩が会津を攻めることになり、二本松藩は対応に苦慮した。二本松藩は奥州街道に面し、仙台藩兵が通行する街道である。致し方なく仙台藩に寝返って会津藩と敵対する他に考えようがなく、二本松藩家老の日野源太左衛門、丹羽一学らはあわただしく仙台に向かい、打ち合わせの日々だった。

第二章

仙台藩は、どこに向かうのか

疑心暗鬼

この半年間の世の中の移り変わりは、予想だにしないものだった。これからの日本はどうなるのか、誰にも分からなかった。世間の思惑をよそに、仙台藩の会津追討攻撃はあれよあれよという間に現実のものとなった。但木土佐は、

「本気で戦争をしてはならぬ。あくまで偽装工作のための戦《いくさ》だ」

と、藩士に伝えたが、土佐自身もこれから先どうなって行くのか、皆目見当が付かなかった。世良修蔵に受けがいい三好監物と遠藤文七郎は戦闘部隊から外し、口を封じた。しかし、会津藩は必死である。いつどう展開するのか予断を許さない。

兵員、兵器の補充、留守部隊の教練、食糧、軍費の調達、戦傷者のための軍事病院の設置と、あらゆる方面に目配りしなければならず、煩忙を極めていた。

兵器の調達は、松倉恂や大童信太夫、星恂太郎《ほしじゅんたろう》ら江戸在勤の藩士が担当し、江戸や横浜で武器を買い集め、四月二十一日には、塩釜にイギリスの貨物船が入り、大量の小銃、大砲、弾薬が陸揚げされた。

仙台藩は奥羽随一の大藩である。四十入館と呼ばれる領内統治制度があり、仙台藩の政治、軍事を

支配する上級家臣団は、仙台城下に屋敷を持つほかに領内各地に館を与えられ、そこでは〝殿様〟として領内統治権を持っていた。

小幕府

仙台藩が小幕府と呼ばれる所以である。藩祖伊達政宗は、多くの家臣団を抱え、一族も多く、それらの人々が各地に館を構え、四代綱村の時代には、何と九十四館にもなっていた。そこに主君と直属の家臣団がいた。

最大の家臣は、独立大名扱いの一関藩主田村氏三万石で、以下、亘理《わたり》郡亘理伊達氏、伊具《いぐ》郡角田石川氏、遠田郡涌谷《わくや》伊達氏、登米《とよま》郡寺池伊達氏ら二万石台、刈田《かった》郡白石片倉氏、胆沢《いさわ》郡水沢伊達氏（留守氏）、玉造《たまつくり》郡岩出山伊達氏の一万石台と、大名級の家臣がずらりと並んでいた。戦国時代と見紛《みまが》うほどである。

門閥の最大の特徴は、伊達政宗以来の有力家臣たちの末裔の存在である。亘理の伊達藤五郎、涌谷の伊達安芸、登米の伊達筑前、水沢の伊達将監、岩出山の伊達弾正、白石の片倉小十郎らの錚々たる家臣団である。

時代がいかに変わろうと、伊達政宗は不滅であり、家臣団の彼らもしっかりと権力の座にある。その間に、家臣団相互の姻戚関係が複雑に入り乱れ、親族の血縁は濃くなる一方で、ほとんどが縁戚関係にあった。

この現象は仙台藩に限ったことではなく、徳川幕府体制そのものが武家社会特有の強い血縁関係によって築かれていた。日本はそういう同族社会であった。

これらの重臣たちの館は城、要害、所、在所の四種類に分かれ、領内各地に分散していた。城としては青葉城のほかに白石城があり、要害は城に準じたもの、所は領内に町場がつくられ、在所は農村に置かれた。正式にはすべて要害だが、地元では城と呼んでいた。

たとえば伊達将監の水沢では、将監は水沢藩主であり、要害は水沢城だった。殿様が藩内各地にいるので、仙台では藩公をお屋形さまと呼んでいた。

石高は六十二万石、実質百万石は十分にあった。各地の領主は基本的に世襲であり、上級武士は一門、一家、準一家、一族、宿老《しゅくろう》、着座《ちゃくざ》、太刀上《たちあげ》、召出《めしだし》の八等級に分かれていた。

一門は、伊達氏と対等の大名で、のちに伊達氏に服属した石川昭光、伊達成実《しげざね》、留守《るす》政景《まさかげ》らである。

一家、準一家、一族は、古くから伊達家とつながりのある名家である。右を見ても左を見ても仙台藩は門閥だらけだった。このため統制がすこぶる困難で、眠れる獅子という人もいた。

仙台藩の領地は、現在の宮城県全域と岩手県の県南、一関市、奥州市、東磐井郡、西磐井郡、胆沢郡、気仙《けせん》郡と福島県の一部の町村まで含まれていた。昨今、町村合併が進み、地名がどんどん変更され、市も合併し、郡がなくなるところもあるが、この広さは全国の大名のなかでもむろん上位であった。

伊達一門の傑出した人物

仙台城を築いた伊達政宗は、傑出した人物だった。豊臣秀吉に反旗を翻し、危うく殺されかけたが、死に装束で秀吉の前に現れ、秀吉の度胆を抜いて忠誠を誓い、秀吉政権の一翼を担う人物になった。関ヶ原では徳川家康に加担、奥州の大大名に成長したが、家康の寿命が長く、天下を取る夢は断念せざるを得なかった。

戦国の動乱を生き抜いた政宗が手にしたのは、陸奥六十万石、近江一万石、常陸一万石、計六十二万石（実質一〇〇万石）である。

相馬との国境にある海岸線の坂元に大條《おおえだ》孫三郎、駒ヶ嶺に宮内土佐、内陸部の金山に中島虎之助、小斎に佐藤宮内、丸森に佐々備中、後方の白石城には片倉小十郎、相馬方面に向けて亘理には伊達藤五郎、中間の角田に石川大和を配していた。

仙台から出羽や米沢に通じる交通の要衝が七ヶ宿峠で、七つの宿場には旅籠や人や物を運ぶ諸物駄送があり、加えて政宗の時代には野伏《のぶせ》という配下の忍者集団がいて、情報収集して政宗を助け、戦場を駆け巡った。

伊達政宗は家康の信任が厚かったが、血縁関係はなく外様大名で、親藩会津藩から監視される立場にあった。仙台と会津藩の関係は、そうした意味では微妙であった。しかも同じ東北の大名である。西国の薩摩や長州諸藩に比べれば、距離的には近く、日ごろの付き合いも親密なものがあった。誰しもが東北の代表は伊達家と考えていた。

出羽の諸大名は参勤交代の際、伊達の領地である七ヶ宿峠を通るので、少なからず恩恵を受けていた。安政五年（一八五八）の七ヶ宿街道関本陣記録によると、仙台領の七ヶ宿街道を通って江戸に向かった出羽の大名は、次の十三大名に上った。

佐竹右京太夫《うきょうだゆう》　秋田藩　二十万六千石
酒井《さかい》左衛門尉《さえもんのじょう》　庄内藩　十四万七千石
津軽越中守　弘前藩　十万石
酒井大学頭　松山藩　二万五千石
六郷筑前守　本庄藩　二万石
水野和泉守　山形藩　六万石
織田《おだ》兵部少輔《ひょうぶしょうゆう》　天童藩　二万石
戸沢《とざわ》上総介《かずさのすけ》　新庄藩　六万八千石
岩城《いわき》修理太夫《しゅりだゆう》　亀田藩　二万石
松平山城守　上山藩　三万石
津軽本次郎　黒石藩　一万石
米津相模守　長瀞《ながとろ》藩　一万一千石
生駒《いこま》篤太郎《とくたろう》　矢島藩　一万石

本州最北端の弘前《ひろさき》藩も七ヶ宿街道を通って江戸へ向かっていた。羽州街道に通じる最上、出羽への道は七ヶ宿街道のほかに、笹谷街道や二口街道などがあったが、出羽十三大名は好んで七ヶ宿街道を利用した。

七ヶ宿峠の標高が他の街道より低いという自然条件もあったが、街道が仙台藩の西南端に位置し、加えて仙台藩は鷹揚なので、それほどの威圧を感じることなく通行できたためであった。

暁天の星群

幕末の仙台藩の指導者たちにはどのような人物がいたかと言えば、上士階級の代表的存在が但木土佐である。人の意見をよく聞く思慮深い人物である。

但木土佐は文政元年（一八一八）の生まれ、幼名は房五郎、生家は宿老の家柄で、黒川郡吉岡に千五百石を有していた。号は七峰樵夫《しちほうしょうふ》。幕末には三度目の奉行就任である。この時、大老の井伊直弼が水戸浪士によって桜田門外で暗殺され、首を奪われるという一大事件が勃発した。幕府の一大不祥事であった。

やがて薩長が台頭、反幕府運動から倒幕運動が展開されることになるが、土佐と並んで戊辰の政局を担ったのは執政坂英力《さかえいりき》である。

坂は幼少から兵学及び新陰山流の剣術を学び、二十三、四歳から藩主慶邦に剣道を指南してその寵遇を受けた。その後、坂は近習より小姓頭に進み、元治元年（一八六四）の禁門の変に際し京都に派遣された。坂は単身、二尺位の鉄棒一本を携えたきりで、決死の覚悟で早駕籠を飛ばした。慶応二年（一八六六）、奉行に挙げられて以来、土佐と共に国務を執ったが、土佐を政治家といえば、坂は軍略家であった。戊辰戦争の際には軍事戦略を専ら担うことになる。

中士階級

上士から中士階級には、勤王派の桜田良佐《さくらだりょうすけ》、三好監物《みよしけんもつ》、大童信太夫《おおわらしんだゆう》、松倉良輔《まつくらりょうすけ》、玉虫左太夫《たまむしさだゆう》、若生文十郎《わこうぶんじゅうろう》、安田竹之輔《やすだたけのすけ》、新井義右衛門《あらいぎえもん》、真山保兵衛《まやまやすべえ》、真田喜平太《さなだきへいた》らがいた。

桜田良佐は、儒家の流れを汲む兵術家で、北辰一刀流の奥義を究め、西洋砲術まで会得した非凡な人材であったが、薩長軍に通じて戦争後に無実の玉虫左太夫や若生文十郎を死に追いやった。

三好監物は磐井郡黄海《きのみ》村で五百石の家柄に生れた。近習から公儀使に累進、江戸に上り諸藩の周旋外交に任じ、才腕を認められて四十五歳で若年寄に進み、文久二年(一八六二)、出入司金穀取切りとなり、翌三年、藩主に従い上洛、元治元年(一八六四)、大番頭、参政(若年寄)などを務めたが、勤王派で薩長軍に屈服して恭順を唱えた。

大童信太夫は幼名順助、評定所役人より江戸留守居役となり戊辰戦争で活躍する。海外の形勢に着目し、洋学者と交わり、藩の新進俊秀の士を補助し、洋学を学ばせ、富田鉄之助、高橋是清等もその庇護《ひご》を受けた。福沢諭吉もまた彼の扶助鞭撻により、後に大成する。

松倉良輔は町奉行三右衛門の子、小姓より公儀使出入司と累進、戊辰戦争に際しては戦時財政を司る。才識に富み、臨機の処置に優れていた。恂は後の改称。

玉虫左太夫は、仙台藩きっての外国通で、前に触れたように万延元年(一八六〇)、遣米使節の随員に選ばれ訪米していた。

若生文十郎は、大番士百六十石の家柄に生まれた。文久元年(一八六一)、近衛家護衛のために上京、各藩の志士と交わり、しばしば時事所見を但木土佐に進言したが、その建議は容れられなかった。慶応元年（一八六五）には薩長の奸を除くべしと建議したが、実現はしなかった。慶応四年（明治元年・一八六八）春、近習に挙げられ、会津藩へ使者として出向き、非戦論を唱導して玉虫左太夫らと奥羽列藩同盟を画策する。

　王虫、若生と並び称される俊英の安田竹之輔は、遠田郡吉住所領召出格、六百二十石の上士。文政十一年（一八二八）の生れで安政の末期に、蝦夷地へ出張し、その後、郡奉行旗本足軽頭を経て近習となった。文久三年（一八六三）、三十六歳の時、藩主に従い上洛し、京師《けいし》（天皇の都）の空気を知った。会津藩追討に際し、玉虫と共に会津藩に使者として出向いた。初めは三好等と討会（会津討伐）を主張したが会津藩の恭順を知り、非戦主義に傾き、藩主慶邦が出陣と決してからも会津藩へ勧降使派遣のために策動した。竹之輔は後に、官軍下参謀世良修蔵の傲慢《ごうまん》を憎み、彼を誅殺しようとしたほどであった。

　新井義右衛門は養賢堂副学頭、雨窓と号し、文久の頃、内難外憂の計を全藩士に呼びかけ、義勇血誠社に加盟、戊辰戦争の奥羽列藩同盟の連衡《れんこう》にも周旋した。

　真山保兵衛は初め養賢堂指南見習となり、その後、指南役に進み、戊辰戦争には種々の国事に奔走し、徴募農兵隊長として国境を防衛した。黒船来航の時は、「アメリカ使節来リ候時ハ御討払ヒ相成候様致シ度キ」旨の意見書を藩主慶邦に提出していた。軍制改革には貢献をしたものの、次第に尊王運動にのめり込み、反対党排撃に熱中し、狷介不羈《けんかいふき》な性行が顕著《けんちょ》だった。そのため戊辰戦争の後始末のために行われた反対党謀殺は、怨みを永く残す結果になった。人間的に幅が狭い欠点があった反面、幕末の仙台藩の財政は火の車であったが、西洋型軍艦開成丸を建造するなど軍制改革にも着手した。

藩主慶邦に上洛の勅命

文久三年（一八六三）一月、藩主慶邦に上京を促す勅命があった。これをめぐって佐幕派と尊攘派が主君の前で論争し、藩主慶邦の裁定で仙台藩は佐幕派の方針が確認された。

尊攘派の遠藤文七郎、中島虎之介は閉門、大條《おおえだ》孫三郎は蟄居、佐々雅楽も奉行職を罷免され、以来、尊攘派は退けられた。

遠藤文七郎は当時二十歳の若者だが、宿老家なるがゆえ奉行職にあった。仙台藩の考え方は、幕府を中心とした佐幕派の思想だったが、文七郎は幕府ではなく、尊王（皇）こそあるべき姿だと主張した。

真田喜平太は兵学家である。前にもふれたが、先祖は大阪夏の陣で大活躍した豊臣方の真田幸村である。大坂城落城の寸前、幸村は次男大八と四人の娘を伊達政宗の先鋒、片倉小十郎に託した。小十郎は幸村の遺児五人を居城の白石城に匿《かくま》った。真田家は片倉小十郎家の厚遇を受け、家格は召出しの門閥だったが、幕末の在郷屋敷は、仙台刈田郡から十里の刈田郡矢附村にあって、知行は三十六貫文（一貫文は十石に相当するので約三百六十石）で、仙台では上級武士であった。

真田喜平太は幼少より小姓として君側に仕え、藩命により西洋砲術を学び、安政三年（一八五六）の軍備拡長時代には講武所指南役となり、慶應二年（一八六六）、近習目付、若年寄に進み、さらに軍制改革を担当した。この時、泉田志摩、芦名靱負《あしなゆきえ》、増田繁幸《ますだしげゆき》（歴治《れきじ》）、今村鷲之介らと共に会津討伐を主張した。

真田喜平太は、かつて仙台藩の兵制改革を主張したが、西洋軍制を整備するために、幕臣下曽根金三郎に師事、高島砲術を学び、安政五年（一八五八）に兵制変革二十二か状を建言していた。（小西幸雄「真田喜平太の西洋砲術伝習」仙台郷土研究）

兵制改革

兵制改革の内容は、「自国時勢切迫、旧制を拝し、兵制を改革すべし」として、旧弊を廃し、門閥、家格によってではなく、軍律を厳しく、英武な歩兵、砲兵、騎兵の区分を明確にする。

一、弓隊、火縄銃、長槍隊を廃止し、銃隊を主とする。
二、甲冑背旗を廃止する。
三、洋学校を設立する。
四、砲台を建築する。
五、農兵隊、商兵隊を発足させる。
六、藩校養賢堂を改革する。

どれも旧弊を廃して画期的ではあるが、当然のことであった。しかし仙台藩首脳は、時代の変化を読めず、過激すぎると否決され、再度建言したが、これも拒絶された。

奥羽鎮撫総督府一行が仙台湾に姿を見せたとき、仙台藩の軍備は、戦国時代そのものだった。これでは薩長軍には勝てないという認識が喜平太にあり、この際は会津藩討伐に与《くみ》した方がよいとする現実論に立ったのだった。

「真田はけしからん」と、安田竹之輔、玉虫左太夫、若生文十郎らは、真田喜平太に強く反発した。しかし、考えてみれば、双方ともにもっともな主張であった。喜平太も負けてはいない。

「拙者が安田、玉虫、若生の三人を斬る。許可をいただきたい」

と、但木土佐に迫る一幕もあり、土佐は困惑した。なぜ仙台藩の軍備が遅れてしまったのかといえば、仙台藩の家臣にとって京都の争乱は他人事だった。喜平太は仙台藩の現況に失望し、病と称して閉居した。一本気の男だったが、その後、請われて再び出仕する。

蟹油事件

仙台藩の下級武士の動向は、鳴かず飛ばずで、何らの動きがなかったのかと言えばそうではない。上級武士に反発する下級武士集団もいたことはいたのである。蟹江《かにえ》太郎介と油井順之輔を首領とする四十人ほどの下級武士の集団である。

蟹江らは、文久三年（一八六三）ころから奉行但木土佐が藩政の方向を誤らせていると非難し、天誅を加える旨の張り紙を北目町の高札場に掲げたり、但木邸に投げ文をしたり、火矢を射込んだりしていた。

この集団はなかなか見つからなかったが、仲間割れが原因で一網打尽に逮捕された。発端は殺人事件である。

慶応元年（一八六五）、六月十五日夜のことである。仙台の繁華街、国分町鰻屋忠蔵方で酒杯を交わしていた八人ほどの武士たちの一団がいた。この一団のなかに浪人白《しら》土《と》藤《とう》太《た》がいた。

翌日、虎屋横丁の路上で白土が斬殺死体となって見つかった。この一団の仕業であることは一目瞭然だった。

探索が一団に迫ると、大番士の嫡子、片山郁三郎が自訴し、蟹油事件と称される殺人事件の背景が明るみに出た。彼らは但木土佐の失脚を狙ったが、それが困難とみると、土佐の暗殺を企てるようになり、仙台に流浪してきた浪人の白土藤太を誘い込み、実行犯に仕立てあげようとした。

しかし、粗暴な白土の振る舞いに、秘密漏洩《ろうえい》の危機感を抱いた蟹江らは、同志の安部惣兵衛に言い含めて、白土を斬殺させた。その取調べから下級武士による但木土佐暗殺計画が明るみに出たのだった。

上士中心の仙台藩政に対する下級武士の反発だった。蟹江と油井は京都警衛に従事して、尊攘運動に触発されていた。

但木土佐を暗殺した場合、彼らが代わりの奉行に担ぎだそうとしたのは、安政改革の失敗のため奉行の座を追われ、逼塞中の芝《しば》多《た》民《みん》部《ぶ》である。但木土佐の因循な政治が仙台藩の士気不振の原因と考えた蟹江らは、芝多の積極的ともいえる政策に、仙台藩士の士気を奮い立たせるきっかけを見い出そうとした。

取調べの結果、蟹江、油井は斬罪、そのほか二名が閉門、二名が揚屋（牢獄）入り、一名が追放などの処分であった。これで下士層の反乱は立ち消えになった。

薩長両藩の場合、下士層が上士を追放して藩の実権を握ったが、東北では、秋田藩が唯一、例外だった。しかし秋田藩も奥羽鎮撫使下参謀大山格之助らに唆《そそのか》された結果で、藩内から湧き起こったものではなかった。

泥縄式の出兵

蟹油事件とは直接の関連はなかったが、一条十郎、須田平左衛門、佐藤百助、佐藤秀六の四名の藩士が連名で軍制に関する建白書を提出、諸士の次、三男を糾合し、さらに農工商より志願の者を募集し、軍功によっては士分に取上げる「勇壮の軍隊」を編成し、白河城を借受け、ここに屯集して会津藩追討に当たるべしと訴え出た。

重臣が多すぎる仙台藩である。下々の意見はほとんど無視され、結局、泥縄式の出兵となった。出陣となれば、まず国境を固めなければならない。七ヶ宿の肝入《きもいり》、検断（統治・裁判を司る機構）にその準備が通達され、商人たちにも軍資金の調達が命じられた。

「お屋形さまのためだ」

商人たちは千両箱をかついで、青葉城を往復した。仙台藩蔵元の近江商人中井新三郎、出入司佐藤助五郎、検断青山五左衛門、飛脚問屋島屋新八、京屋弥兵衛、唐物商稲屋作兵衛、藤崎三郎助らの豪商も連日、青葉城に姿を見せた。

領内の各村々に対する臨時御用金も、こまかく割り当てられた。出陣する兵で混み合う奥州街道の村々は、三十両、五十両単位の献金を求められ、御用金のほかに食糧の供出も求められた。米だけではない。味噌、醤油、野菜、つけ物、副食物も大量に必要だった。食糧はすべて農民からの供出に頼らざるを得ない。仙台藩の軍事費は、たちまち五万両、十万両の巨額な金に膨れ上がった。

これまで戦争の歴史は、軍隊同士の戦いという視点で論じられる傾向が強かったが、これは誤りで、戦場には商人、町民、多くの農民が動員されていた。東北の農民は定期的に襲う日照りや飢饉に苦しめられ、実際、戦争どころではなかった。

戦争への不安

幕末は、社会の土台から不安が増大した時期でもあった。大老井伊直弼が暗殺された万延元年（一八六〇）二月ころは、東北各地でしばしば放火があった。

文久三年（一八六三）八月、羽州置賜郡屋代郷の農民が天領復帰を望んで徒党を組み、強訴を企てる事件があり、翌元治元年（一八六四）六月初め、白石領内の七百人ほどの農民が白石大橋下川原に集合して訴えの周旋を白石城主片倉家に願い出た。

片倉家では暴徒を城下の専念寺に集め、米、味噌、薪などを給付して鎮静を図った。一揆騒ぎは慶応二年（一八六六）にもあり、隣の信夫郡、伊達地方でも一揆が頻発した。

安政以後になると、武勇の誉が高い白石片倉家の家中で賄賂が乱れ飛んだ。伊達家家臣中枢の片倉家がこの有り様である。これでは士気が上がらなかった。（『白石市史』）

仙台藩は、とても戦争できる態勢にはなかったが、薩長軍の鎮撫総督府の命令である。渋々ながらも、会津藩討伐の準備を進めない訳には行かなかった。誰も歓迎しない戦争だったが、庶民はひたすら戦禍を免れることを祈念し、噂に聞く薩長軍の強奪や婦女子への乱暴に怖れおののいていた。

加えて気候の変動も深刻だった。慶応二年（一八六六）は洪水、慶応三年（一八六七）は一転して日照りで不作であった。

雨は降りすぎると洪水になる。降らなければ、水不足で稲は枯れてしまう。日照り対策は、ひたすら天に祈るしかなかった。

仙台藩重臣の一人、伊具郡小斎《こさい》領主、佐藤宮内のところに「慶応三年の雨乞いの御祈禱」の記録が残されている。カンカン照りが続き、一向に雨が降らないため、このままでは米が採れない。もはや神だのみしかないと、領内あげて祈禱の日々だった。

村社である鹿島神社に修験僧が集い、祈禱が行なわれたが、効果はまったくない。そこで今度は領内でもっとも高い竜馬山に登り、藩の上層部も出席して、祈禱を行った。

御家老名代　星万右衛門
御用人　岸浪三右衛門
斎藤勘九郎
寺社奉行　大井良兵衛
御武頭　遠藤司馬
横山曽右衛門
加藤志津馬
御目付　大内卯膳、今野四郎助

皆、一心不乱に祈った。明け方少し反応があり、曇ってきたが、雨は降らない。それではと、今度は鹿島神社で二泊三日の祈禱となった。それでも効果はなかった。さらに、村人が竹でつくった龍神

を手に、行列を組んで阿武隈川に向かい、

雨、雨、龍神よう！
雨給う龍神よう！
大きな雲をさーさげて
ざーざーと降ってこよ！

と叫んだが、それでも雨は降らず、この年は大凶作だった。

役人も村人も空を見上げる日々だったが、領主佐藤宮内は仙台藩大番頭で、大隊長という戦闘部隊の責任者であるから弱音は吐けない。家老名代、財務担当万右衛門は、日々、戦費の調達に走り回った。

記念の額

小斎の村社鹿島神社に門弟たちが寄進した万右衛門の記念の額がある。

先生は姓は星、名は泰満といい、又、万右衛門と称して小斎舘主佐藤家の家臣である。

先生は人となり温雅にして、才色人に優れ早くから佐藤家の会計を司り、立派な役人であると賞せられ、遂には家老職を勤めた人である。

先生は二十歳の頃、関山内蔵大学から稲富《いなどめ》正心流の砲術を学び、嘉永四年、その奥義を極めた。

又、慶応三年七月より仙台藩の真田喜平太に師事して欧州の砲術をも研究し、双方の長所を取り入れて指導した。その為、仙台藩の武士たちはその門を訪れ、教えを乞う者が絶えなかった。その中でも特に親しく指導を受けたのは小斎の六十四人であった。

いよいよ慶応四年となり、国内は益々憂慮すべき情勢となってきた頃、先生は自分の屋敷内にあった大杉若干本を戦争の臨時費用分として佐藤家に寄付した。

誰でも我が事のみを考え、節義を忘れがちな非常の際に、誰がこの様な行為をなし得るであろうか。

先生は文政三年三月五日に生まれ、明治七年七月二十八日、五十五歳で病没し、神葬をもって先祖の墓の傍らに葬られている。

明治二十九年、先生の二十三回忌にあたり、門人一同が集まって、盛大な供養を行い、天におわす先生の霊を慰めた。今ここに先生の偉大な業績をたたえ、記念の辞とする。

仙台藩は各領内にそれぞれの分野に相応の人物がいたが、全体の力を統率する力が弱く、特に軍事力に至っては、薩長の比ではなかった。

会津藩説得

藩内に「会津を説得し、平和裏に問題を解決すべし」という声も強く出てきた。これが最も望ましいことであったが、いくつか難点があった。ひとつは会津藩の強硬姿勢である。

会津藩は、孝明天皇が最も信頼する帝の軍隊だった。ところがある日、孝明天皇が急死してしまった。真相は毒殺という噂であった。孝明天皇の不可解な死によって会津藩は京都における後ろ盾を失い、朝敵の汚名のもとに京都から追放された。

徳川慶喜は恭順の意を表して沈黙したままだったが、会津藩からすれば、薩長軍は奸策と狡知に長け、理不尽なテロ行為によって権力を詐取した暴徒である。薩長は絶対に許し難い政治勢力であり、謝罪をもって償うことを拒絶していた。

薩長首脳は、そうした会津藩を武力で叩かなければ、軍事政権を成就できないと考えていた。その火付け役に選ばれたのが、奥羽鎮撫総督府下参謀世良修蔵だった。

第三章

仙台藩出陣

会津征討軍の出陣

水沢領主、伊達将監、涌谷領主、伊達安芸、登米領主、伊達筑前、岩出山領領主伊達弾正、小斉領主佐藤宮内らに出陣の命令が下った。

各地の領主が次の日程で、会津藩との国境に向かった。

三月二十七日　伊達邦教、御霊櫃口
三月二十九日　伊達藤五郎、刈田郡湯原
四月二日　伊達弾正、刈田郡関宿
四月三日　伊達安芸陣代亘理此面、中山口
四月四日　瀬上主膳、土湯口
四月八日　大松沢掃部之輔、石筵口
四月十一日　伊達慶邦、白石城

三月二十七日朝五ツ時、伊達登米領主伊達邦教《くにのり》は、重臣と先鋒隊を率いて仙台城に登城した。実戦に入った場合、激戦地と予想される会津国境の御霊櫃《ごれいびつ》峠への出兵である。

藩主慶邦から、「大義」と慰労の言葉を受け、酒三献、肴三具と勝色《かちいろ》金丸の軍旗を授かった。
昼九ツ時（一二時）、登米伊達勢は出陣を開始した。
慶邦は大手下馬前で先鋒三小隊百余人の出陣を見送った。
先陣三小隊は、
第一小隊卒長　高橋直衛
第二小隊卒長　太郎丸嘉門
第三小隊卒長　佐藤猛三郎
監察　阿部要左衛門
本隊は、気仙沼領主鮎貝太郎平率いる七百人と伊達邦教の軍、あわせて千七百人である。岩沼から大河原《おおがわら》を経て、二十九日、白石に到着し、四月一日、総軍、国境の越河《こすごう》へ進軍した。
四日、桑折《こおり》へ進んだ。
五日、瀬ノ上《せのうえ》に進出し、ここに十六日まで滞陣して、洋式軍事調練を続けた。
十七日、信夫郡福島に進出した。ここは板倉甲斐守の城下である。ここで軍を二つに分け、先鋒部隊は十八日には本宮《もとみや》に進出した。本隊は同日、二本松に進んだ。ここは丹羽左京太夫の城下である。
この日、二本松藩へ応援のため相馬藩から百五十余人の兵が到着した。
十九日、総軍安積《あさか》郡郡山まで進み、全軍市中の寺院などに分散宿営した。郡山にはこの日から二十四日まで滞在した。
二十一日、慶邦から郡山在陣の兵士全員に酒料金一朱ずつを渡された。
二十二日には一門の岩谷堂領主伊達数馬の家臣が邦教の陣営を慰労した。

二十三日、戦場視察のため、斥候隊長渡辺房之助が兵士を率いて近郷及び御霊櫃峠近傍の偵察に出発した。

二十四日、奥羽鎮撫総督府醍醐少将から迅速に進軍するよう命じられ、下参謀世良修蔵からも進軍の督促を受けた。

二十五日、本隊は安積郡大槻《おおつき》村に進んだ。郡山を隔てること一里半の村落である。先鋒隊は只野《ただの》村に進み、会津軍が守る御霊櫃峠まで一里半と迫った。

目前の会津兵

会津軍は目の前だった。御霊櫃峠の会津兵は胸壁を築き、防御を厳重にして、夜は篝火《かがりび》が天を焦がすほど燃えさかっていた。いよいよ戦闘の火ぶたが切って落とされる、と仙台兵に緊張が奔った。

三月二十九日昼四ツ時(午前十時)、伊達邦教は手回りの兵十四、五人を従えて、大槻、只野の両村を巡見し、名主斉藤藤七郎宅へ宿陣した。この日再び、慶邦から総軍へ酒が支給された。「五斗樽五個相渡りたるも引き足らず更に五斗追加せり」と記録にある。

その頃、突然、会津兵が現われ、大久保地方周辺の民家四、五軒に火をつけた。狙撃隊指揮役の佐藤雄馬が、部下を率いて飛び出し銃撃戦となったが、会津兵の発砲で佐藤雄馬が戦死した。

戦場は殺し合いの場である。仙台兵は出陣以来、初めて我に返った。佐藤雄馬はまだ三十歳である。仙台兵は、皆、沈痛だった。遺体は大槻村の長泉禅寺に葬られた。

二日、白河口方面の探索のため出張中であった羽生玄栄が伊達邦教のところに帰還してきた。その時、白石の伊達藩本営から急使が来て、新たな命令が伝達された。

「会津謝罪嘆願申し出たり、よって軍備を厳にして進撃を見合わせるように」というものだった。仙台兵は会津藩が「謝罪嘆願申し出」と判断したに違いないと思い、これで戦争はないものと心から喜んだ。しかし、これは誤報だった。

本営は岩沼

奥羽鎮撫総督一行は四月十二日、仙台を出発し、岩沼を本営と定めて会津討伐軍を指揮した。軍務局は青葉城内に設け、但木土佐が主管し、留守の警備、兵糧兵器弾薬の供給、軍費の調達に当たった。但木土佐は、総大将に江戸で敏腕をふるった坂英力《さかえいりき》を選び、本営を白石においた。坂英力は「伊達家の一族にして東山黄海邑《むら》五百石を食《は》む…慶応二年奉行に挙げられ爾来、但木土佐と共に専ら国政を執る」(『仙台人名大辞書』)とある。

白石城は各地からの連絡者で混雑を極め、将兵は城下の武家屋敷や寺院を割り当てられて分宿した。町内は厭戦気分で商家はほとんど店を閉めていた。仙台兵も戦意昂揚に乏しく、鎌先温泉や小原温泉で入湯を楽しみ、町内近隣や福島郊外で名所見物を楽しむ者もいて危機意識は希薄であった。

各隊の出陣模様は様々だった。

亘理領主の伊達藤五郎は、手勢一大隊と大砲一隊五百二十三人を率い、四月一日の朝、亘理の鹿島神社で出陣式を挙げ、亘理から佐藤宮内の領地、小斎を通り、丸森に一泊、翌二日は伊達郡梁川《やながわ》に泊り、三日は保原《ほばら》、桑折《こおり》、小坂を経て上戸沢《かみこざわ》に宿泊した。

出陣に伴う諸費用は、周辺町村から集めた。奥羽鎮撫総督府と仙台藩が負担したわけではなかった。藩内の領主がそれぞれ自己負担することになっていた。

亘理伊達氏は通過する村々に御用金を割り当てた。掛田では名主岡崎半右衛門が五十三人の農民から一人あたり二分から最高四両まで割り当て、合計六十四両二分を徴収した。伊達郡や信夫郡は、戦国時代は伊達家の領地だった。

この御用金徴発を聞いた信夫郡、伊達郡の農民は一斉に蜂起し、約千五百人が須川の河原に集り、信達惣百姓の名で反対を表明、奥羽鎮撫総督に訴状を提出する騒ぎになった。

訴状の内容は、国家泰平のため朝敵を征伐するとのことで、まことにありがたいことであるが、百姓は目下田植えと蚕の最中であり、できるなら戦争は、この間だけは止めてもらいたい、そうすれば、繭代金から献金をしてもよいが、もし戦争が継続されれば百姓は一人もいなくなる、というものだった。

凶作の中の御用金徴収

農家は、田植えと蚕の最中だった。戦争などとんでもないという声が充満していた。仙台藩では宝暦五年（一七五五）の「宝五の飢饉」、天明四年（一七八四）の「餓死の年」と、連続して凶作が続いた。

そのうえ、世良修蔵が乗る薩長軍御用の早駕籠が通行するたびに、下保原村、掛田村、下糠田村にそれぞれ継立《つぎたて》人足として各村八十六人の人夫を出すよう求められた。（『霊山町史』）

この戦争で物価は値上がりし、加えて人馬や兵糧米の徴発、御用金の強要があり、一部では奥羽鎮撫総督府の無頼漢による暴行掠奪など、忌まわしい事件も頻発していた。農家は踏んだり蹴ったりだった。伊達藤五郎も深く胸を痛めていた。

伊達郡小坂村の名主高原庄兵衛は、伊達崎《だんざき》村の名主亀岡源四郎、藤田村の名主古山友太郎、栗田彦兵衛らと連れ立って、伊達藤五郎に面会を求め、馬五頭の献上を申し出た。

彼らの先祖は、天正時代、伊達家の家臣で帰農した人々の末裔だった。藤五郎は高原、亀岡の両人に、記念品を手渡し、旧来の身分、馬上番と小姓組に復帰を認めた。(『亘理町史』)

緊張と喧噪の七ヶ宿

亘理伊達氏が宿泊する七ヶ宿は、緊張のなかにも盆と正月が一緒に来たような騒ぎだった。峠全体で百四十人の人夫が割り当てられ、五十頭の馬が動員され、宿もきめ細かく割り当てられた。

その宿帖が残っている。

一、斉藤斉、上下二十五人、宿　友右ヱ門
一、引地孫右ヱ門、上下三十四人、宿　同人
一、小人、二人、宿　亀十郎
一、加藤小左ヱ門、上下六人、宿　吉之助
一、沢田大蔵、上下三十二人、宿　留吉
一、石井常之進、上下四十三人、宿　清三郎
一、大畑作太夫、上下十一人、宿　平三郎
一、常盤大之助、上下三十四人、宿　彦平

一、御弓組、六人、宿　大蔵
一、御馬六匹、六人、宿　利左ヱ門
一、松浦織之丞、上下三十六人、宿　林吉
一、星次右ヱ門、上下四十六人、宿　廣吉
一、樋口勘右ヱ門、上下五十四人、宿　喜蔵
一、佐藤忠内、上下二十人、宿　勘五郎
一、南部次三郎、上下五人、宿　権之助
一、百二十人、御本陣入
一、御馬一匹
計　五百二十三人　（『七ヶ宿町史』）

日々の経費も膨大で、戦争が長引けば長引くほど経費は増える一方だった。戦闘開始ともなれば、戦死者の収容や埋葬、怪我人の手当てや搬送など、いたるところ修羅場と化すに違いなかった。これは容易ならざる事態だが、もはや引き返すこともできずに藤五郎は愕然とした。

伊達安芸隊

伊達安芸は伊達家の一族で、当主伊達胤元《たねもと》はまだ十二歳、軍務を統括することは無理だったので、叔父亘理此面《このも》が陣代となって指揮を執った。

領地涌谷《わくや》は、幕末時に養蚕を取り入れ、江戸に若者を派遣、慶応三年（一八六七）には家臣の石川杏庵《きょうあん》が、軍艦購入のためにと幕府勘定吟味役小野友五郎の随員として訪米し、帰国後、軍備の近代化を進め、仙台藩のなかでは、唯一洋式化が進み、銃隊がミニエー銃を所持していた。

安芸の軍勢は亘理此面に率いられて四月三日、仙台城下に集合、半隊（一小隊の半分）の司令官以上三十五人が表の対面所式台側に整列し、藩主慶邦から勝色の金丸のついた吹流し、白地に赤輝の旗一流を授けられた。

次いで軍勢千百余人の閲兵が行なわれ、会津との国境、中山口に向け、大部隊が出兵した。

陣代　亘理此面
軍監　長谷杢之丞
副監　亘理善左衛門
参謀　鈴木大亮
大番隊小隊司令官　加藤与兵衛
同　末永久米之助
同　伊藤新平
御小姓隊小隊司令官　長谷宮内之助
同　千石房之助
同　菱沼円之助
御不断隊小隊司令官　宍戸武之丞

同　十文字八郎
同　千石貢
御足軽隊小隊司令官　入間田虎治
砲隊司令官　木村雄人
輜重総宰　涌沢七郎左衛門
輜重保護隊司令官　中島五一郎
下僚　吉目木（鈴木）譲之助
同　森亮三郎
半隊司令官　長橋碩之進
同　佐々木龍治
同　安倍雄治
同　星山路
同　米谷誠之助
同　遠藤袖之進
同　入間田春省
同　小野寺周記
同　武田豊之助
同　鈴木力衛
同　宍戸龍三郎

同　狩野操之丞
副宰　小泉四郎

大部隊に従う兵たちは整然と行進し、街道筋の注目を集めた。歩兵十小隊、砲兵一小隊、輜重兵一小隊が続き、鼓笛隊がリズムを取り、各隊に小隊司令官、半隊司令官を置き、参謀、伝騎、兵具係、弾薬係、輜重係、作事係、偵察、軍医ならびに従卒、馬率、軍夫等が足並みを揃えた。

兵士の軍装は、紺あるいは黒の木綿筒袖、紬袴、陣股引、しころ頭布を被り、ミニエー銃を肩にした。他の軍隊に比べると、この部隊は一段と整備されていた。

一行は、増田《ますだ》に一泊、桑折、福島、二本松、本宮を経て持ち場の中山口に布陣した。

小斎佐藤隊の出陣

小斎佐藤家も四月五日に出陣した。それに先立って、四月一日、家中、足軽一同が小斎佐藤家屋敷の広間に集められた。約二百人余りの家臣達が威儀を正してずらりと並び緊張した面持ちで控えた。屋敷の前に小川が流れていて、橋を渡ると御門があった（図面参照）。

御門の扉は一間幅の戸が二枚あって、それを左右に開くので二間幅の通路になっていた。御門を真っすぐ北に進むと広間の玄関に着く。御書院は主人が仙台屋敷から小斎に来た時に泊まる部屋で、その他に、家老室、用人室もあり、勘定方の部屋もあった。

農閑期には、道場からいつも勇ましい稽古のかけ声が響いていた。屋敷の東方には武器庫の御兵蔵、凶作に備えて米穀を保存する御恵与蔵が並んでいた。出陣は四月五日と決まり、全員緊張した面持ちで主人の訓示を聞いた。

出陣の日は、早朝から村人が続々と村社の鹿島神宮に集合した。出陣する兵士たちは髭を剃り、髪を結い上げ、新しい肌着に木綿の筒袖、立っつけ袴で整然と並んだ。

会津兵に接触

仙台藩の中で最初に会津兵と接触したのは佐藤宮内である。会津に向かう長沼の茶屋に入ると奥に三人の侍がいた。茶屋の主人に頼んで会って話してみると、はじめは水戸藩士だと言っていたが、実は会津藩士であった。

佐藤宮内が勢至堂の隊長に面会したい旨を申し入れると、三人は宮内を勢至堂口の関門まで案内して、会津藩の隊長木村熊之進に面会させた。宮内は、

「仙台藩は朝命によってやむなく進攻して来ているが、会津と戦って、互いに無駄な血を流すことを極力避けたいと思っている。会津では早く降伏謝罪をするように貴公も尽力して欲しい」

と語ると、木村熊之進も、

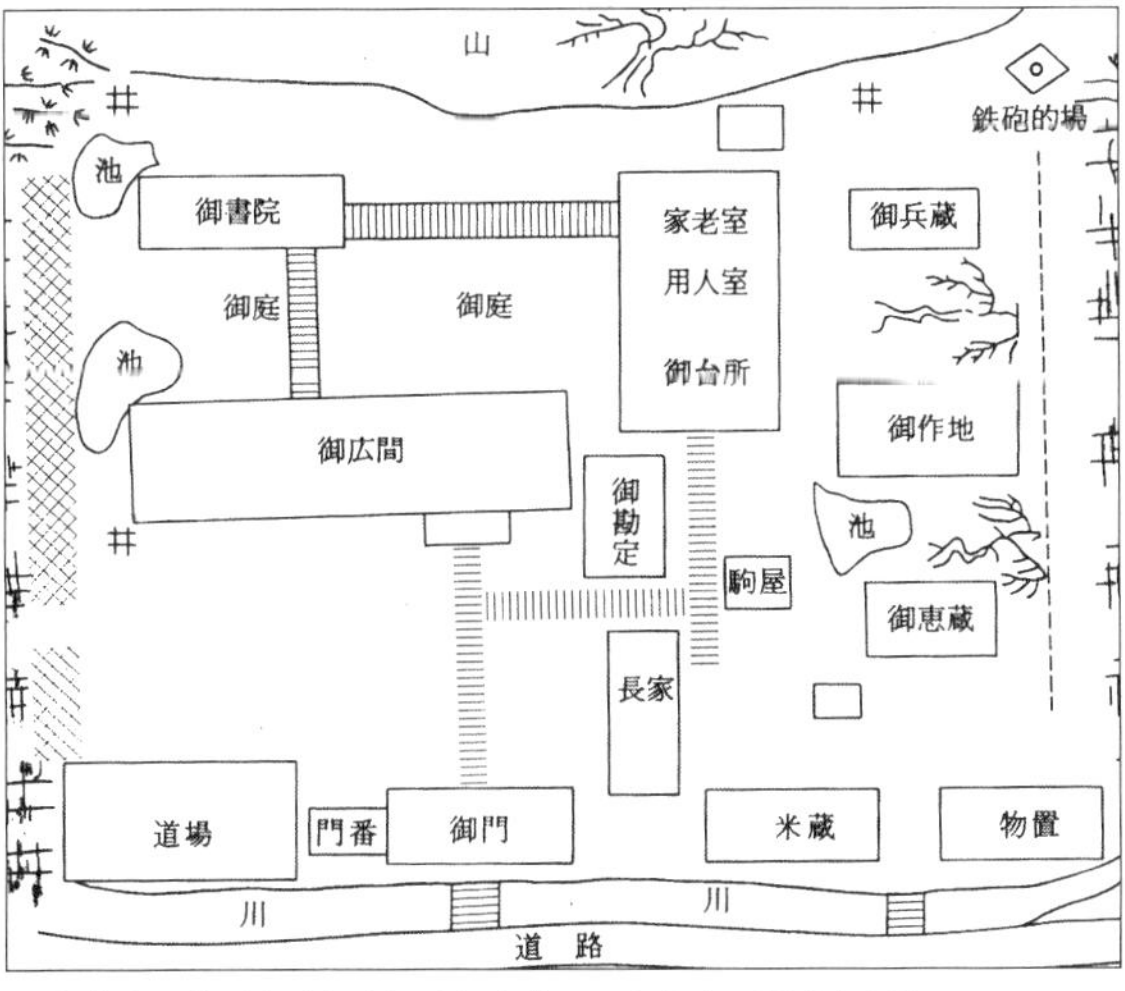

旧佐藤家屋敷（小斎）（窪田文夫『ふるさと小斎の歴史』より）

「拙者もそう思っています。然し、奥羽鎮撫総督府の下参謀世良修蔵は会津の降伏謝罪など認めず徹底的に会津を討とうとしておる。いっそのことあの世良修蔵を討ち取ったなら、これほどまでに奥羽を騒がすことはないだろう」

と、世良修蔵を殺害する考えのあることを示唆した。宮内はこのことを白石城の仙台藩本営に報告した。

世良修蔵は焦っていた。いくら叫んでも叱咤しても仙台藩は動かず、会津との前線に張り付いたままで、一向に戦う姿勢がない。世良はあたりかまわず毎日怒鳴り散らしていた。仙台藩首脳はやむを得ず四月十日、土湯口から討ち入ることを世良に伝えた。

土湯口の守備隊長は、桃生郡鹿又領主瀬上主膳の三小隊と砲一隊である。瀬上主膳は軍監の姉歯武《あねはたけ》之進《のしん》を土湯峠の会津藩陣所に派遣し、会津藩の守備隊長一柳四郎左衛門とやむを得ず戦闘になった場合は、互いに空砲を放つことで合意していた。そうした誓約を交わす一方で、しかし空砲のつもりが実弾ということも十分にあり得た。

但木土佐は、絶対に戦争は避けたいと考えていた。そこで会津に二度目の使節を派遣した。使者は正使若生文十郎、副使横田官平である。二人は早駕籠を飛ばし会津鶴ヶ城に向かい、藩主松平容保に主君慶邦の親書を手渡し、降伏を勧めた。松平容保は以前とは打って変わって、柔軟な姿勢になっていた。

「会津藩は去る文久二年以来、国事に尽くした末、過ぐる正月には鳥羽伏見の役で精兵五百人余を失ったので、四境を防御することは容易ではない。貴太守仙台藩公の好意によって降服謝罪を以て会津を存続することができれば、望外の幸せである。削封《さくふう》はもとより覚悟の上である」

と恭順の意を示し、三日間にわたり重臣会議を開いた。会津兵にとって、仙台藩と戦争する理由は何もなかった。

仙台藩が中に入り、寛典ですむのであればと、多くは容保の考えに同意した。しかし、勇将として知られる佐川官兵衛だけが、一人頑として反対した。

梃子でも動かぬ佐川官兵衛

佐川官兵衛は会津藩きっての武闘派である。鳥羽伏見戦争でも、敵弾のなかを白刃をひらめかせて突進し、薩長兵を驚かせた。

「仙台藩は、現に我が国境に討入らんとしているではないか。今守備を撤退して降伏を請わば、刎《ふん》首《しゅ》を命ぜられるとも、これを拒むことができぬ。主君を死地に容れることは出来ぬ」

佐川は梃子《てこ》でも動かない。なぜ自分は恭順に反対かを、仙台藩正使の若生文十郎を宿舎に訪ね、一夜、心情を吐露した。

「薩長は奸悪である。王師を借りて、おのれの怨みを晴らさんとしておる。彼らの陣門に降《くだ》ったところで、彼等は我藩の家名を許さぬであろう」

「そうはさせない」

副使の横田官平が言った。

「わが藩主慶邦は、いやしくも百万石の領主である。貴国を欺き薩長の奸を助けるなど絶対にありえない」

さらに横田は続けた。

「降伏の上は、先帝への忠勤の功労も少なからず二十万石を以って家名がたつよう斡旋尽力いたす。

これがわが主君の意向でござる」

佐川官兵衛はそれを無言で聞いていたが、そんな話が通用するはずはない、と腹の中で笑っていた。周囲が何と言おうと、薩長軍の奥羽鎮撫総督府の世良修蔵や大山格之助は、会津を草木一本まで徹底的に討つつもりだ、仙台藩は甘い。佐川官兵衛はそれ以上、無言だった。

戦闘勃発

そこに会津藩家老諏訪伊助、公用人の伊東佐太夫が飛び込んできて、

「いま土湯口で戦争が始まった」

と伝えた。

「何だって」

若生文十郎は飛び上がり、即座に横田官平を土湯口に向かわせた。横田が土湯口にたどり着くと、銃声が聞こえた。最悪の事態が勃発してしまった。

瀬上主膳隊が土湯口から横向《よこむき》に入ったところで、撃ち合いになった。仙台藩の横向大峠と会津藩の小峠の距離はおよそ二丁（約二〇〇メートル）に過ぎない。樹木を楯とし一番小隊が進撃したが、敵との間はわずかに数十メートル。瀬上主膳は抜刀して、兵を指揮し、会津兵は大峠を下って激しく銃撃してきた。

ついには双方が砲撃を開始した。この時、敵味方が同時に大砲を発射。雷鳴のごとく大音響が山間に響き渡り、双方に怪我人が続出した。

石筵でも小競り合いがあった。仙台藩大松沢掃部之輔の部隊が母成《ぼなり》峠の関門に攻め込み、大砲一門と弾薬箱を奪い取った。仙台兵は、わが軍勝利と快哉を叫んだ。

砲声が殷々とこだまする。これを聞いて御霊櫃峠でも火蓋が切られたが、会津兵は正面からは戦わず、散発的なものだった。しかし戦局が拡大すれば、本格的な戦争にもなりかねず、両藩の参謀たちは重圧に身ぶるいした。

「やめろ！　やめろ！」

横田官平は叫びながら仙台藩の陣地に走り込んだ。これを聞いて瀬上主膳が怒った。

「軍律を持って行進中の軍隊に対して、討ち入りを猶予せよとは、越権行為ではないか。それは聞けぬ」

と嚙みついたが、すかさず横田官平が、

「何を言われるか、余らは君侯の親書を持って会津に使いしたもの」

と反論すると、瀬上主膳は、

「どうあろうが聞けぬ。打ち合いの最中だ」

と一歩も退かない。重ねて反論したが、会津側から銃弾が打ち込まれている以上、止めようがない。

この間、両軍の銃撃戦が続き、横田官平もお手上げだった。

砲弾乱れ飛ぶ前線

戦争は中山口でも行われていた。伊達安芸隊の三名が重軽傷を負った。

白石城の本営から駆けつけた使者は、戦闘中止を訴え、世良修蔵は本営の言うことなど聞く必要はないと怒鳴り、最前線は大混乱した。

「誰の命令を聞けばいいのか」

兵士たちは戸惑った。知らせを受けた但木土佐は、福島軍事局の参謀増田歴治を白石城に呼び、厳重に注意した。しかし増田歴治にもいい分がある。

「世良は衆人環視のなかで仙台兵は堕兵だ、因循姑息だと烈しく責めたてている。もし、戦わなければ仙台藩の威信が立たない。戦地には戦地の事情がある」と、黙ってはいない。

但木土佐は苦境に立った。仙台藩と会津藩、両藩首脳の思惑とは裏腹に会津・仙台の全面戦争の様相になって来た。

第四章
七ヶ宿会談

介添役の米沢藩

この最中に、四月二十五日、米沢藩家老木滑要人《きなめりかなめ》らの案内で、会津藩の降伏使節が白石城内の仙台藩本陣に来るとの知らせが入った。軍事参政真田喜平太が、主席家老但木土佐に、

「敵国との応対は陣門ですべきものである。もし彼らを白石城内に入れると、後日いかなる嫌疑を受けるかもしれない。使節は国境に止めておくべきである」

と主張した。但木土佐は喜平太の進言に随い、交渉は七ヶ宿で行うことに決めた。

翌二十六日、福島軍務局在勤の参政泉田志摩《いずみだしま》の案内で米沢藩の木滑要人、片山仁一郎《かたやまじんいちろう》が白石城に登城、但木土佐や坂英力と会見した。

木滑要人は、戦争回避を強く述べ、総督府への周旋方を願いでた。但木土佐は即座に了承し、土佐と木滑の連名で、会津藩松平容保謝罪嘆願の書類を岩沼の奥羽鎮撫総督府に届けた。

米沢藩に対して奥羽鎮撫総督から会津征討の先鋒軍として出撃するよう指令が出されたのは、三月二十九日である。

上京していた国家老の千坂太郎左衛門が、東征大総督府に呼び出され、奥羽鎮撫の任に就くよう命

令されたのである。京都には探索方の宮島誠一郎や雲井龍雄《くもいたつお》もおり、神妙に薩長軍の意向を聞いた。これは米沢藩にとって重大なことだった。

千坂太郎左衛門は日夜兼行で、東海道を下り、箱根で薩摩の西郷隆盛に追いついた。

「仙台と共に、会津を討ってもらいたい」

西郷に強く会津追討を要請され、千坂太郎左衛門は事の重大さをひしと感じたが、品川まで来ると薩長軍の兵が充満しており、天下の情勢変化を肌で感じた。麻布の上杉邸に三日滞在し、奥州街道を下り米沢に着いたのは三月下旬だった。

千坂太郎左衛門は二十七歳、一藩皆兵、一家一兵、一兵一銃の軍制改革を行い、藩士の期待を一身に集めていたが、会津藩と米沢藩は隣国であり、会津藩からは何度も使者が来て、仲介の労と援助協力の要請を受けていた。

千坂太郎左衛門の本心は、戦争回避、会津藩の謝罪嘆願と恭順でことを治めることであった。しかし、藩内には賛否両論があり、収拾の目途がつかない状態だった。千坂は会津藩と交渉を重ねた結果、最終的に会津藩主父子の城外謹慎、削封の二条件でことを治めたいと考え、仙台藩に三者会談を申し入れたのだった。

仙台藩がこの案を受け入れてくれれば、仙台、米沢両藩主の意向として奥羽鎮撫総督に申し入れる。これが千坂太郎左衛門の戦略だった。(『米沢市史』近世編)

会談は四月二十九日に設定された。四月二十九日、米沢藩家老竹俣美作《たけまたみまさか》の一行が関本陣渡辺丁七方に到着した。その夕刻、仙台藩の但木土佐、坂英力らが到着し、続いて、横田官平の案内で会津藩家老梶原平馬の一行も到着した。付き添え役として相馬藩、二本松藩の代表も姿を見せた。七ヶ宿の峠は全山、まばゆいばかりの緑に包まれ、絶好の会談日和だった。

安藤太郎左衛門の「覚」によると関本陣での会談には、次の要人たちが集まった。（『七ヶ宿町史』）

仙台藩
御奉行　但木土佐、坂英力
御若老　真田喜平太、増田歴治
御武頭　山田喜代治
御物番頭立　石井貞治、横田官平、若生文十郎
米沢藩
家老　竹俣美作
六人衆　木滑要人、大橋新蔵、片山仁一郎、酒井秀助、長名美衛、森三郎左衛門
二本松藩
家老　丹羽一学、丹羽新十郎、飯田唱
相馬藩
家老　羽根田源右衛門、志賀治ヱ門
会津藩
家老　梶原平馬
目付　伊東左太夫
用人　山田貞助

都合上下八人

会津藩士の中には、斎藤斉と変名した手代木直右衛門もいた。但木土佐は、まず会津家老梶原平馬に、

「謝罪降伏の中身は、会津城の開城、容保公の城外謹慎、戦争の謀主・責任者の首級を差出すことになるが、御覚悟なされたか」

とただした。色白で端正な顔だちの青年家老梶原平馬は、

「主君肥後守の城外謹慎はやむを得ない、しかし、謀主の首級を差出すことはできない」

と強い口調で述べた。一同、緊張の面持ちで梶原平馬に見入った。

「その理由は、鳥羽伏見戦争の関係者の大概は戦死し、生き残った者は一両名のみである。しかも、これらも国家に尽くしたものである。もしその首を斬るとなれば、藩内動揺して如何なる変事が生ずるかもしれない。かつ鳥羽伏見の件は、すでに徳川慶喜公が一身にその責を負い、謝罪嘆願書でも、鳥羽伏見の件は将兵の罪ではない旨を申立てられ、朝廷も受納されている」

毅然たる口調である。

「弊藩に罪ありとしても、すでに、この時消滅したのではなかろうか。さらに何の問罪討伐を受けるのだろうか」

と述べ、譲歩する気配はなかった。但木土佐はさらに、

「謀主の首級を差出すことができないなら、降伏の取次ぎはできない。もしも取次いだとしても奥羽鎮撫総督府は受付けないだろう。その時、貴藩はいかがされるか」

と糺した。梶原平馬はしばし沈黙していたが、

「その時は藩士一同、死を決して戦うのみでござる」

と応えた。一座の者は緊張と驚愕で表情が険しくなった。

「一藩皆死を決して戦うのと、わずか一両人の首で国を守るのと利害は、いずれにあるや」

たまりかねて但木土佐が重ねて糺したが、梶原平馬は無言だった。

真田喜平太と梶原平馬

その時、真田喜平太が始めて口を開いた。

「謀主の首を差出すことができないのなら速やかに帰国され、戦の支度をして待たれよ、我らは諸君と旗鼓の間にまみえよう。元来、臣子の罪は君父の過失に止まる。貴藩がもし君臣の義、正さば、慶喜公の罪を一身に引受けたとしても、かの一挙は慶喜公の過《あやま》ちではなく、実は容保公の罪であるというべきではないか。また貴殿らは、容保公に過失あれば、罪は容保公の罪ではなく、私たちの罪であるというべきではないか」

真田喜平太の声が凛然と響いたが、喜平太らしい正論であった。目をつぶって聞いていた梶原平馬が、目を見開いて喜平太を見つめた。

「まことに真田氏の仰せの通りだ」

と沈黙を破った。

「では謀主の首級を差出すおつもりか」

と真田喜平太は追及したが、梶原平馬に逆襲された。

「しかし、奥羽鎮撫総督府の参謀は薩長二藩の人ではないか。わが藩が如何に誠意を表わし、謀主を斬って首級を差出し、開城、謹慎しても、私怨を報いるに急なる彼等のこと、さらにまた難題を持かけられたらいかがなさるか」

梶原平馬は周囲を睨むように見回した。これは十分に予想されることだった。

するとと但木土佐が、

「それは拙者どもが保証する」

と、力強く断言した。

なおこの時期、仙台藩は、桜田良佐、遠藤文七郎、中島虎之助らの攘夷派と、但木土佐を筆頭とする、大槻磐渓《おおつきばんけい》らの開明派との二派が対立していた。

但木土佐は攘夷論には大反対で、玉虫左太夫や若生文十郎は土佐の配下だった。どちらにしても積極的に近代化を進めようとする真田喜平太には、歯がゆいものがあった。真田喜平太は藩政改革を主張してやまず、実力第一主義を主張し、門閥、家格制を否定したため、保守派の反対に遭い、しばしば役職を外された。

三つどもえの藩政のなかで、仙台藩はこれからどう動いて行けばいいのか、但木土佐は正念場に立たされた。

梶原平馬の予言

会津藩は文久二年（一八六二）以来、京都におり、薩摩・長州藩とも接触し、彼らのやり方は十二分に熟知していた。たとえ奥羽鎮撫総督府が降伏の申入れを受け容れたとしても、下参謀の世良修蔵や大山格之助が聞きいれるはずがない。梶原はそう考えていた。

事態は梶原平馬の思惑どおりの展開になるのだが、但木土佐は、「降伏すれば討伐せず」と言った沢副総督の証言を信じており、奥羽列藩同盟の力で押し通せば、可能だと考えていた。

しかし、会津と長州藩の間には、幾重にも怨念が取りついていた。但木土佐が考えていたほど生やさしいものではなかった。

梶原平馬は、帰国して主君容保公に会談の経緯を報告し、降伏謝罪嘆願書を持参してくると約束して、閏四月一日帰国した。

梶原平馬の思惑

梶原平馬は、会津藩の名門内藤家の出で家老職である。先祖は甲斐武田家の家臣で、武田家滅亡の後は、北条家に仕えたが、北条家も滅亡し、一族離散の憂き目にあった。縁あって会津保科家に抱えられ、代々、会津藩御三家の一つとして松平家に仕えてきた。

梶原平馬は幕末、内藤家の次男として生まれ、幼くして梶原家の養子に入り、文久二年（一八六二）、藩主松平容保に従って上洛、慶応三年（一八六七）、二十四歳で若年寄、翌年家老に就任した。

京都では外交方として活躍し、英国の駐日公使アーネスト・サトウとも親交があり、会津の梶原で名前が通っていた。

世良修蔵は、鎮撫総督府下参謀とはいえ、あくまでも西郷、木戸の傀儡《かいらい》であり、「容保の首級を取るまで会津攻撃で突っ走れ」と指令を受けただけの無頼の徒である。

梶原平馬は、世良がその命に背くほどの意思はないと確信していた。会津藩を潰さなければ、薩長軍主体の新政権は成就しない。彼等も死にものぐるいで会津潰しに全力でぶつかってきたのだ。いずれ戦争は避けられない、梶原平馬は冷静に分析していた。

薩長軍は江戸無血開城で、当初の思惑が狂ってしまった。江戸に武力侵攻して江戸城を砲撃で総攻撃して幕府を徹底的に破壊し尽くすことで、天下に薩長政権の創建をはっきりと示そうとした。

ところが、西郷が英国公使パークスにその非をなじられ、薩長と密通していた幕閣の勝海舟が巧妙な手口で、これを遮り、江戸での戦争を回避した。勝と西郷の江戸無血開城の密約の背後には、東北諸藩への、とりわけ怨念と私怨の対象、会津藩への総攻撃と容保の首級を討ち取ることを黙認する両者の暗黙の了解が窺い知れるのだ。

駐日英国大使館の公使パークス、書記官アーネスト・サトウは、戦争で江戸が壊滅状態になれば、生糸の貿易が台無しになるため、強く反対の意思表示をした。振り上げたこぶしをどこで振り下ろすか、それは会津藩に対してである。

仙台藩や米沢藩がいかに介添えして画策しようが、薩長軍は間違いなく会津に攻めてくる。梶原平馬にはそうした予感があった。

第五章
河井継之助

江戸

鳥羽伏見戦争で敗れ、江戸に引き上げて来た時、会津藩の家老梶原平馬が真っ先に頼ったのは長岡藩の河井継之助だった。

梶原平馬が見た徳川幕府瓦解後の江戸は、騒乱の渦中だった。

誰一人、予想だにしない敗退に、なす術《すべ》を失い、驚くことに逃げる算段をしている旗本すらいた。大政奉還したところで、薩長にこの国を統治する能力などあるはずがない。慶喜はそう高をくくっていたらしい。しかし仁和寺宮《にんなじのみや》が錦の御旗を翻して陣頭に立った瞬間に立場が逆転した。

戦闘に勝っていれば、錦の御旗も取り返せたであろうが、将軍が敵前逃亡してしまった今となっては、菊の御紋は完全に敵の手にある。勝てば官軍、負ければ賊軍である。本来、徳川を守るはずの伊勢の藤堂家、彦根の井伊家の兵までもが薩長になびいてしまった。菊が栄えて、葵が枯れる。

当然、幕府傘下の旗本たちは薩長軍と一戦交えるものと踏んでいた。ところが大政奉還して慶喜公は恭順の意を表してしまった。

河井継之助は、若い頃から詩を読んだりすることは大嫌いで、天下国家を夢見ることが好きであった。江戸に出て佐久間象山の門を叩き、三十三歳の時、山田方谷《やまだほうこく》を尋ねて備中松山に向かい、そのあと四国、九州を遊歴し、この時は、会津藩士の秋月悌次郎と一緒であった。

山田方谷は、松山藩主板倉勝静《いたくらかつきよ》の顧問で、人格高潔で識見が高く、当時の松山藩政では、とみに有名であった。河井継之助は、薩長軍が江戸に進駐した時点で、旗本にも意地が多少はあるだろうから戦争が勃発すると思っていた。ところがどうだろうか。旗本は腑抜けの状態で、あっさり江戸城を引き渡した。

彰義隊の上野戦争

渋沢成一郎、天野八郎らが彰義隊を結成したが、結成の噂を聞きつけた幕府ゆかりの者のみならず、町人や博徒や侠客も参加し、隊員が千名を越える規模になったため、四月三日に本願寺から寛永寺へ拠点を移動した。

幕臣勝海舟は武力衝突を懸念して彰義隊の解散を促したが、四月十一日、江戸城が無血開城され、徳川慶喜が水戸へと退去すると、千住から下総松戸まで護衛を行ったが、彰義隊は寛永寺に止め置かれた。

しかし、薩長軍と一戦交えようと各地から脱藩兵が結集し最盛期には三〇〇〇から四〇〇〇人規模に膨れ上がった。

江戸開城以降、関東各地で幕府復興を名目に放火や強盗を起こし、江戸では彰義隊の薩長軍への敵対姿勢が改まらず、彰義隊は薩長軍兵士への集団的な暴行殺害を繰り返していた。

事態の沈静化を願った勝海舟らは、彰義隊と同じく徳川慶喜の警護役をしていた幕臣山岡鉄舟を輪王寺宮の側近、覚王院義観と会談させ彰義隊への解散勧告を行った。しかし覚王院義観は勝海舟を裏切り者と呼び、説得に応じなかった。

京都の薩長軍首脳は、江戸の騒乱の原因の一つを彰義隊の存在と考え、勝海舟ら幕府首脳に江戸治安を委任していた西郷から職務上の権限を取り上げ、彰義隊を討伐する方針を決定し、京都から西郷に代わる統率者として冷徹な長州の大村益次郎が着任した。

慶応四年（一八六八）五月一五日、上野戦争で薩長軍と散発的に戦ったが、薩長軍の近代的砲撃力の前に彰義隊は一日にして壊滅した。

会津・長岡藩の密約

「なんたることか」

河井継之助はため息をついた。薩長軍は会津藩を総攻撃するだろうから玉砕覚悟で徹底抗戦するだろう。これから課せられる難題は、越後長岡藩がどう生き延びるかだが、沈思黙考するしかなかった。

二月に入ると、会津藩の松平容保は登城を禁じられ、十二日には慶喜公が上野寛永寺に退き、前将軍家茂の未亡人、静寛院宮を通じて薩長軍参謀に謝罪嘆願するに至った。徳川幕府の消滅だが、勝海舟の入れ知恵だから何とも仕方がない。

そこへ在京の仙台藩若年寄三好監物に薩長軍から会津藩追討の命が下り、これを知った会津藩は猛反発し、討ち死に覚悟で一戦を交えるしかないと、大砲や小銃を買い集めていた。

継之助は当然のことだと思った。かくなる上は戦争への流れは止めようがない。武力がなければ、薩長軍の意のままにされるだけだ。継之助は重い腰を上げ、横浜に向かい、武器の購入に奔走した。長岡藩を犯す者は叩き出すだけだ。継之助はそう考え、独立独行への道を歩み始めた。

会津、桑名、庄内藩は名指しで朝敵とされ、特に会津藩の松平容保は死罪を免れないだろうと噂されていた。

河井継之助が頼ったのは横浜の武器商人、プロシャ人のスネル兄弟である。イギリスは薩長軍に武器、弾薬を売却している。フランスは幕府に提供していたが、幕府の破綻で、すでにフランスは腰が引けていた。頼りにすべきはプロシャしかなかった。

「任せてください」

スネル兄弟は継之助の手を握りしめた。

「河井君、酷いことになった」

と、会津藩の公用人秋月悌次郎が顔を見せたのは、スネル兄弟と商談して帰ってから間もなくだった。家老の梶原平馬も一緒である。梶原平馬は物に動じぬ鷹揚な物腰の男で、主君容保の側近中の側近である。以前に一、二度、会っている。

「奥羽越で手を握ろうではないか」

と、悌次郎が言ったが、その時既に、奥羽越列藩同盟への想いが三人のなかに渦巻いていたかのように血が騒いだ。

河井継之助は、即刻、行動に移って、梶原平馬を横浜に誘い、スネル兄弟を紹介した。会津藩は鳥羽伏見戦争で多くの武器を失っている。梶原平馬はスネル兄弟やブラント商会のファブル・ブラント

から凄まじい勢いで武器弾薬を買いまくった。この動きを知った長岡藩の重臣鵜殿団次郎《うどのだんじろう》が、

「河井君、君はもっぱら徳川幕府や会津藩に肩入れし過ぎではないか。会津藩の動きと一線を画すべし。長岡は当事者にあらず。やり過ぎではないか」

と、忠告した。

しかし、河井継之助は、

「俺が問題にしているのは、これから新しい日本国を造るに当たって長岡藩の意見も聞いて欲しいということだ。問答無用では困る」

と、自説を曲げない。

「俺は黙ってはいねえぞ」

鵜殿団次郎も負けてはいない。二人は口論になった。声の大きい継之助の方がいつも勝つことになるが、気迫に押され、鵜殿団次郎は黙った。継之助は江戸藩邸の閉鎖も独断で決めた。これにも鵜殿が反対したが、

「いまは速く国に帰って力を蓄える時だ」

と、突っぱねた。

長岡藩主牧野忠訓《ただくに》は、二月二十二日に江戸を発って帰国した。河井継之助は、江戸藩邸の什器、書画骨董を横浜の外人に売り払って数万両を得、新たに数百艇の元込め銃と弾薬、最新式の機関砲二門、さらには戦争が始まれば、江戸の市民が逃げ出してしまうという噂で著しく値が下がった米を大量に買い込んだ。

奥羽越諸藩の会談

江戸在府の奥羽越諸藩との会合も頻繁になり、この事態にどう対処するのか、率直に意見を交換する会談も開かれた。会場が会津藩御用達の大槌屋なので、会津主導であることは誰の目にも明らかだが、河井継之助は議事を進行し、長岡藩の存在を強く印象づけた。

会津藩の公用人南摩《なんま》綱紀《つなのり》も出席した。南摩綱紀はこの日の会議のことを後年、次のように回想している。

「議事の大意は朝廷に十分嘆願し、それでも許されぬ時は、薩長等と相抗してしかるべしというもので、河井君がもっとも憤慨激論《ふんがいげきろん》せられたり」

河井継之助は会津藩を援護し、薩長軍の問答無用のやり方を激しく批判し、戦争も辞さぬと決意のほどを披瀝した。長岡藩がいつも幕府からまともに相手にされてこなかった事への反発もあったが、薩長軍と対峙して新しい日本の政治に参画したいという強い意欲の表れでもあった。

軍事顧問

スネル兄弟やブラントから購入した武器、弾薬をどのような手段で長岡藩に運ぶのかが大きな問題だったが、河井継之助は当初から海上輸送と決めていた。会津藩の梶原平馬、桑名藩の山脇十左衛門もスネルの持ち船、ロシア船籍のコリア号を共同で借り受けることにした。

桑名藩主松平定敬《まつだいらさだあき》は、飛び地の越後柏崎の近くの相崎で再起を期し、梶原平馬は新潟経由で、会津に帰るということで、三者の思惑がぴたりと一致した。

「梶原殿、スネル兄弟を軍事顧問に迎えてはどうか」

と、河井継之助が大胆な提案をすると、梶原平馬は一も二もなく承諾した。

スネル兄弟を巻き込むことで、奥羽越諸藩は外国への窓が開け、武器弾薬の補給も可能になるという、いかにも継之助らしい人の意表を突く戦略だった。

かくてスネル兄は会津藩軍事顧問に就任し、横浜に残る弟に諸外国との交渉や武器弾薬の調達、鉱山の開発などを任せて、薩長軍との戦争を想定した作戦の立案に当たることになった。

河井継之助の知謀と梶原平馬の決断の見事な組み合わせであった。即決即断、二人には少しの迷いもなかった。

「貴君と梶原がもっと早く会っておれば、歴史が変わっていたかも知れぬ。我々は薩長軍にだけ気を取られ、奥羽、越後を疎《おろそ》かにしてきた。その強い反省がある」

と、会津藩の公用人秋月悌次郎が言ったが、確かにその通りだった。

河井継之助は出港の前夜、支藩の小諸藩江戸在勤の重臣牧野隼之進を招き、別れの宴を張った。

「おのおの方、拙者、江戸ともお別れでござる。お世話になり申した。この際、申し述べたい儀がござる。いまや世事紛々、真偽はかりがたいが、願わくば、すべからく大義によりて、ことを処せられよ。今宵は心ゆくまで飲もうではござらぬか」

河井継之助はこう挨拶し、酔いが回ると得意の都都逸《どどいつ》を披露した。

「渋い唄でござるのう」

と牧野が褒めると、

「牧野殿、継之助、今より忠良の臣たらんか、英雄の人たらんか」

と、すこぶるご機嫌で、

「すでに薩長軍が道を塞いでおるとのこと、先生はいずれの道より、越後に帰られるか」

と牧野が心配気《げ》に聞くと、破顔一笑し、

「天を飛んで帰ろうか、はたまた地に潜って帰ろうか。心配いたすなや」

と煙にまいた。

越後長岡藩の河井継之助の脳裏には、長岡藩兵を率いて薩長軍と対峙し、正義ある行動を求めて、理不尽な振る舞いには断固反対し、聞けぬとあらば武門の習い、先陣を切って戦う己の姿があった。

三月三日、江戸呉服橋の藩邸を引き払った河井継之助は、百五十余名の藩士を率い、裏口の水門から伝馬船で品川沖に停泊中のスネル兄弟の持船コリア号に乗り移った。会津藩は梶原平馬以下百名余、桑名藩も主君松平定敬以下百余名である。船は横浜で武器弾薬を積み、九日に箱館経由新潟に向け出帆した。（『河井継之助伝』）

桑名藩の決断

桑名藩主松平定敬は、会津藩主容保の実弟である。京都所司代として、兄を助けて来た。鳥羽伏見戦争で敗れ、大坂より紀州に落ちた敗残兵は一月末に志摩の的矢《まとや》に到り、桑名には戻らず、伊勢湾を渡って三河山下に上陸し、東海道を下って江戸に到着した。

江戸城では恭順派と戦争派の二派が対立、相譲らず激論が交わされたが、衆議の末、定敬はあくまで戦争を継続して戦うと言い張った。

桑名藩の分領越後柏崎には幕府よりの預り地があり、人心も一和している。さらに、柏崎は会津藩と気脈を通ずる点にでも便利だと判断し、三月八日に江戸を出発、河井継之助や会津の梶原平馬らは、海路にて箱館を経て、四月八日、柏崎に到着した。

松平定敬に随って柏崎に来た人々は、家老吉村椎左衛門をはじめ、山脇十左衛門、その子息隼太郎、谷三十郎、高木剛次郎らの諸士である。

主戦論者の立見鑑三郎は、薩長軍と戦いつつ柏崎に到着した。家老吉村権左衛門は恭順を主張し、薩長軍との戦争を止めて帰国するよう勧告したが、藩主定敬及び主戦論者は、閏四月三日、吉村権左衛門を暗殺し、五月一日、軍制を改めて、神風隊、雷神隊、致人隊の三隊とし、立見鑑三郎と町田老之亟（立見鑑三郎の兄）、松浦秀八の三人を挙げて隊長とし、富永太兵衛、馬場三九郎、大平九左衛門等を副長とし、服部半蔵を総宰、山脇十左衛門、岩崎五太夫、小寺新五左衛門、金子権太左衛門等を軍事奉行として徹底抗戦に入る覚悟を固めた。（『桑名市史』）

仙台藩、米沢藩は、何とか戦争を回避しようと動いたが、越後は全く異なっていた。会津藩は仙台と長岡、桑名藩の双方に加わり、刻々と変化する情勢を睨みながら陣容を整えていった。

越後十一藩

当時、越後には十一藩があった。高田、新発田《しばた》、長岡、村上、村松、与板、糸魚川《いといがわ》、三根山、椎谷、黒川、三日市の各藩である。

　二月上旬から中旬にかけて、これら諸藩へ北陸道鎮撫総督から帰順を求める文書が送られた。いち早く反応したのは新発田藩である。重臣二名を鎮撫総督一行のもとへ派遣して、勤王の誓詞を差し出した。このことが会津藩に知られ、会津藩は激怒した。

　もともと会津藩は、越後に八万五千石の領地を持っていた。加えて京都守護職に就いた時、魚沼郡に二万五千石が加増となり、信濃川と阿賀野川が合流する酒屋に代官所を設け、ここを物資輸送の基地としていた。

　会津藩は越後でも隠然たる力を誇示していた。

　薩長軍の越後攻撃隊の先鋒は薩摩、長州各隊と軍監土佐の岩村精一郎率いる信州の諸藩と高田、椎谷藩などの連合軍である。

　山道軍の前進目標はで小出島《こいでじま》と小千谷《おぢや》である。電光石火、早業の侵攻で攻めたてたが、越後の諸藩はまだ動静を決めかねていた。

　会津藩は小出島に陣屋を置き、町野源之助が郡奉行として赴任していた。年齢三十台前半、儀礼に厚く、何ごとにも慎重で、眉目秀麗な若侍であった。

　町野は、いち早く農兵の採用に踏み切り、敵の侵攻を食い止めようと必死であった。農兵の割り当ては石高百石に付き三人で、各村の庄屋を士分に取り立て、組頭、百姓代以下は村兵と称し、各自所持の武器を帯び、竹槍、鳶口、六尺棒のほかに、長さ四尺六寸の棒の先端に鎖に分銅を付けたものと、長さ六尺の棒の先に直径三尺の鉄輪をつけた奇妙な武器を製作して携行させた。

　農兵の経費は陣屋で支給し、郷兵、村兵が万一戦死したときは、弔慰金として金五十両を惣郡七組の負担とし、遺族に特別身内の少ない者には長期にわたって一人扶持を与えるとした。これは画期的なことであった。

そして非常事態のときは、小出島、元堀之内、元浦佐の三組は小出島陣屋へ集結し、元塩沢、六日町の両組は関東口を固めて警戒する。川口・三島両組は下口を固め、賊徒来襲のない場合は七組ともに小出島陣屋に集合することを申し合わせた。

これらの農兵とは別に、郷元兼庄屋の井口新三郎、同惣兵衛、松原、塩屋の四人でそれぞれ譜代の者十人を選抜して、合計四十人の新徴兵を組織した。この四人には新式のミニエー銃が貸与されたが、小出島の富裕の者たちは自費による軍装を調え、率先して徴募に応じる者が多くあり、小出島に限り町兵の名称が与えられた。

農兵は村内から村兵数百人余が選ばれ、町兵と農兵の訓練は、剣、槍、鉄砲の稽古に重点を置き、陣屋と観音寺が稽古場に充てられた。

軍事教練は柳原口の佐梨川原で行なわれた。遠方の村々では日時と場所を決め、陣屋から教授方が出張し、軍事教練を施した。

町野久吉、突撃死

四月の下旬、信州飯山で旧幕府の衝鋒隊《しょうほうたい》を撃破した尾州、松代、飯山、松本、須坂藩の藩兵は、土佐の岩村精一郎軍監の指揮のもと、越後へ進軍して高田附近に集結した。また東山道先鋒総督府に所属する上野国巡察使の原保太郎（長州）、豊永貫一郎（土佐）の二人は三国峠の攻撃を目論み、前橋、高崎藩の上州藩兵の集結を促していた。

小出島には刻々、その情報が入り、緊張が走った。六日町に駐在していた会津藩士井深宅右衛門は町野源之助と協議し、組頭の池上武輔と第二遊撃隊士四十人余を町野源之助の指揮下に配属し、自らは後方作戦にあたるため小千谷で待機した。

四月二十一日、三国峠の大般若塚《だいはんにゃづか》の胸壁から二、三丁（約三百メートル）先に、三十人ほどの薩長軍兵士が現れ、銃撃を開始した。会津兵はすかさず反撃し、これを撃退したが、この銃声こそ越後魚沼郡の開戦を知らせるものだった。二十四日未明、濃霧のため、お互いに敵影がはっきり見えない中で、両軍一斉に射撃を開始した。

勝敗はいずれとも定まらず、血気にはやる会津の若侍は濃霧を利用し、短兵を持って接戦することを主張したが、隊長町野源之助と組頭の池上武輔は時期尚早として許さず、射撃の継続を命じて戦機の到来を待った。

しばらくすると、焦った会津の若者が軍令を無視して胸壁を乗り越え、槍の穂先を揃えて抜け駆けの突撃を敢行した。その時、山風が吹いて霧が次第に薄れ、敵の一斉射撃で町野隊の二人が銃弾を受け負傷し、井深隊の二人も倒れた。年少の町野久吉がただ一人、敵陣に到達し伝家の槍を振るって勇敢に接戦し、佐野藩の銃士新井市之助の左腕を突き刺し、前橋藩の隊長八木始に肉薄したが、至近距離からの銃撃で転倒し、戦死した。後で町野久吉ら三人は永井宿外に晒された。

会津勢は後方の二居峠で防戦する予定だったが、兵の減少と弾薬・兵糧の不足もあって二居峠を放棄し、小出島に退却した。これを皮切りに越後大戦争の火ぶたが切られた。（『小出町史』）

新潟会談

会津藩は前年の文久三年（一八六三）から越後諸藩の連携強化に動いていた。緊迫する内外の諸情勢にどう対処すべきか、当時、越後の諸藩は態度を決めかねていた。越後を巡回したのは公用人秋月悌次郎の配下で、四国、九州などを歩いた経験を持つ土屋鉄之助である。備中松山では河井継之助と同宿であった。

土屋鉄之助は村上、新発田、村松、長岡などを歩き、不慮の事態が起きた場合に備え、北越諸藩が相互に連絡し合う体制づくりを呼びかけた。新潟と会津若松の間には、阿賀野川が流れており、会津藩は諸外国から購入する武器弾薬を新潟港に水揚げし、阿賀野川水運を使って会津若松に運び込む算段だった。

第一回の会談は、六月十八日に新潟古町《ふるまち》の料亭鳥清で開かれた。会談の結果、各領内の取締りを厳しくし、各地の探索状況を知らせ合うこと、毎年五月十五日に会合を開くこと、変事の有無にかかわらず、毎年九月一日に糸魚川、村上両藩から回状を出して、各藩とも領内の情勢を知らせ合うことなどを決めた。

慶応四年（一八六八）二月二日、酒屋陣屋で拡大会議が開かれ、次の人々が出席した。

長岡藩　　植田十兵衛
村松藩　　斎藤久七、前田又八

新発田藩　七里敬吉郎、井東八之丞
村松藩　鳥居与一郎、水谷孫兵衛
一ノ木戸（高崎藩預かり地）　深井小一郎、市川作右衛門
会津藩　菅野安之助、井深宅右衛門、池武助、名倉庄右衛門、樋口作左衛門

会議は会津藩主導で進められ、新潟港の台場築造、新潟表の警備強化が議題に上った。その資金は年貢と港運上納金を当てることにした。しかし、この会談には思わぬ余波が生じた。

慰労の宴のさなかに、新潟奉行所の役人が来て、新発田藩兵二百余人が、薩長軍の要請で、京都に上ることになったと告げた。これを聞いていた会津藩の菅野が、

「討幕を進める薩長軍に兵を送るとは何事だ」

と、激怒し、新発田藩に厳重抗議する一幕があった。新発田藩は全方位外交で臨もうとしており、どちらの顔も立てるという曖昧な立場で会議に参加していた。（『新発田市史』）

会津藩の疑念

この事件以来、会津藩は新発田藩に疑念を抱いた。新発田藩の幼君溝口直正が事件直後の二月二十二日、江戸を発して、会津街道を経て帰国の途についた時である。坂井数馬、入江八郎左衛門ら三百余人の藩士が随従して会津領内に入ると、会津藩士本田雷四郎ら数人が、

「当藩の若者が貴藩一行に暴挙を企てているので、自分らが警護を命ぜられた」と称して宿舎に泊

りこみ、藩主溝口直正一行に新発田まで同行し、看視する事件となった。会津を裏切ったら、ただでは済まぬという脅しであった。会津藩はいつでも強い姿勢で臨んだ。藩内の求心力を高めるにはそれしかなかった。

三月八日、老公静山（溝口直溥《みぞぐちなおひろ》）が家老溝口伊織、用人仙石九郎兵衛らを従え、会津街道を通って帰国するが、同月十五日若松城下に着くと、会津藩家老西郷頼母と重臣の西郷勇左衛門が宿舎を訪れ、家老溝口伊織に面会を求め、さきに帰国した藩主一行と同様の苦情を述べた。

「貴藩は、先般京師に出兵したのみならず、このごろ貴藩内に薩長藩士を潜伏させているという噂である。我藩の若い輩はこれを聞き、憤怨《ふんぬ》して、その勢を制することができず、粗暴の挙に出る者はかり難き状況である。よってここに留まり、事の定まるのを待ったらいかがであろうか」

と西郷勇左衛門が睨み付けた。これに対して溝口伊織は、

「京師に出兵したのは朝命によってである。我藩に幕府を疎んじる考えは、まったくない」と否定した。すると西郷勇左衛門が、

「貴公と話し合っても埒が明かない。勤王、佐幕に両立はない。老公と話し合いたい」と、立ち上がった。

「それはならぬ」と、溝口伊織が止めたが、こうなると双方の関係は最悪である。結局、前藩主静山一行は、一両日宿舎に足留めされた。この頃、世間では戯れ歌が流行っていた。

会津猪、仙台貉《むじな》、三春狐に騙された
会津猪、米沢狸、仙台兎で踊り出す

仙台貉、会津猪、二羽（丹羽）兎がぴょんとはね、三春狐に騙された

どれも会津が猪突猛進する猪であることを歌っている。新発田藩の家老に対して、恐喝まがいの言葉を使えば、逆効果であることは目に見えていた。

若松城（鶴ヶ城）から新発田藩までは、会津藩の西郷勇左衛門、土屋総蔵らも静山一行に同道して新発田領内に入り、城下の長徳寺に滞在した。この会津藩の振舞いに、新発田藩の軍事方は激怒、両者の関係は一層気まずいものになった。

会津藩の焦りが、こうした事態を生んだ一面もあった。以後、新発田藩の家臣団は反幕府、反会津で固まり、会津藩の前途は厳しいものになっていく。

会津藩の両面作戦

この時期、会津藩自体も左右に大きく揺れ動いていた。戦争はあまりにもリスクが大きいため、謝罪、恭順して和議を模索する動きである。幼帝を手中に収めて官軍を僭称する薩長軍を会津の人々は激しく憎悪したが、戦争になった場合、必ず勝つという目論みはどこにもなかった。

薩長軍は連戦連勝であり、近代化された武器には目を見張るものがあった。このことをもっともよく知る人物は、首席家老梶原平馬である。梶原平馬は、会津藩の現状と行く末を客観的に見つめる能力を持っていた。

梶原平馬の戦略は、奥羽、越後と同盟を結び、その力を背景に、一つは休戦に持ち込み、妥協点を

模索することであった。領土の削減はやむを得ないと考えていた。それが不可能な場合は、徹底抗戦しかなかった。白河以北を死守し、長期戦にもちこむことだった。そこから何らかの勝機が生まれてくればと考えた。いずれにしても兵力の増強が急務だった。

江戸から勝海舟の策に嵌《はま》って幕府軍兵士を糾合して信州へ向かった古屋佐久左衛門の衝鋒隊八百人が会津に乗り込んできたとき、梶原平馬は体よく滞在を断り、越後に差し向けた。八百人もの兵力を維持する財政的余力はなかった。

越後に入った衝鋒隊は、日々の生活を維持しなければならない。今井新郎、前田兵衛ら幹部が新発田藩に乗り込み、軍資金五千両の借金を申し込んだ。しかし、新発田藩にしても無理難題に変わりはなく、千両で手を打ってもらい、長岡藩の河井継之助が仲介に入り、古屋佐久左衛門らは高田を経て信州に向かったが、ここで薩長軍に惨敗し、あらかたの兵力を失ってしまった。

水戸藩を脱藩した諸生党の市川三左衛門ら四、五百人も会津から越後に入り、新発田藩から軍用金千両をせしめた。会津藩もこれに便乗、米一万俵、軍資金三千両、小銃百挺をせしめとった。(『新発田市史』)

新発田藩は、後に反会津に決し、背後から会津軍を攻撃する。積もり積もった会津藩への怨念の爆発だった。

正義党事件

どこの藩も抗戦か和睦か、藩論は分裂状態だった。越後国蒲原郡の村松藩では正義党事件といわれる大事件が起こった。

長州藩を中心とする尊王攘夷運動が全国的規模で拡大する中で、村松藩内にも尊王攘夷を説く「正義党」が結成され、慶応年間に入ると、藩重役に意見具申をするなど顕著な動きを示すようになった。

家老堀右衛門三郎は、その弾圧に乗り出し、慶応二年（一八六六）十一月、長州藩と通謀し、その一派と手を結んだとして、近藤安五郎らを捕え投獄した。

村松藩は当初、この事件をひた隠しにしていたが、翌年、新潟奉行所にかぎつけられ、苦しい立場に追い込まれた。

村松藩は、会津藩と国境を接していたこともあって、相互の関係は微妙であった。藩主松平容保が京都守護職を務めた会津藩は、長州と敵対関係にあったため、正義党が「長州と内通した」というのは風聞に過ぎなかったが、会津藩に配慮し、彼らに極刑を命じなければならなかった。

会津藩も事態を重視、木村兵庫、土屋鉄之助が村松藩に出向き、厳重抗議するに及んで、村松藩は七人を切腹、または斬罪に処した。処刑には会津藩が立ち会った。

慶応四年（一八六六）一月六日、会津藩は木村熊之進、芝守蔵を村松藩に派遣し、会津藩への助力を要請、村松藩は協力を確約したが、東山道軍にも同じ回答を寄せ、両面作戦を取らざるを得なかった。

（『村松町史』）

第六章
関東戊辰戦争

捨て石

西郷と勝海舟の会談で江戸は無血開城となったが、関東各地に旧幕府軍の兵士が戦いも辞せずと展開していた。

そこで勝海舟は歩兵奉行の古屋佐久左衛門に脱走兵の帰順を命じ、各地に散らばる脱走兵を帰順させて江戸に戻ると、

「君に信濃国をまかせるから脱走兵を引きとってはくれまいか」

と、相談を持ちかけた。

体の言い追放策とは露知らず古屋佐久左衛門は、脱走兵を率いて石高二十四万の信州に向かった。既に東山道軍は信州に向かっていることなど知る由もない。空手形どころか、薩長軍に殺戮されるなどとは誰も思わなかった。

盟友の今井信郎、内田荘司が歩兵差図役頭取として古屋を補佐した。従うのは歩兵第六連隊約六百名と大砲六門である。

三月一日板橋、二日大宮、三日桶川に泊まり、四日には進路を変えて、行田《ぎょうだ》に着いた古屋佐久左衛

門の一行は、さきに天野新太郎が率いて行田の忍城下に着いていた脱走兵も掌握した。さらに羽生陣屋の八州取締役澁谷鷲郎、木村鉄之助や川越藩士小川原音次郎ら七十余名も合流した。

これと前後して、新選組局長近藤勇も大名級の若年寄格に任ぜられ、二千四百両の軍資金をもらい、大砲二門も配属され、甲陽鎮撫隊の名のもとに多くの同志を募って甲州に出動、折しも進撃してきた薩長軍東山道鎮撫先鋒土佐藩隊と激突した。

京洛の地で勇名を轟かせた新選組もここで大敗し、空中分解してしまう。古屋佐久左衛門も近藤勇も江戸無血開城を実現するための捨て石だった。（田辺昇吉著『北関東戊辰戦争』）

古屋佐久左衛門

薩長軍の進撃は予想以上に早く、東山道鎮撫総督軍主力の薩長、大垣藩は、碓氷峠を越えて上州に進軍中だった。東海道鎮撫総督軍と呼応して、三月十五日には、江戸城を北から攻撃する作戦である。

三月七日、東山道鎮撫総督軍が碓氷峠を越えて上州安中《あんなか》に達したころ、先鋒隊の薩摩四番隊（百二十名）、長州半小隊（二十一名）、大垣一小隊（約五十名と火箭《かせん》砲一門）、築造兵若干を率いた軍監岩村精一郎（土佐藩）は高崎に着いていた。そのとき、斥候役の薩摩藩士有馬藤太が街道筋で、「徳川氏陸軍所」と墨書した標札を見つけた。早速、宿屋の主人を呼んで調べたところ、幕府軍兵士を糾合した古屋佐久左衛門の衝鋒隊であることがわかった。意外な情報を得た先鋒隊は、正午ごろ、深谷宿に進撃した。

そこで岩村は、忍藩の川上豊太郎を使って、行田、羽生方面を探索させたところ、

「約千人の徳川脱走兵たちが羽生に滞在し、先日、大砲六門と弾薬、食糧百駄（馬）をはこび入れ、

付近の農民に餅をつかせて非常の用意をしている」という情報を得た。

その夜、緊張した先鋒隊本陣に、徳川氏の監察と自称する二名の使者が来た。この使者は、

「私どもは徳川家執政の命令を受けて農民や浮浪の徒の騒ぎを取締まるため、これから信州に向かう途中の者たちで、決して怪しい者ではない。何卒通行を許していただきたい」と岩村に申し述べた。

しかし岩村は断り、

「明日中に武器弾薬一切を熊谷宿に持ってこい」と命令した。二人の使者は、急なことで間に合わないと答え、引渡期日を一日延ばして明後九日と協定し、夜八時ごろ帰って行った。ところが七日夕、大宮の町人内田幸七なる者が岩村を訪ねてきて、

「羽生陣屋の徳川脱走兵に恭順の様子は見られない」と告げたため、東山道鎮撫総督軍先鋒隊は予定を変更し、攻撃強行の方針で八日昼ごろ熊谷に進み、行田、羽生方面に斥候を派遣した。

一方、古屋佐久左衛門は、北方に難を避けようと、八日午後、にわかに羽生を出発し、館林に向かった。館林藩は大いに慌て、梁田の宿場に案内した。

梁田の宿場は、久しぶりの大勢の泊まり客に大喜びで、酒肴を差出し、遊女を大勢に侍らせて大宴会となっていた。宿場の人々も館林藩と薩長軍が通じていることは全く知らない。血気にはやる二十歳前後の隊士たち約九百名が、二、三百名の娼妓を相手に、飲めや歌えの乱痴気《らんちき》騒ぎになっていた。まさかここまでは薩長軍も攻めては来まいという思い込みで、見張りも立てずにしたたかに飲んでしまった。

奇襲攻撃

かくて士官も兵卒も前後不覚に寝入ってしまった。そのころ館林藩から連絡を受けた東山道鎮撫総督軍先鋒隊の薩長軍約二百名は、早駈で梁田宿に向かっていた。指揮官は明治十年(一八七七)の西南ノ役で中村半次郎とともに、西郷隆盛の片腕となって奮戦し、ついには城山で自刃する池上四郎左衛門である。

敵奇襲部隊は、夜十時、熊谷宿を発進、利根川を渡って十八キロの夜道をつっ走り、夜半過ぎ太田に出た。そこに来ていた衝鋒隊の人足を捕えて詰問したところ、

「幕府兵力は数千」と白状したため、先鋒隊の薩長軍幹部たちは動揺した。

「奇襲だ」池上が叫び、卯の刻、払暁《ふつぎょう》奇襲ということで軍議が一決し、ただちに太田を出発して梁田に向かった。

池上や薩摩四番隊長川村与十郎らは、列兵を激励しながら、馬を速めて先頭を進んだ。兵士たちは、握飯を食べながら無我夢中で行軍し、未明には、早くも梁田宿西方半里(約二キロ)に着いた。岩村、池上の両将は、そこの油屋石川家に部将を集めて再び軍議を行い、三方から敵を包囲する作戦に出た。卯の下刻(午前六時)ごろ、周囲はほとんど明るくなったが、この日は川霧が立ちこめて視界を遮り、足下しか見えなかった。払暁攻撃には絶好の天候だった。

本隊は、梁田西方の十字路にあった小高い供養塚に大垣藩の火箭砲を据え、右に大垣、左に薩摩勢が展開し、攻撃開始の合図を待った。もちろん、南、北迂回隊も梁田宿の背後に迫っていたのである。

旧幕府軍には緊張感がなかった。薩長軍と戦った経験がないため甘く見ていた。

銃声一発

辰の上刻(午前七時)、薩摩藩士平山喜八郎が、先ず本道上の敵の歩哨を狙撃した。この銃声一発を合図に、薩長軍は一斉に銃砲撃を開始し、列兵は田んぼと桑畑に散開して梁田西木戸に突進した。古屋佐久左衛門は、この日早朝出発の予定で、旅籠では朝食の準備中であったが、兵士たちの中には、まだ娼妓を抱いて寝ている者もいた。

まさに寝耳に水。女達は悲鳴をあげて右往左往、幕府兵は武器も持たずに飛び出す者も多かった。京洛の巷で勤王志士たちを斬った剣豪今井信郎は、軍監柳田勝太郎とともに西木戸に駈けつけ、浮足だった兵士たちを、

「逃げると斬るぞ」と、脅しながら、自ら拳銃を乱射して応戦。間もなく追及してきた施条砲四斤《よんきん》山砲を道路上に据え、突進してくる薩長軍めがけて榴散弾を発射させた。

しかし、この日が緒戦の大垣藩は、銃砲の弾幕に目もくれず、われ先にと梁田宿に突撃した。去る一月の鳥羽伏見戦争で、徳川方に味方して薩長軍と戦った罪を、何がなんでも晴らさなければならなかった。

薩長軍主力の薩摩四番隊は、薩英戦争や鳥羽伏見戦で鍛え抜かれた精鋭部隊だけに、たくみに地物を利用しながら、裏手へ裏手へと廻って突進した。南から迂回した長州兵も、中央裏側から射撃をはじめた。衝鋒隊の幕府兵は、性能のよいミニエー銃を持っていたが、次から次へと倒されていった。

兵器は優秀でも、立ったまま射撃している兵士が多く、藪や土手を利用して撃ちまくる狙撃兵に狙われた。戦いは市街戦となった。

市街戦

宿場の中に追い詰められた衝鋒隊の幕府兵が次々に殺されていく。西木戸で指揮していた参謀役の軍監柳田勝太郎をはじめ、小隊長格の差図役中山振平、野村常三郎ら二十八名も戦死した。一八五九年にフランスで開発された前装ライフル式の青銅製山砲二門と四斤山砲も車輪が破壊され、砲隊長磯野光太郎も戦死した。

南裏手から宿中央曲りかどの松涛屋付近に突入した長州兵約三十名は、放置されていた幕府兵の大砲を分捕り、この大砲で幕府兵を撃ち出した。そこへ西から突進してきた薩摩、大垣勢も合流し、凄惨な白兵戦が展開された。逃げる幕府兵を袈裟がけに斬り倒す者、妓楼の雨戸を蹴破って楼内を銃で撃ちまくる者、薩長軍兵士の銃剣は血潮で濡れた。

宿の中央部から約五丁（五百メートル）ほど東に寄ったところにある中本屋に宿泊していた古屋佐久左衛門は、梁田東部に宿営していた後軍に逆襲を命じた。

会津藩の内田荘司が指揮する約四百名の後軍は、宿舎十数軒に火を放ったので、薩長軍は後退しはじめたが、戦争巧者の薩長兵は背後に回って幕府軍を攻撃したため、戦況は逆転し、幕府軍は大砲も捨てて逃走、辰の刻（午前九時ごろ）に戦いは終わった。

薩長軍の損害は戦死三名、負傷十名に対して、衝鋒隊は戦死百十三名、負傷七十五名を出し惨敗した。

こうなった以上、会津に戻って部隊を立て直すしかない。古屋佐久左衛門は慚愧《ざんき》の思いで会津に向かい、さらに越後方面で戦い、信濃に入ろうとしてまたも薩長軍に惨敗する。最期は北海道に向かい、命を落とすことになる。

大鳥圭介脱走

幕府歩兵陸軍にもう一人の反逆者がいた。歩兵奉行並大鳥圭介《おおとりけいすけ》である。幕府の瓦解に納得せず、薩長軍と一戦を交えんと神田駿河台の屋敷を出たのは、慶応四年（一八六八）四月十一日の夜中だった。

大鳥圭介は旗本ではなかったが、軍人としての誇りが反薩長軍の行動となって現れた。大鳥圭介は天保三年（一八三二）二月二十八日、播州《ばんしゅう》赤穂《あこう》の在、細念《さいねん》村の医者の家に生まれた。大坂に出て緒方《おがた》洪庵《こうあん》の適塾に学び、その後、江戸に出て兵学を学び、慶応二年（一八六六）、幕府直参に取り立てられた。その後、横浜でフランス士官から歩兵操練の伝習を受け、小川町伝習隊長、大手前大隊長、歩兵差図役頭取、歩兵頭並を経て、歩兵頭に昇進したところで、幕府が瓦解した。

大鳥圭介のように蘭学を学んだ人間でないと、近代的な陸軍の指揮はできなかった。部下約七千七百人は、幕府瓦解と聞いて大半は逃げ出したが、手元に五百人ほどの精鋭が残った。新選組の土方歳三からは、再三、出兵の要請があったが、大鳥圭介は身分を問わず、陸軍歩兵頭を自分に与えてくれた幕府に恩義を感じていた。

「勝負は決まったよ。馬鹿なまねはよせ」

という、幕臣でありながら倒幕勢力の薩長に荷担する勝海舟に逆らって、大島圭介は会津藩を助けるべく立ち上がった。

報恩寺

四月十一日夜、夜半八つ（午前二時）、佐倉藩の木村隆吉は、供に従僕の虎吉を従え、行李僅かに一個を携えて駿河台《するがだい》の旧居を出て昌平橋を渡り、浅草葦屋町に出で東橋を過ぎ、同志の輩と約束した向島の小倉庵の傍まで来ると、歩兵四、五人が居眠りしていた。出迎えの兵士だった。屯集所の報恩寺に着くと、本田幸七郎、大川正次郎、山角麒三郎その他、差図役、同下役三、四十人、歩兵およそ四百五十人がすでに着いていていた。

大鳥圭介は夜の明けるまで兵士を休息させて兵糧の用意をし、明早朝、鴻の台へ出発した。（『南柯紀行』）

竪川通を経て、葛西の渡しを越えると、甲冑を着け、槍を携へ、大刀を帯びた武士十人ほどに出会った。福田八郎左衛門の同志の者で、木更津《きさらづ》から来たという。伝習生徒四、五十人も後からやって来た。大鳥圭介が伝習生に引き返すよう説得したが言うことを聞かない。

市川宿に着くと、大手前大隊、そのほかの隊も一同市川宿に集まっていた。集まった幕府方幹部は、土方歳三、吉澤勇四郎、小菅辰之助、山瀬司馬、天野電四郎、鈴木蕃之助、会津藩方は、垣沢勇記、天沢精之進、秋月登之助、松井某、工藤某、桑名藩方は、辰巳勘三郎、杉浦秀人、馬場三九郎らだった。会津藩の梶原平馬は、垣沢勇記を幕府歩兵部隊にもぐりこませていた。これも戦略の一つであった。

乱れ飛ぶ戦乱の情報

北関東の商人や農民はどう見ていたか。幕府軍と薩長軍ではどっちが強いか、会津藩の動きはどうか、人々は噂し合っていた。

栃木県芳賀《はが》町給部《きゅうぶ》の「綱川司郎家文書」に、この時の豪農たちの様子を伝える手紙が残されている。その一つに綱川司郎家の当主綱川源次右衛門が、道場宿河岸の問屋商人、大島半左衛門に宛てた手紙が含まれている。双方、商売上、深いつながりがあった。

手紙の内容は、四月一七日の小山《おやま》宿の戦いから九日の宇都宮城攻めの状況、その後の薩長軍による宇都宮城奪還と町の様子が概略、次のように記されていた。

二十二日、薩長軍は壬生《みぶ》に先陣を乗り込ませた。宇都宮城にいた幕府軍二千人くらいを安塚近辺に派兵し、雨の中激しい戦闘となった。

壬生藩は当初、大鳥軍に降参したような態度で空砲のみを撃っており、そのため大鳥軍は気を抜いていた。ところが戦い半ばになって、喇叭《らっぱ》が吹かれ、幕府軍方が一手に集まったところに、薩長軍側が突然攻め寄せてきたため、組み討ちなどの接近戦となり、双方に数知らずの死者を出した。

先日差し上げた手紙では壬生落城と認めたが、本日現在（二一四日）、そのようなことはなかった。この日の戦いは東軍の方が負けに近く、宇都宮に戻っていった。

二十三日は、午前六時ごろから六道口に宇都宮藩、壬生藩兵を先陣とする薩長軍が攻め登ってきた。激しい砲戦があったようで、大砲の音は道場宿まで聞こえたが、戦場に派遣した物見の者からは、ひっきりなしに飛び交う大小の鉄砲の音は、さながら豆を煎るごとくと知らせてきた。

昼前は薩長軍側がやや劣勢だったが、何せ大軍だったのでなかなか決着がつかなかった。

幕府軍側は城内に三千五百人、宇都宮明神境内に五百人、それぞれが東願大権現の旗を翻《ひるがえ》していた。この日の決戦で死者は四百人を数えた。


戦闘の様子を伝える書簡が各地に残されているが、会津藩は「英女隊《えいじょたい》」という婦女子部隊を繰り出してきたと『芳賀町史』にあった。会津藩に娘子隊が誕生するのは籠城戦に入ってからであり、英女隊の実像はよくわからない。

日光東照宮

大鳥圭介軍が日光に向かったことで、徳川家の聖地日光東照宮も危機に陥った。日光東照宮では将軍慶喜が大政を奉還し、幕府滅亡が決定的となるや、日光山は世上不安のため、一般の武士や庶民の参詣立入を禁止していた。

慶応四年（一八六八）正月には、各要所に関門を設け、警備を一層厳重にした。しかし、三月には壬生・館林の両藩兵が日光山を引き上げると、日光山を守備する者は総勢百人にも足りない日光奉行と、火の番のため在勤する八王子千人同心五十人だけという、きわめて手薄な状況であった。幕府軍と会津藩、新選組の兵約二千人が、宇都宮での戦に敗れ、日光山へ敗走してきたことで危機に陥った。

このとき日光奉行、新庄右近将監は幕府兵の日光山の占拠を深慮し、戦闘を未然に防ぐため、幕府軍の大鳥圭介と薩長軍の板垣退助との間に立って折衝を重ね、両者が戦闘を避けることで合意した。

日光奉行の政治力は大胆なものだった。大鳥圭介は今市から藤原宿に去り、攻め込んだ板垣退助も日光では何も手出しができないまま戦闘は避けた。これは賢明な選択であった。（『日光市史』）

江戸奪還を目指す

藤原宿は会津西街道、鬼怒川の東側にある宿場である。大鳥圭介はここを本拠地とし、小佐越《こさごえ》村、小百《こびゃく》村を経て、日光への侵攻を狙っていた。

駐屯地には兵力が少ないため、大鳥圭介は葛老《かつろう》峠を越えて、会津領に入り、田島宿の本陣で会津藩家老の山川大蔵隊と十数日をこの地で過ごし、総勢千三百余の会津藩兵と合わせて幕府連合軍四大隊を編成し、会津国境の防衛力強化策を打ち出した。

それは関東全域の防衛策であった。第一大隊は三斗《さんど》小屋へ、第二大隊三百五十人と第三大隊三百人、計六百五十人の兵を大鳥圭介、山川大蔵が率い、今市、日光から関東に打って出る作戦を立てた。第四大隊は白河方面と塩原方面へ向かった。あくまでも最終目標は江戸の奪還である。

田島宿の本陣を出発し第一日目は横川泊り、第二日目は高原泊りで、第三日目の閏四月二十日に、藤原宿に到着した。

閏四月十八日、敵状偵察の斥候と今市を守備する土佐藩隊の斥候とが遭遇して発砲し、戦闘が始まった。会津・幕府軍は、本格的な戦闘に備え、同日、第三大隊を小佐越村へ進め、地元の猟師隊五十人ほどを西方の山上に配置して、敵の来襲を待ちうけた。

朝五ツ時（午前八時）ごろ、四小隊ほどの土佐藩兵が栗原方面から侵攻してきた。待ち伏せていた会津・幕府連合軍と猟師隊が一斉に土佐兵を攻め、高徳に布陣していた貫義隊も鬼怒川を渡って敵の背後を襲った。このため土佐藩兵も勢いを挫かれて大桑へ退却した。この後、今市を占領し土佐藩兵との間で二度にわたる今市攻防戦が繰り広げられた。（『藤原町史』）

大鳥圭介の動きについて勝海舟は、「補給が続かず江戸に戻ることはできまい」と冷ややかだった。新選組はこのとき既に甲府で壊滅していた。さらに、古屋佐久左衛門の衝鋒隊も壊滅的状態で、江戸に残っているのは、わずかに彰義隊だけであった。勝海舟と西郷の策謀によって幕府軍兵士の多くは、死地へと追い込まれていった。

黒羽藩の動向

北関東の黒羽藩《くろばね》は、東北の関門、白河に最も近い藩である。この藩がどちらに動くのか、薩長軍はもちろんのこと、東北諸藩にとってもきわめて重要な問題であった。

関東の北部に位置する黒羽藩は、もともと有力な佐幕派の大名で、前藩主大関増裕《おおぜきますひろ》は、幕府講武所奉行を務めた若手の開明派で、兵制改革に努め、黒羽藩は大小砲十二門、小銃六百挺を持つ近代的な軍隊を編成していた。

ところが慶応三年（一八六七）十二月初め、藩主増裕が猟銃の暴発で即死する謎の事件が起こった。自殺、他殺、事故死と諸説が入り乱れた。大関増裕は佐幕派である。生存していれば、当然、会津藩との連携が予想された。家老たちは、薩長軍に傾いており、その抗争で殺害されたとの噂もあった。

黒羽藩に警戒情報がもたらされたのは、三月十四日、暁七ツ時（午前四時頃）である。水戸藩の脱走兵市川三左衛門、佐藤図書ら八百人余が昨夜、大子村に止宿の後、出立し、会津へ向うため黒羽藩を通行するとの報が入った。

総登城が命じられ、大沼渉、興野新太郎が応接方を命じられ、小銃隊二小隊、砲六門を揃へて待機したが、黒羽藩領には寄らずに奥州街道へ向かって進んで行ったのを見届けて九ツ時（正午頃）に解散した。

九条総督と面談

三月二十六日、仙台藩に下向した奥羽鎮撫総督九条道孝の招集で、黒羽藩の佐藤官大夫、松本調平の正副両使が仙台に向かった。四月六日到着し、翌七日に九条総督に接見した。

総督は、

「会津と近接なので激徒共いつ暴発するかわからない。領内を厳重に守るように」

と命じた。

かくて黒羽藩は、前藩主大関増裕の遺志を翻意して薩長軍への恭順の方向で衆議一決した。四月七日、下之庄近村の百姓蜂起の知らせが入った。家老益子右近が説得方高梨伴右ヱ門、小隊長服部九十九外二十七名の隊士を引率して出張したが、年貢が高いと農民は退きさがらず、難題を抱えた。

東山道先峰隊が宇都宮城に入ったというので、四月十五日、黒羽藩家老村上一学《いちがく》、大塚仁左衛門が伺候した。

「出兵に及ばず、領地を厳重に守るよう」

と、差図があった。

四月十六日、下総結城《ゆうき》在陣の薩長軍の苦戦が伝えられた。さっそく援軍を出したが、途中、この小隊が幕府軍に摑まり、鈴木庄作、新江寿三郎ら三人が殺害された。

四月十七日、宇都宮城危急の知らせがあったので、十九日、家老渡辺記右衛門が歩兵一小隊、砲二門を引率して出陣したが、下野の氏家宿で宇都宮城落城の飛報に接し、喜連川《きつれがわ》に宿陣して翌二十日帰陣した。

戦況は目まぐるしく変わり、一喜一憂の日々で、弱小藩はどこに頼ったらいいか分からず、戦々恐々の日々だった。

四月二十日、興野新太郎を水戸藩に遣わして、一旦緩急あれば応援を乞うためであったが、加勢は断わられ、退城の挨拶を受けて二十五日帰藩した。

四月二十一日、滝田典膳、佐藤官太夫、久野重兵衛を仙台へ遣わし、非常の節、万端お頼みし、承諾の挨拶を受けて二十八日帰藩した。近隣諸藩に頼みまくる日々だったが、四月十八日には諸士総登城し評議の結果、正式に薩長軍に付くことで衆議一決した。

四月二十九日、東山道総督府へ安藤三郎左衛門を遣わし、奥州境守護のため出京の猶予を願い出て許された。直ちに白河口に斥候を出し、会津藩の動向に目を光らせることになった。

閏四月、会津藩の大軍が発したことを宇都宮総督府に報じた。会津藩にとっては地の利に詳しい強敵が近隣に出現したことになった。

会津藩は以前、家老西郷頼母が黒羽藩に入り込み、食い止め策を図ったが、止めることはできなかった。

第七章
世良修蔵誅殺

謝罪嘆願書

四月二十九日、会津藩に劇的な変化が現れた。七ヶ宿峠の関宿に会津藩家老梶原平馬らが姿を見せ、仙台藩に対し、薩長軍に対する謝罪嘆願書を持参した。仙台藩首席奉行但木土佐が笑みを浮かべ、「各地で手違いがあり恐縮している。嘆願書は、私と米沢藩の竹股美作殿の名前で直ちに総督府に差しだす事にする」

と受け取った。嘆願書にはこうあった。

弊藩は山谷の間にあり、気候が厳しく、人心は頑愚《がんぐ》で、古い習慣に把われ、世変に暗く、制し難き風俗の地である。しかしながら老君容保が京都守護職を申し付けられて以来、及ばずながら天朝を尊び、天子のみ心が安らかであらせられるように粉骨砕身、努力してきた。伏見の一件は、突然起こったやむを得ない事であり、異心は毛頭ない。しかし、天朝を悩ませたことについては、申し上げる言葉もなく、このうえ城中に安居していては恐れ入るので、城外に移り、御沙汰を待つことにした。天朝のお恵みをもって、寛大の御沙汰が下されるよう家臣をあげて嘆願する。

松平若狭家来
西郷頼母《たのも》
梶原平馬
一ノ瀬要人《かなめ》

主君容保とそりが合わず、蟄居を繰り返していた家老の西郷頼母が筆頭に名を連ねているのが注目された。西郷頼母は会津藩の恭順派であり、西郷を登場させることによって、会津藩の意志をより強く出したものと受けとれた。

「何分、よろしくお願い申し上げたい」

但木土佐が緊張の面持ちで語ったが、会津藩が全面的に謝罪したと考えるのは早計で、会津藩にはいくつかの伏線があった。一つは会津・庄内藩同盟である。

さらには長岡藩家老河井継之助とも密約を結び、大鳥圭介の幕府陸軍にも複数の士官を送り込み、北関東で戦闘に入っていた。会津藩首脳は、薩長軍幹部の狡知に長けたやり方を熟知しており、到底、和解は望めないというのが、偽らざる心根だった。仮に会津藩と和解すれば薩長軍の政権戦略を根本から練り直さなければならないが、それは不可能である。最終的には、決戦になる。梶原平馬の心中には、悲壮なものがあった。

但木土佐の満面の笑み

白石城に戻った但木土佐は、上機嫌で顔をほころばせて玉虫左太夫に語った。

「大成功だ。さっそく奥羽諸藩に使者を送るのだ」

かねての手はずどおり奥羽諸藩の重臣たちをこの白石に集め、会津藩の謝罪嘆願書を披露し、奥羽諸藩全体の連名で、薩長軍の奥羽鎮撫総督府に寛典を求めようという作戦である。玉虫左太夫と若生文十郎が回章を起草し、白石から早馬が次々と奥羽諸藩の各地に走った。

米沢藩は、ここが勝負と藩公自らの出陣を決め、藩主自ら兵千七百余人を率いて白石城入りすることにした。この謝罪嘆願書を反古にしたら、ただでは済まぬという、世良修蔵への警告のためである。

米沢藩国境の七ヶ宿街道には千余人の仙台藩兵が宿泊している。これに米沢藩兵千七百余が加われば、三千人の大軍団となる。奥羽鎮撫総督府に対して、これほどの圧力はない。仙台藩の威光をもってすれば、東北諸藩は白石城に結集するだろう。

「上杉殿もやるものだ」

但木土佐は密かに満面の笑みを浮かべた。仙台、米沢両藩の願望は、会津救済の名目で奥羽越を結集し、薩長軍と並ぶ政治的、軍事的一大勢力を確立し、いざとなれば中央に躍り出ようという示威行動である。

「藩祖謙信の夢をかなえようぞ」

米沢藩重臣の中には、越後回帰を叫ぶものもいた。

米沢藩から完全武装の一千の兵士たちが白石城に向かい、二千余の兵は福島、瀬上、桑折、藤田、貝田、越河の要地に宿陣した。不測の事態が起きたとき、直ちに戦闘に入るための隊形であった。

梶原平馬の涙

七ヶ宿街道湯の原に滞在する梶原平馬は、米沢藩の大兵を眼のあたりにして、思わず涙ぐんだ。この半年間、梶原平馬は一日たりとも心安らかな日はなかった。鳥羽伏見戦争の戦後処理、近隣諸藩との外交処理、軍備の拡充、そして薩長軍に差し出す謝罪嘆願書のすべてを一身に背負って奔走した。それがようやく実を付けようとしていた。

家老という要職にいた梶原平馬は、外交官の習性として、政治決着を究極の目標としていた。会津藩が起爆剤となって新たな軍事勢力を形成し、薩長と互角に戦い、時期が到来すれば、イギリス、フランス、アメリカ、ロシアなど諸外国を第三者にして調停による停戦交渉に入ることを脳裡に描いていた。当初は夢にしか過ぎなかった。

会津藩は孤立し、奥羽の盟主仙台藩が薩長軍の命令で会津国境に兵を送り、戦闘が勃発した。会津藩は無条件降伏の瀬戸際に追い込まれていた。しかし、一方で薩長軍の残虐行為があまりにも酷く、次第に奥羽諸藩に反薩の変化が芽生え始めた。

世紀の会合

奥羽諸藩の重臣が続々白石城に入るにつれて、玉虫左太夫、若生文十郎の軍事局は繁忙を極めた。

白石城下の旅館には、各藩の藩旗がへんぽんとひるがえり、白石城下は大層な人馬で賑わった。上杉斉憲は旅装をといて直ちに白石城に登城、仙台藩主伊達慶邦に会い、近況を語り合った。

「上杉殿の並々ならぬ御決意を拝見し、意を強く致した」

「なんのこれしき、長州の世良修蔵とやら無礼な男と聞いている。会津の嘆願を聞き入れぬ場合は、この地より無事に帰ることは難しいであろうぞ」

二人は大笑した。この夜、仙台、米沢両藩重臣も列席して酒宴が催された。

斉憲は、したたか酔い、

「ああ愉快なり、愉快なり」

と立ち上がって舞った。

あけて閏四月十一日。

白石城主片倉小十郎邸で、奥羽列藩会議が開かれた。奥羽に新しい歴史を開く、世紀の会合である。

参集した各藩重臣は、次の通りである。

伊達陸奥守（仙台藩）　家来　但木土佐、坂英力、玉虫左太夫
上杉弾正大弼（米沢藩）　家来　千坂太郎左衛門、竹股美作、木滑要人

南部美濃守（盛岡藩）　家来　野々村真澄、江幡五郎
丹羽左京太夫（二本松藩）　家来　丹羽一学、丹羽新十郎
松平大学頭（守山藩）　家来　三浦平八郎、柳沼正介
阿部美濃守（棚倉藩）　家来　平川弾右衛門、梅村角兵衛
相馬因幡守（相馬藩）　家来　相馬靭負、佐藤勘兵衛
秋田万之助（三春藩）　家来　大浦帯刀、小堤広人
水野真次郎（山形藩）　家来　水野三郎右衛門、笹本藤馬
板倉甲斐守（福島藩）　家来　池田権左衛門、高橋吉三郎
藤井伊豆守（上ノ山藩）　家来　渡辺五郎左衛門、増田武兵衛
岩城左京太夫（亀田藩）　家来　大平伊織、吉田権蔵
田村右京太夫（一関藩）　家来　佐藤長太夫、森文之助
生駒大内蔵（矢島藩）　家来　椎川嘉藤太
佐竹右京大夫（秋田藩）　家来　戸村十太夫
戸沢中務大輔（新庄藩）　家来　舟生源右衛門
安藤理三郎（平藩）　家来　三田八郎
六郷兵庫頭（本庄藩）　家来　六郷大学
本多能登守（泉藩）　家来　石井武右衛門
内藤長寿丸（湯長谷藩）　家来　茂原肇
立花出雲守（下手渡藩）　家来　屋山内記

上杉駿河守（米沢新田藩）　家来　江口俊蔵
津軽越中守（弘前藩）　家来　山中兵部
南部遠江守（八戸藩）　家来　吉岡左膳
（『仙台戊辰史』より）

この他に意外な顔もあった。黒羽藩三田称平である。藩論は薩長軍に決していたが、万が一のための情報収集と、会津藩兵が日光口に布陣しており、その威嚇もあって、いわば両天秤をかけたのだった。各藩各様、腹のなかは微妙に違っていた。会議は但木土佐が会津藩の謝罪嘆願書を読み上げた。「仙台、米沢両藩が会津の国情を探索したが、降伏謝罪に相違ないことを確認した。会津藩の謝罪嘆願書を奥羽鎮撫総督府に通達する件について、各藩の御同意を得たい」と呼びかけ、異論はなかった。ただし、大半の藩は仙台や米沢両藩のように、戦争の決意をしているわけではない。だが、和平は何物にも代えがたい。これで奥羽の戦乱を防げるのであれば、これに越したことはない、というのが偽らざる心根であった。

この後、仙台、米沢両藩重臣名による「会津藩寛典処分嘆願」が回覧された。嘆願書には、仙台、米沢両藩が会津追討を命ぜられ、出兵したが、今回、藩主松平容保の家来どもが来て降伏謝罪を申し出た。そこで仙台国境の陣門で問罪督責したが、会津藩は至極恐縮しており、容保は城外に謹慎、前非を悔いている。会津の国情は委細演説をもって申し上げるので、寛典の御沙汰をいただきたいと、書かれてあった。

これとほぼ同じ内容の「諸藩重臣副嘆願書」に各藩重臣が署名し、会合を終えた。すべては筋書通りに運んだ。あとは奥羽鎮撫総督九条道孝にこの嘆願書を差し出すだけである。

「遠路、御苦労でござった」

但木土佐は、各藩重臣に酒をついで回った。

白石会談は、歴史的に極めて重大な意味を持った。この時期、日本の政治は、徳川幕府が崩壊し、薩長軍の政権に移りつつあった。しかし、仙台、米沢両藩は、この薩長政権に敢然と立ち向かい、彼らが不具戴天《ふぐたいてん》の敵として攻め落とそうとする会津藩救済に乗り出したのだ。これは薩長軍に対抗する新たな奥羽諸藩の軍事政権の誕生を意味した。

奥羽諸藩の重臣が署名した嘆願書を奥羽鎮撫総督府が拒否した場合、仙台、米沢両藩の次に取るべき手は、薩長軍に対する宣戦布告であった。

裸の奥羽鎮撫総督九条道孝

岩沼に滞在していた奥羽鎮撫総督府の九条道孝総督は仙台、米沢藩主の来訪を受け、大いに驚いた。会津藩の助命嘆願書だけではない。書類は仙台、米沢藩の添書、奥羽各藩家老連署の嘆願書もあった。

「軍事参謀の意見もあるので、追って何分の沙汰をいたす」

九条はそう応えた。九条道孝は世良修蔵から一切の陳情は受けてはならぬと、強く言われていた。総督とは言っても名ばかりで何の実権もなかった。護衛さえつかない裸の総督であった。

会津藩の梶原平馬は、湯の原に留まり、成り行を見守っていたが、この間、仙台藩家老坂英力からの手紙があり、世良修蔵が奥羽列藩同盟の嘆願書を拒否した場合、すぐさま白河城を奪還し、戦闘状態に入るという仙台藩の意向が伝えられた。ここまで決断した仙台藩の大英断に梶原平馬は万感の想いで涙が流れるのを禁じ得なかった。さらに、仙台藩はこの段階で、世良修蔵を誅殺する計画を密かに練っていた。仙台、米沢両藩の最高首脳部を含めて合意がなされたのだった。

仙台、米沢藩主が、東北諸藩の総意として会津藩の謝罪嘆願を求めたのだ。もしそれが蹴られた場合、世良修蔵を斬殺し、雌雄を決せねばならぬ、そう考えていた。ただし、但木土佐には迷いもあった。世良修蔵を誅殺したら朝敵である。

将軍徳川慶喜は、鳥羽伏見戦争の戦場に錦旗が上がったと聞いただけで戦意を失い、会津藩主松平容保を無理やり引き連れて江戸に逃げ帰った。偽物の錦旗とはいえ、武士にとってはそれだけで朝廷の象徴ともいうべき威力があった。

但木土佐が、

「人質としてとらえておいた方がいいのではないか」と、ふと漏らしたことがあった。しかし、

「世良など絶対に生かして帰すことはできない」

玉虫左太夫は頑強に主張した。

白河決戦

この時、白河城には仙台、二本松、棚倉、三春、泉、湯長谷の六藩の兵が駐屯しており、世良修蔵の命令で会津国境へ討入る手はずになっていた。それは表向きのことで、世良修蔵が拒絶した場合、直ちに解兵し、退去とともに会津軍が乗込み占領する作戦が立てられていた。仙台藩は九条道孝総督

の近侍だった戸田主水にそのことをわざと伝え漏らした。戸田主水を通じて九条道孝の耳に入れるためだった。

「大変なことになった」

戸田主水は仰天し、遁走してしまった。世良修蔵誅殺の決行時に、世良が白河城中にいた場合、世良を見失わないように、世良の居所を知らせる目印も決められ、大越文五郎が所持する上紅下目の旗をさりげなく掲げることにした。また、薩長軍を一人も討ち洩らさぬため、仙台藩から小人組、町兵小竹今助の隊などを福島から白河まで派遣し、要所に配置した。仙台藩にとって世良修蔵誅殺は本気だった。

この時より後のことだが、白河城にあった仙台藩大隊長、佐藤宮内は自ら世良修蔵を誅殺する決意を固め、白石城本営の帰り、大越文五郎と相談し、但木土佐に会い陳述すると、土佐は、

「お国のためだ、よろしく計るべきだ」

と言った。そこで佐藤宮内は今生の名残り、御屋形様に拝謁したいと本陣へ出向いたが、折しも慶邦は城中の馬場で閲兵中だったので、そのまま拝礼して去った。これを聞いて佐藤宮内の家臣、万右衛門は、

「そのようなことはやめるべし」

と白石城本営に向かい、いかに憎くても世良修蔵は鎮撫総督府下参謀であり、奥羽列藩同盟の大義に反すると述べて説得した。

この時、世良修蔵は本宮から白河に進み、白河の本城内にあって、会津襲撃を命令、督促するとともに、総督府の白河移転の準備を整えていた。そこに醍醐参謀から会津藩の降伏謝罪嘆願書、仙台、

米沢両藩の添書き、奥羽列藩重臣連署の嘆願書、九条総督から醍醐参謀宛の手紙、醍醐参謀から自分宛の書簡が届いた。

「けしからん」

世良修蔵は烈火のごとく怒った。

「すべて却下だ」と、叫び書類を伊達の桑折にいる醍醐参謀宛に返送した。それを二本松藩士が目撃していた。

白石城に世良修蔵が謝罪嘆願書を拒否した旨の知らせが入った時、城内には衝撃が奔った。但木土佐は苦痛で顔を歪め、

「奥羽越に決起の触れを出せ」と命令を下した。その一方で、土佐は「もう一度だけ世良に機会を与えてやれ」と言って、参謀に返り咲いた若年寄の坂本大炊を白河城に派遣した。坂本大炊は薩長軍に通じたという理由で一度免職になったが、但木土佐の尽力で復職した。白河城で佐藤宮内に会った坂本は、

「佐藤殿、世良を殺すのはまだ早い。私が世良を説得する」

と言った。

これを聞いて佐藤宮内は驚いた。世良誅殺を漏らしたのは但木土佐に違いない。この秘中の秘を洩らされてはいかなる災難が降りかかるかしれたものではない、万右衛門の言う通りだ。奥羽列藩が薩長軍に勝利するとは限らない。世良誅殺の犯人はたちまち捕縛されるだろう。そうすれば切腹は免れない、領地は没収、家臣とその家族はたちまち路頭に迷うだろう。佐藤宮内は我に返った。

謝罪嘆願拒否の波紋

世良修蔵の謝罪嘆願拒否は、たちまち奥羽列藩に伝えられた。七ヶ宿で待機していた米沢藩家老の木滑要人、会津藩首席家老梶原平馬にも伝えられた。梶原平馬ははじめから覚悟しており、慌てふためくこともなく、「世良めが」と七ヶ宿の山並みに目をやった。木滑要人は、

「もういかん、もういかん、殿に一刻も早く伝えねば」

と、喘ぐようにいい、早駕籠を飛ばして米沢に向かった。そこへ仙台藩士横田官平が息せき切って駆けつけた。

「だめだ、戦《いくさ》だ、戦だ」

横田官平は、その場に仰向けに倒れた。

「横田殿、戦わずして会津の名誉を保つなど、もとよりありえないことだ。白河城を奪い、世良を殺す。但木殿、玉虫殿によろしくお伝えいただきたい」

と、梶原平馬は呻《うめ》きとも悲痛な叫びともとれない声を残して、会津藩の一行とともに金山峠を越えて国境に消えていった。

世良修蔵は勘のいい男である。周囲の空気がおかしいのに気づいた。九条道孝総督に白河への転陣を要請したが、福島で百姓一揆が起こったという理由で断ってきた。配下の仙台兵も世良の言うことを聞かない。さすがの世良も不気味な恐ろしさを肌で感じていた。

但木土佐に「もう一度だけ世良に機会を与えてやれ」と言われた坂本大炊は世良に、

「奥羽諸藩が会津藩容保謝罪降伏の嘆願をしたのに鞭を加えて、さらに会津討伐を迫るのは、納得できぬ。いかなる暴動が起こるか計り知れぬ」

と忠告した。黙って聞いていた世良は、

「そのことは後日、沙汰する」

と言って、本宮《もとみや》にでかけた。

世良修蔵の身に迫る危機

この日の世良修蔵は、坂本大炊の率直な物言いが効いたのか幾分無口だった。世良付きの仙台藩参謀大越文五郎に、

「今日は福島に戻る。至急会津藩の謝罪嘆願書を取り寄せろ」と命じた。

不思議なこともあるものだと、大越文五郎は首をかしげたが、大越と世良は京都から一緒なので、世良の一挙一動が手にとるように分かる。世良の何が変化をきたしたのか、気分がすぐれないだけなのか、そんな印象である。

世良修蔵は閏四月一九日、郡山から早駕籠で福島に戻ったが、屯所の木札には自分の名前がなく二本松藩丹羽一学とあった。

世良修蔵は定宿の北南町金沢屋に着くと、すぐに奥羽軍事局の福島藩軍事掛鈴木六太郎へ使者を出し、同藩杉沢覚右衛門、遠藤条之助ともども、即刻、金沢屋に出頭するよう命じた。杉沢、遠藤の両人がさっそく訪ねたところ、座敷ではすでに酒宴が始まっていた。世良は、

「昨今、形勢が一変した。頼みとするのは福島だ。一つ頼みたいことがある。秋田藩にいる奥羽鎮撫総督府下参謀大山格之助殿まで至急の御用状を送りたい。使いの者を福島藩で選んでもらいたい。国家のために尽力せられたし」

世良修蔵は仙台兵のことを気にしていて、仙台兵の姿が見えたら知らせるように命じていた。世良は寒気がした。

鈴木六太郎ら三人が外に出ると、表二階から呼ぶ者がいた。見上げると仙台藩瀬上主膳隊の姉歯武之進である。聞けば今日昼過ぎ、急拠、土湯口から引きあげ、金沢屋の裏手にある客自軒に投宿したという。三人が客自軒で話しを聞くと、姉歯武之進は、

「今夜、偽官軍の世良修蔵を捕り押えるので、杉沢、遠藤の両人に立会人になってくれ」

と驚くべき話を切り出した。鈴木六太郎は仰天し、

「それは出来ぬ。世良を殺《や》るなら福島藩領の外でやってくれ」といって立会いを拒否した。

「聞けぬというなら福島にいる仙台兵一千名を動かし、世良を殺すまでだ。立ち会った方が福島藩のためだ」

と脅した。

「杉沢、御重役にこの話を伝えよ」

鈴木六太郎が杉沢覚右衛門に命じ、杉沢は家老の斎藤十太夫邸に走り、事の次第を告げ、その指揮を仰いだ。斎藤十太夫は部屋中を歩き回りながら驚天動地の面持ちである。

「何だって、それは困ったことになる」

仙台、米沢、会津藩が熟議の末、決したことであれば、福島藩がこれを遮ることはできまい。十太

夫は、

「そちらにすべて任せる」と杉沢覚右衛門に責任を押し付けた。

藩の上役は、具合の悪いことはすべて部下に責任を押し付けるのだった。（『福島市史』）

金沢屋

世良修蔵が松川で奥羽鎮撫総督府参謀の醍醐忠敬と長時間密議し、福島の定宿金沢屋に入った時間は、八ッ時（午後二時）である。世良付の仙台藩士大越文五郎は、皆と別れ、福島の長楽寺にある仙台藩軍事局に行った。参謀泉田志摩は不在で、土湯口の大隊長瀬上主膳がいた。

「なに、世良が来た」と瀬上主膳は表情を変えた。

世良修蔵は奥羽鎮撫総督府下参謀である。参謀とは、会津藩攻撃の総司令官である。仙台藩は世良の命令に従う義務を課せられていたが、瀬上主膳にその意思はまったくない。

「馬鹿馬鹿しくて世良の命令など聞けるか」と、言って憚らなかった。

瀬上には桃生郡鹿又領主としての誇りがあり、世良修蔵はいずれ斬るしかないと考えていた。

「世良を斬る」と、瀬上主膳が叫んだ。

「待ってくれ。これから白石城に行って判断を仰ぐ」

大越文五郎は、そう言って白石に向かった。

世良修蔵は部屋に籠って大山参謀に宛てた手紙を書き、福島藩用人鈴木六太郎を呼んで、油紙に包み、木綿糸でぐるぐる巻きにして手渡した。

金沢屋は宿屋兼女郎屋で、世良修蔵は遊女の白糸を贔屓《ひいき》にしていた。瀬上主膳は北浦通りの鰻屋、客自軒で食事をしていたが、刻々と金沢屋の様子が入ってくる。遊女を交えて酒盛りを始めたと聞いて瀬上は時期到来を確信した。後日、この日のことを佐藤信著、志賀潔編『戊辰紀事』で、こう証言している。

十八日夕刻、福島藩軍事係某来たりいわく。ただいま奇妙なることあり。世良より呼ばるるに付き、行きたるに、下参謀大山格之助へ御用状渡すべき強壮の者両人を支度すべし。この文通のことは仙台藩には知らするなかれ。往還もなるべく閑道を選び、往来なきところを通るべし。万一、仙台藩に会うか、その他に聞かるることあらば、私用往来と申し、決して御用状ということは吐露するなきようきっと含めるべしとなり。何等の書状なりや、はなはだ不審なりというにより、余その状、ぜひに我が輩へ持参すべしとて、今夜十時に渡すというにより受け取る時は、ただちに持参することを約せり。

これが世良修蔵暗殺事件の始まりだった。世良修蔵から手紙を受けた福島藩の鈴木六太郎は、このことを月番家老職の斎藤十太夫に届けた。すると斎藤が、「それは仙台藩に届けた方がよい」と言ったため、鈴木六太郎はこのことを舟場町の長楽寺にある仙台藩の軍事局に届け出た。そして、手紙は箱に入ったまま瀬上主膳のところに運ばれてきた。

世良修蔵の手紙

「ご苦労」そういって瀬上主膳は世良修蔵の手紙を開けた。

そこには、「奥羽を敵とし、海陸挟撃の策をなさんとする」と認めてあった。瀬上主膳は驚愕して体が震えた。世良修蔵の手紙は大要、次のようなものだった。

大山様　　　　　　　　　　　　　　世良

会賊降伏謝罪嘆願書三通、すぐる十二日、仙台、米沢両中将、岩沼に持参、かつ演説をもって申し述べるには、容保儀、恭順謹慎はもちろん今後開城致すべき心底のところ、とかく激徒ども内乱に生じ、官軍へ対し、いかようの不法仕まつるかはかり難く、容保心痛仕まつり、なにとぞ寛大のご所置をもって減地はもちろん暴臣の首級差しだすべく次第にて謝罪を聞き召され、朝恩を感載奉りたいと両中将も嘆願した。

総督、やむを得ずお取上げになった。一旦、総督が取り上げになったものを突き返すわけにも参らず、この上は京師へ伺い、奥羽の情実をとくと申し入れ、奥州皆敵と見て、逆撃の大策に致したく、及ばずながら江戸へ罷り越し、大総督府西郷様へもあい伺い、一々ご相談したく、登京仕り、さらに大坂までも罷り越し、奥羽への皇威が赫然と致すようにしたいと存じる。この嘆願書通りになれば、奥羽は一、二年のうちに朝廷のためにならざる存在になるであろう。

米沢、仙台は朝廷を軽んずる者どもであり、片時も油断がならない奴らである。軍艦を酒田沖へ一、二艘廻し、人数も増し、前後挟撃の手段にするほか仕方がないであろう。越後口にも近況を伝える所存である。

瀬上主膳激怒

「世良の本性が見えたぞ」と、瀬上主膳は叫んで歯軋りした。

さらに手紙を追ってみると、「仙台、米沢は弱国なので恐れるに足りないが、会津が入ると難しくなる。仙台、米沢の二藩は穏便にはかる必要がある。もっとも賊徒は両三人ずつで、賊徒の主人は好人物のようだ。途中を恐れ、福島藩足軽に頼んで持参させた。ご覧の上、ご投火下されたい」。

これは動かぬ証拠である。もうやるしかない。瀬上主膳は世良殺害を決断した。当然、白石城からも、決行の指令が来ると信じていた。

大越文五郎が白石城に来て、

「世良修蔵が福島に来た」といった時、参謀たちの意見は、即刻、誅殺もあったが、「殺さずに捕縛せよ」という但木土佐の指令を受けて、大越文五郎は福島に向かった。

但木土佐は先のことを考えていた。世良修蔵は暴虐の限りを尽くした男だが、長州藩の参謀である。参謀を殺せばどうなるか、長州藩のみならず、薩長軍との全面戦争を意味する。世良を生かして使う途もあるだろうと考えていた。

ところが、その後、にわかに誅殺と決まり、小人目付が大越文五郎を追いかけ、

「殺せ」と変更を告げた。

但木土佐は、周囲の声に押されて、しぶしぶ決断したに違いなかった。

但木土佐の決断の変更、これは重要な問題だった。奥羽が決起する上で、必要な決断だったが、今後の政治折衝の上では、極めてマイナスなことだった。

但木の運命はこの時に決まったといってよかった。

瀬上主膳はすでに姉歯武之進に命じ、福島藩にも協力を求め、十数人の人手を集めた。目付の浅草宇一郎も配下の者二十人ほどを連れて来た。準備万端、整っていた。

決行の夜

この夜、福島藩の供応を受けた世良修蔵は、遊女と二階の寝室に上がった。二人のたわむれる声が階下に聞こえ、やがて寝静まったころ世良修蔵殺害の者どもが、金沢屋に忍び寄った。

表口には松川豊之進、末永縫殿之允、裏口には大槻定之進、庭に浅草宇一郎の子分が潜んだ。まず宇一郎が金沢屋の後家のツルを呼び出し、

「世良の女を連れ出せ」と言った。

二階まわりの女は余りの恐ろしさに腰が抜けて立てない。仕方がないのでツルが世良の部屋に入り、女を起こし、手真似で逃げるように指示した。

女は意外に度胸が座っていて、ソッと床を抜け出して長襦袢の上に細帯を締め、落ちていたかんざしを拾って差し、それから外に出た。女が降りて来たのを見て、仙台の赤坂幸太夫と福島の遠藤条之

助が世良修蔵の寝所に突進し、

「世良っ、ぶっ殺すぞ」

刀を振り上げると、世良は女の名を呼びつつ飛び起き、床の下からピストルを取りだして引き金を引いた。

「カチン」と音がして不発だった。

その瞬間、わっと二人が世良に襲いかかり、殴り付けた。さらにどやどやと浅草宇一郎の配下の者らが入り込み、世良をぐるぐる縛りつけて、宇一郎の家に連行した。瀬上主膳は報告のために白石に向かい、姉歯武之進が世良を取り調べた。

世良修蔵の処刑

『仙台戊辰史』に世良修蔵処刑の様子が描かれている。

「修蔵は顔色土のごとく、宇一郎子分に引き立てられ、庭にうずくまり、戦慄してやまず。いわく、密書露見の上は、ぜひにおよばず、不心得の段は深く謝す。ねがわくば、広大の慈悲をもって一命を救わんことをと、よって、ひとまず世良を退けたる。おりしも白石本営の命をこわんため急行せる大越文五郎帰着したるをもって、修蔵を糾問し、その罪状を書き認め、翌二十日未明、宇一郎宅裏なる河原に引きだして、姉歯武之進が世良の罪状を読み上げ、斬首の刑に処する旨を申し渡す」。

これを読むと、世良修蔵の処刑は瀬上主膳の判断ではなく、白石本陣の但木土佐の決断だったことがわかる。これは仙台藩の中立平和策を大きく転換させるものであった。

世良修蔵が引き出された場所は舟場丁裏の阿武隈川の河原だった。

世良修蔵は中背で肥満しており、容貌は角顔、頭髪は総髪で髷を打紐で一束に結んでいた。軍服はダンブクロで、歳よりは老けて見えた。酒が好きで酒豪であった。

世良修蔵は一刀のもとに首を刎ねられ、その首級は、従者下僕らのものと共に桶に詰められ、二日白石本陣へ送られ、屍体は阿武隈河原の土中に埋められた。

但木土佐は、

「罪人の首などは白石子捨川へでも投棄てよ」

と命じ、玉虫左太夫は、

「厠《かわや》に捨てよ」

と、叫んだが、一人、真田喜平太が、

「それもかわいそうだ」

と、白石城主片倉家の菩提寺傑山寺へ持参したが断られ、やむなく同寺の末寺月心院の墓地に仮埋葬した。埋葬といっても形だけで、糜爛《びらん》した首の頭部が土中から現れ、通行人が見かねて土をかぶせた。

真田喜平太は唯一、世良修蔵の処刑に反対していた。世良とは、仲もよく、

「いずれ藩を解体して郡県制度にすべきだ」

と喜平太が言うと、肯いて聞き、

「今日から先生と呼ばせてもらいます」

と、喜平太を持ち上げた。真田喜平太は使い道がある男だと思っていた。

真田喜平太は仙台藩の中では一味違う男だった。

墓碑

世良修蔵の墓は明治三年（一八七〇）一二月に改葬、八年（一八七五）一〇月宮城県で、白石市町外大橋畔の白石川の清流を眼下に見る丘陵地、陣場山に墓碑を建てた。明治九年（一八七六）六月、明治天皇の東北御巡幸のおり、随行の内閣顧問木戸孝允が世良修蔵との旧交を追憶し、石灯篭一個を寄進した。碑面には、

「明治元戊辰年閏四月二十日於奥州信夫郡福島駅□□所殺年三十四
奥羽鎮撫総督参謀長州藩士世良修蔵之墓」

と、刻まれ、□□の個所「為賊」は後人のため削除されて欠字となっている。「為賊」に怒った地元人が憤慨して削ったものと言われているが、他方、「明治二二年（一八八九）二月、大日本帝国憲法発布を記念して行なわれた大赦により、東北の戊辰戦争の責任を受けて賊名を蒙った人達の賊名が取り除かれたため、その結果を受けて、白石の役所で削り取ったということなのです」という説もある。詣でる人も稀で墓所の荒廃甚だしく、石柵は倒伏するに任せ、木戸孝允寄進の石灯篭もしばしば倒壊した。

あな哀れ涙も袖にみちのくの
忍ぶに堪えず君を思へば

の懐歌の文字さえ定かでない。

世良修蔵に欠けていたのは、常識だった。人間は皆同じであり、長州だけがすべてではない。そういう配慮があれば、彼も明治の偉人の一人になれるはずだった。自らの馬鹿さ加減で命を落とした。もっとも、それは木戸孝允の命令だったが、仙台藩士に惨殺されたのは、因果応報と言うしかなかった。

木谷のオビー（比丘尼）

「尊王攘夷」とは名ばかりで、ひたすら倒幕のためだけに孝明天皇暗殺をはじめ、奸策と狡知を弄して権力を詐取した薩長の志士たちは、若くして命を落とした者も多くいた。久坂玄瑞や萩の乱で死に追いやられた前原一誠のような人物もいた。長州人、谷林博の『世良修蔵』（新人物往来社）に、「妻千恵の末路」が記述されている。

この書によると、世良には子供がいなかったようで、世良修蔵の妻も家庭的には恵まれず、不幸な一生を送った。世良は長州藩重臣浦家に仕える木谷良蔵家の養子に入り、良蔵の娘千恵との間に娘が生まれたが、夭死していた。千恵は浦家では名門の木谷家の長女だったので、槍、和歌などを学んで、かなりの教養があった。世良の死後は木谷家に復縁して、妹夫婦に養われていた。

木谷家に限らず浦家の家臣たちは没落士族として、生活も困窮していた。父良蔵は明治八年（一八七五）二月、あまりに恵まれず死亡、妻千恵は妹夫婦と別居し、竹の浦の元阿月中学校の南のところにあった五、六坪の小屋に住み、収入がないので、米などを貰って歩く生活だった。

「木谷のオビー（比丘尼）が通る」

子供たちは千恵の姿を見かけると、囃し立てたという。尼僧姿になったのも、願成寺の住職が乞食扱いにされないための配慮によるものだった。千恵と親しかった花元キヌという老女は千恵のことを「お姉さん」と、呼んでいて、四、五人でよく童話を聞かされたという。

晩年には「白痴」のように部落の人が言っていたが、これは有毒の紅茸を食べて一時は精神が錯乱状態になっていたためという。やがて病床に伏すようになり、その最期について、松尾イネさんが病床に味噌を持っていくと、美味しいと言って喜んでくれた。

病死したと聞いて行ってみると、枕もとには食べるものはなく、味噌が残されていた。ときに大正十一年(一九二二)三月二十日、享年七十八であった。

戒名は釈即得妙教信女と付けられたが、官軍参謀の世良修蔵の妻としては、いささかいたわしい一生であった。

歴史に「もしも」は禁物だが、世良修蔵が会津藩、奥羽列藩と薩長軍の間に立って和解を実現していれば、明治藩閥政府の官僚として栄達を成し遂げたかも知れないが、木戸の命令には逆らうことができなかった小人の悲劇であった。

長州の志士として二つの系統があるという。萩の吉田松陰と、周防遠崎村の僧月性の門流である。松陰には久坂、高杉、山県、伊藤などと有名になった者が多いが、月性門は、赤根、世良、大楽など、いずれも非業の死を遂げている。このほか周防部には富永有隣、白井小助などもいたが、いずれも不遇な一生を送った。その原因として、毛利氏の直臣でなく陪臣であったことがあげられている。

世良修蔵は月性門で重きをなしていたが、長州では「戊辰戦争のとき東北で暗殺された」というだけで、その業績はあまり知られていない。谷林が本書の執筆に五年の歳月を要したのも、史料の採訪に手間取ったからだった。幸い谷林は世良の郷里の大島とは近く、彼が随臣した浦家は柳井市内にあって地縁に恵まれていた。

谷林は、昭和四七年（一九七二）に世良修蔵の遺跡を求めて、仙台、福島、白石などを訪問し、但木土佐、玉虫左太夫、三好監物など、それぞれ主家のために殉じた仙台藩の人物たちを知ることができた。

東北は桜の満開の季節であった。はるばると白石市の陣場山にある世良の墓を訪ね、満開の桜の花の下にあった世良主従の墓の字は所々を削り取られており、谷林は一世紀を経ても、なお忘れがたい憎しみの連鎖と深さを知った。

ついで白石城主の末裔、片倉信光氏を訪問した。片倉氏は、個人的には世良は気の毒な人であると言われた。これは予期せぬ言葉で、谷林は深い感銘を覚えたと記述している。

第八章

奥羽越列藩同盟

仙台藩の大義

世良修蔵誅殺で、仙台藩は薩長軍に戦いを挑むことになったが、亘理伊達家の当主、伊達邦成は一人、軍事同盟の結成に反対し、家老田村顕光を白石本営に派遣し、建白書を提出した。そこには、「たとえ世良が傲慢《ごうまん》で、公平を欠いたとしても世良は朝廷の鎮撫使である、世良を打ち払っては朝廷に対し申し開きが立たない、奥羽が朝敵の汚名を受けてはならない」として政治交渉を求めたのであった。(『伊達町史』)

しかし、この建白書は遅すぎたし、世良修蔵を誅殺した以上、もはや戦うしか道はなかった。

閏四月二三日、白石城で第二回の奥羽列藩会議が開かれ、満場一致で仙台藩を盟主に軍事同盟が結成された。さらに蝦夷地の松前藩、北越諸藩も加わり、東日本政権とも呼ばれる大軍事同盟が結成され、薩長軍の打倒を申し合わせた。

この戦略の影の参謀は、薩長軍の策略を熟知している会津藩仙台駐在の手代木直右衛門、小野権之丞、諏訪常吉らであった。

この時、妥協策を模索して平和裏に解決しようと奔走している人物がいた。米沢藩の探索方宮島誠一郎である。戦後、明治政府に出仕し、左院議官、修史館御用掛、宮内庁御用掛、宮内庁華族局などを歴任し貴族院議員となった人物である。閏四月四日早朝、宮島誠一郎は長州藩士、参与の広沢真臣《ひろさわさねおみ》と京都で密談の場を持った。その時、広沢真臣は次のような趣旨を伝えたという。

現在の会津の事情は薩摩と長州の肉まで食わんと欲する深怨積怒《しんえんせきど》がからまっていて、全藩もし激迫に押し出す時は、やむなく薩長が膠漆《こうしつ》のように成り、会津藩に、当らざるを得ない状態になる。会津を倒すか、薩長を倒すか、相共に存在することは不能とするべきである。このままでは戦争は避け難い。だがそうなっては、国内統一ができない。
そこで今日の急務は内地鎮静《ないちちんせい》、万民楽土《ばんみんらくど》、王政綱挙《おうせいこうきょ》である。戦争は避けるべきだ。

戦争ではなく、和議で会津藩の謝罪嘆願問題を解決しようという広沢の意見に、宮島は感銘を覚えた。かつての長州藩処分と同じように会津藩も朝廷の寛典で収まる可能性があると、宮島は信じた。
宮島は、閏四月一〇日京都を発ち、一八日には米沢に着き、直ちに登城して色部、毛利、千坂の三家老以下、中老、御小姓頭ら役員を前に、京都の事情や広沢真臣の意向を説明した。満座、歓喜感動の渦だった。

激しい怒号

問題は、奥羽列藩同盟の意向である。一刻も早く宮島誠一郎の意見を同盟諸藩に報告し、戦争回避の方向に列藩会議をリードするため、翌日、白石本陣に飛んだ。

宮島は白石到着前に、仙台、米沢両藩主連署の「会津降伏嘆願書」「添書」および「奥羽列藩重臣嘆願書」が、奥羽鎮撫総督九条道孝によって悉く却下された事実を知った。このような状況下で、宮島の説諭が奏効するかどうか危ぶまれた。

案の上、宮島誠一郎は、

「甘人怠人の策に乗じられているのではないか」

「長州人の間諜ではないか」

と野次を飛ばされる始末だった。

「そのようなことはない」

宮島は激怒し、大論争に入った瞬間、

「世良修蔵誅殺！」の知らせが会談所にもたらされ、すべては水泡に帰した。

宮島は呆然自失した。しかし周囲は全く異なっていて、満座の人たちは、皆万歳を唱え、愉快、愉快と手を叩いて悦んでいた。

「天朝の参謀を殺してただで済むと思っているのか」

宮島は地団太踏んで悔しがった。

宮島が思うに、西郷や木戸は、これで東北を手中に収めることが出来ると手を叩いて喜んでいるに違いない。仙台藩は浅はかだ、宮島の目の前は真っ暗だった。

列藩会議は白石から仙台に移り、五月三日、奥羽列藩が仙台において会合し、奥羽二十五藩が仙台藩を盟主として同盟するという盟約、および太政官への建白書を議定し調印した。

米沢藩の働きかけにより新発田、長岡などの越後諸藩も同盟に参加し、ここに奥羽越列藩同盟が成立、奥羽越公議所が新たに設立された。(『仙台戊辰戦史』)

奥羽越列藩の盟約

列藩同盟の盟約は、次のようなものだった。

この度、奥羽越列藩は、仙台に会議し、奥羽鎮撫総督府に告げ、もって盟約、公平正大の道を執り、心を同じくし、力を合わせ、上室を尊び、下人民を撫恤し、皇国を維持し、宸襟を安んぜんと欲す。

よって条約左のごとし。

一、大義を天下に述べるを目的とし、小節細行に拘泥しない。

一、舟を同じにして海を渡るがごとく、信をもち、義をもって動くこと。

一、もし、不慮の急用があるときは、近隣各藩が速やかに応援、総督府に報告すること。

一、武力をもって弱者を犯すなかれ。私欲を営むなかれ。機密をもらし、同盟を離間するなかれ。

一、城壁を築造し、糧食を運搬するのはやむを得ないが、みだりに百姓を労役に使うなかれ。

一、大事件は列藩先議し、公平の旨に帰すべし。細微はよろしきに従うべし。

一、他国に通謀し、あるいは隣境に出兵する際は、同盟に報ずべきこと。

一、無罪を殺戮するなかれ。金穀を掠奪するなかれ、およそ不義の者は、厳刑を加えるべきこと。

右の条々、違反する者は、列藩先議し、厳刑すべきものなり。

奥羽越諸藩は大義を同盟の第一条項に掲げた。不正、不義を糾弾し、公正、正義を政治の目標に掲げた。民衆に対する配慮も十分に盛り込んだ。農民を苦しめることはしない。無実の人間を殺すことはしない。金穀を奪うことはしないと謳《うた》った。

注目されるのは九条道孝総督の存在は認め、その意思に従うことを表明した点である。すなわち薩長軍とは戦うが、天皇は日本の元首として崇拝するとした。このため薩摩、長州から派遣された参謀は、即刻、追放とした。世良はすでに誅殺されているので、ここは大山格之助を指した。そして、同盟の目的を実現するために、次のような具体的な戦略を発表した。

白河の措置

一、白河から先に薩長兵を一歩も入れない。
二、当面会津藩が進攻を阻止する。
三、総督府下参謀は大逆無道の罪により放逐する。
四、二本松藩兵も応援する。
五、仙台藩も大挙出動する。
六、他の諸藩も白河に兵を出す。
七、会津藩はさらに日光に攻めのぼる。

八、宇都宮を占領し、関東に出る。
九、米沢藩も援兵を出す。

庄内の措置
一、庄内征討は、冤罪であることを知らしめる。
二、沢副総督を米沢に迎え入れ、米沢の保護下に置く。
三、庄内に向かった薩長兵は、米沢が実力で排除する。
四、もし不服で暴動の時は米沢兵が進撃し討ち取る。

この項目には沢為量《ためかず》副総督を領内に迎え、奥羽鎮撫総督府を抑え込む、という米沢藩のしたたかな策略も含まれていた。

越後の措置
一、北越は米沢藩を中心に長岡、庄内兵で薩長軍を迎え撃つ。
二、奥羽諸藩も支援する。
三、さらに関東に攻めのぼる。
四、加州、紀州との連合も図る。

これが軍事作戦の骨子である。越後から信州、上州、甲州、加州、紀州まで攻めのぼる、という雄

大なものだった。最後に総括として、

一、奥羽鎮撫総督府下参謀の悪道、残暴を太政官に訴え、天下に知らしめる。
二、フランス、アメリカ、ロシア等に訴え支援を願う。
三、西南諸藩にも働きかけ、薩長の後方を撹乱する。
四、旧幕臣、とくに海軍と呼応、同時鋒起を図る。
五、京都、江戸にいる列藩の士を至急呼び戻し、力を発揮してもらう。
六、秋田に異論があるので米沢が説得する。
七、八戸にも不穏の空気があるので南部藩が説得する。

とした。この総括は会津藩の立案に負うところが大きかった。諸外国との折衝、旧幕臣、とくに海軍との折衝は、

「会津の責任において取りつける」

と、小野権之丞が明言した。

短期間にここまでまとめることができたのは、会津藩の知謀と実体験によるものだった。

但木土佐は、

「彼のアメリカで南北戦争が起こり、北軍が勝利した。南部は黒人奴隷を酷使する圧政の国家であり、まさに薩長に似ている。我が同盟は、公平、正義を旨とする点でアメリカの北部である。勝利は必ず我が北軍にある」

と述べた。仙台・会津の参謀たちが練り上げた盟約と作戦は、五月上旬に列藩同盟の代表を集めた会談で周知徹底させることも申し合わせて決めた。

これを受けて会津藩の小野権之丞は江戸に向い、上野の寛永寺におられる伏見宮邦家親王の第九王子で、のち孝明天皇の父君仁孝天皇《にんこうてんのう》の養子となり、亡き孝明天皇の義弟となる輪王寺宮公現法親王《りんのうじのみやこうげんほっしんのう》を列藩同盟の皇帝にすべく工作を進めた。

輪王寺宮をどのようにして仙台までお連れするかは、小野が品川湾に軍艦を浮かべ天下を睨む幕府海軍総裁の榎本武揚に相談し、常陸の平潟まで輪王寺宮を送ってもらう約束を取り付けた。

列藩同盟の動きは、薩長軍に衝撃を与えた。宇都宮駐留の薩長軍参謀、薩摩の伊地知正治は、宇都宮、壬生、烏山、佐久山、黒羽、大田原等の下野諸藩と現在の那須町、芦野村に領地を持つ村役人に対して、会津藩の探索と下野北部の確保を命じた。

奥羽越列藩同盟の戦略と盟約は一応の形をなした。この検証は未だに十分に行われていないが、具体的にどの藩が対処するのか、その藩の軍事力はどのような水準なのか、また軍事費をどのように捻出するのか、といった具体論になると残念ながら、白紙状態に近かった。

例えば、海軍力である。会津藩も仙台藩も海軍を持っていなかった。会津藩は幕府の輸送船順動丸を入手、新潟を母港に庄内藩との連絡、軍事物資の輸送に使う計画を練っていたが、肝心の仙台藩は軍艦を保有しておらず、望みの綱は品川湾に浮かぶ榎本武揚の艦隊だった。

しかし、東北諸藩の列藩同盟には勝算なしとして、薩長軍と密通していた勝海舟は、榎本艦隊の出航を妨害し、前途は厳しいものがあった。

会津藩家老梶原平馬がいかなる手を打つか、また仙台藩の江戸駐在の大童信太夫、松倉恂らの外交手腕にかかっていたが、問題はあまりにも多く、時間が極端に少ない中で、参謀たちは焦燥感に苛まれていた。それを打破する道、それは白河で薩長軍に勝利するしかなかった。

大田原藩

宇都宮を制圧した薩長軍の次の戦場は那須から白河である。大田原は現在の栃木県の北東部に位置する下野の要衝である。この時、江戸では幕府方の彰義隊が気勢を揚げており、薩長軍総督府が下野地方に増援軍を送れるような情勢ではなかった。

それでも薩摩軍参謀伊地知正治は、大田原城を拠点にし、八方手を尽くして兵員の補充、兵器弾薬食糧の補給を行い、北進を準備していた。当時の大田原藩主は、わずか九歳の大田原勝清であったので、藩の庶政は家老大田原数馬が司っていた。

大田原城は、東北と関東の接点という地理的関係上、古来、東北進攻のたびごとに中央勢力の拠点となってきた。このため会津藩にとっては、是非とも手中におさめたい要地であり、近くの黒羽城とあわせて、

「一時、城を借り受けたい」

と、家老の西郷頼母が申し入れを行っていた。西郷頼母と大田原数馬は熟知の間柄にあったが、中央の情勢から藩論を恭順一本に纏め、会津藩の要請は体よくことわり続け、薩長軍の軍勢を領内に受け入れていた。

西郷頼母は会津藩の中では恭順派だったが、会津の恭順は無用という薩長軍の方針を知り、抗戦に

転じるしかなかった。会津藩は大田原城を占領せんと白河から板室に兵を進めたが、近隣の農民は薩長軍に味方し、会津兵は待ち伏せ攻撃に遭い、進撃できなかった。そこで敵の進路に木材を積んで火を放ち、周囲に山から銃火を浴びせ、薩長軍を食い止める場面もあったが、大田原城に攻め込むことはできなかった。これが致命傷になる。

薩摩軍参謀伊地知正治は、黒羽、大田原など近隣小藩諸藩の兵を傘下に収め、薩摩四番隊砲二門、長州一中隊、大垣一中隊砲二門、忍一小隊砲一門の約三百五十人、砲五門を率いて那須高原一帯の制圧に成功した。那須周辺の農民は、薩長軍に協力し、会津軍の動きは筒抜けになっており、白河の防備、白河町民の協力体制の具合などが逐一報告されていた。(『北関東戊辰戦争』)

前哨戦

四月二十二日辰刻(午前八時ごろ)、薩長軍は前日の敵を求めて宿営地を発進、板室東南半里(二キロ)の油井村近くまで来ると、一人の農民が駈け付けてきて、

「すぐそこに会津兵がいる」

と知らせた。

そこで薩長軍は、道路に沿って先兵二〇名を進ませ、別に約三〇名を側衛として林中に潜ませ、やや遅れて主力部隊が道路上を進んだ。

農民の情報のとおり、油井村入口には四、五〇名ほどの軍勢がいたが、薩長軍の射撃を受けるやいなや、いち早く退却した。会津藩、幕府軍の前哨部隊である。

これを追う薩長軍が阿久戸村まで進んだとき、約六〇メートルも高い崖の上から、激しい銃撃を浴びせられた。崖は前に那珂川の急流があり、道路から三、四百メートル離れた要害堅固な場所であった。この反撃に対して薩長軍は、敵の正面に四斤山砲を据えて砲撃を始め、その隙に薩摩兵一二人の迂回隊が川を渡って敵の背後に進出したため、会津藩、幕府軍約一五〇名は板室宿に潰走した。薩長軍はこれを追って板室宿に向かうと、会津軍が大砲で反撃、高地から小銃を乱射したので前進ストップ。この間に会津兵約六〇〇人は三斗小屋《さんどごや》に退却した。

会津軍と旧幕府兵は、薩長軍に決して負けてはいなかった。しかし山岳地帯の三斗小屋に六〇〇の兵が退却したため、白河が手薄になってしまった。両軍ともに騎兵は見当たらず、それぞれの部隊が勝手に戦っている感じだった。

藩政時代、ここには会津中街道が通っており、若松大町から面川、桑原、松川、野際《のぎわ》を経て岩城国と下野国の国境で大峠（一四六八メートル）を越すと三斗小屋にたどり着き、板室、百村からいくつかの村を経て氏家に至る道であった。

三斗小屋には、家は一四戸しかなく全戸が会津藩を支援してきた。このため戸長は後日、薩長軍によって、馬に体を縛り付けられ、体を二つに割かれる目をそむける残虐行為を受け、虐殺されている。

仙台、会津藩の布陣

仙台、米沢両藩は、奥羽鎮撫総督府に対して会津藩討伐の解兵届を出し、奥羽諸藩の重臣がふたたび白石本陣に会合し、薩長軍に宣戦を布告した。

これを受けて福島の軍事局に仙台藩重臣坂英力が常駐、薩長軍討伐の指揮を執ることになった。会津藩は白河城を占領、奥羽の守りを固め、大田原周辺に兵を出し前哨戦が始まっていた。仙台、会津藩の陣容は次のようなものだった。

仙台藩（約千人）
執政　坂英力
参政兼参謀　真田喜平太
参謀　坂本大炊　歩兵三小隊
副参謀　今村鷲之介　砲兵一小隊
大隊長　瀬上主膳　歩兵五小隊、砲兵一小隊
大隊長　佐藤宮内　歩兵三小隊、砲兵一小隊

閏四月二九日、会津藩から一柳四郎左衛門が加わり、瀬上主膳、佐藤宮内が福島を発し、白河に出兵、参謀坂本大炊は二六日に出兵したが、途中、二本松から歩兵六小隊が同行した。

大隊長の一人、佐藤宮内の心配事は、薩長軍との武器の差である。佐藤宮内の家臣、星万右衛門は、仙台藩の砲術師範を務め、参政兼参謀の真田喜平太とも昵懇《じっこん》の関係にあった。

星万右衛門は天保十年（一八三九）、二十歳の時、佐藤家十二代氏信が江戸留守居役のおり、江戸に上り、稲富正心流砲術の関山内蔵大学について砲術を学び、十二年後の三十二歳の時、免許皆伝の伝書を授かり、帰国した。仙台に帰って藩士に砲術を教え門弟数百人を数えた。（『ふるさと小斎の歴史』）

BOOK GUIDE

出版情報

批評社の書籍をお買い上げいただきましてありがとうございます。

■出版情報では新刊と刊行中のシリーズを中心にご紹介しております。より詳しい書籍情報や既刊書籍の情報をお求めの方は、ハガキ等にて下記連絡先へご連絡下さい。パンフレットまたはPR誌を無料にて送付いたします。

■お求めの書籍が店頭にない場合には、お近くの書店にお問い合わせ下さい。また、地域の図書館リクエスト等にもお役立て下さい。

■お客様へ小社からの直送も承ります。お支払いにつきましては原則として着払い（送料無料、手数料250円をご負担いただきます）での発送をお願いいたしております。銀行振込、郵便振込等をご希望の際は、その旨事前にご相談下さいますようお願い申し上げます。

■小社への直接のご注文の際はクレジットカードご利用いただけませんので、書店の店頭やインターネット書店様のサイトなどをご利用下さい。

■そのほか、疑問・質問・ご要望等ございましたら下記連絡先へお気軽にお問い合わせ下さいますようお願い申し上げます。

批評社
〒113-0033 東京都文京区本郷1-28-36 鳳明ビル
Phone. 03-3813-6344 Fax. 03-3813-8990
http://hihyosya.co.jp mail:book@hihyosya.co.jp

＊表示価格は全て税別です。

❶いじめ ●《子供の不幸》という時代　河合洋◉編

学校崩壊、学級崩壊が声高に叫ばれる中で、沈黙する教師たちに浸透する自己喪失症。いじめ事件のたびに論じられる、おざなり的評論…。精神科医が〈子どもの不幸〉をキーワードに、子どもたちの心象風景をとおして、〈いじめ〉の心的構造を分析する子ども白書。河合洋、芹沢俊介、安松輝子、他執筆。　◆A5判並製／176P／本体1800円

❸精神医療論争史 ●わが国における「社会復帰」論争批判　浅野弘毅◉著

障害者の「社会復帰」は「社会的適応と経済的自立」を意味するだけではない。地域にネットワークを形成し、一人ひとりの病の回復に寄り添うケアを探求することこそ「社会復帰」のあるべき姿ではないだろうか。「社会復帰」論争の歴史的再検討を踏まえ、地域リハビリテーションの新たな可能性を提示する。　◆5刷◆A5判並製／216P／本体2000円

❹痴呆性高齢者のこころと暮らし　浅野弘毅◉編

痴呆性高齢者は、何もわからない「恍惚の人」ではなく、自分が壊れていく恐怖に苦しんでいるのです。閉鎖処遇、薬物の大量投与、身体拘束など、デスメーキングの苦悶の中で命を縮めていく高齢者の悩みに真摯に向き合い、彼らのこころを拓き、援助することが、医療・福祉にかかわる人びとの使命なのです。　◆2刷◆A5判並製／204P／本体1900円

❻メンタルヘルスはどこへ行くのか　岡崎伸郎◉編

人間の「こころ」はトータルな概念である。メンタルヘルスは、人間存在をトータルにとらえようとする領域である。気鋭の精神科医が多様な臨床経験をとおして精神医療・保健・福祉の新たな可能性に挑むメンタルヘルス論の新展開。香山リカ、中島直、山崎英樹、塚本千秋、西尾雅明、高木俊介、本間博彰、他執筆。　◆2刷◆A5判並製／256P／本体2000円

❼ひきこもり　高木俊介◉編

子どもたちを「ひきこもり」の世界から解き放つ方法は、精神医学的ラベリングや「治療」という名の強制力で「ひきだす」ことではない。子どもたちの「ひきこもり」に出会い、邂逅し、真摯に向き合うことをとおして、彼らの「ひきこもり」をまっとうさせるための方法をいかに保証するかが、問われている……。　◆4刷◆A5判並製／224P／本体2000円

❽臨床心理の問題群　岡村達也◉編

カウンセリング・心理療法・精神療法、さまざまな症状や症候群、臨床心理士の資格の名が巷に飛び交う臨床心理ブームの背景にある問題を「基礎の問題群」「実践の問題群」そして「倫理・資格の問題群」として捉え、臨床心理が担うべき原点とその実際をあらゆる角度から多面的に明らかにする恰好の入門書。　◆3刷◆A5判並製／224P／本体2000円

❾学校の崩壊 ●学校という〈異空間〉の病理　高岡健◉編

「学校崩壊」が叫ばれて久しい。にもかかわらず、学校は崩壊してはならないものという前提が開かれた学校への通路を閉ざし、学校を閉塞した〈異空間〉に押し込めている。新しいオルタナティブな教育理念を作り出すには〈個〉が〈公〉に呑み込まれることを拒否し、〈個〉をいかに徹底して擁護できるかである。　◆2刷◆A5判並製／176P／本体1800円

⑪人格障害のカルテ［理論編］　高岡健＋岡村達也◉編

人格障害は幼少期から老年期まで変わることのない人格特徴なのか？　状況の変化に応じて変動しうる状態像なのか？　発達障害との関連は？　人格障害は治療の対象なのか？・・・人格障害概念に対する根源的な問いを多様な立場から投げかけ、精神病質＝人格障害概念の脱構築をめざした理論的考察編。◆2刷◆A5判並製／208P／本体2000円

⑫メディアと精神科医　阿保順子＋高岡健◉編

●見識ある発言と冷静な受容のために

事件や犯罪、社会問題の報道に「精神科医」の言説が大きな位置を占め影響を与えている。メディアの中ではそれがどういう仕組みで伝達され、そして何が失われてきたのか。メディアの歴史的・社会的変容を追跡しつつ、精神医療従事者の発信する情報と、その受容の回路がいかに成立するか、その可能性を探る。◆A5判並製／184P／本体1800円

⑮「障害者自立支援法」時代を生き抜くために

岡崎伸郎＋岩尾俊一郎◉編

この国の将来にわたる精神保健・福祉政策の根本問題を、あらゆる視点から浮き彫りにした関係者必読の文献。◎対談「緊急検証・障害者自立支援法体制」広田伊蘇夫×谷中輝雄他、立岩真也、山下俊幸、山本深雪、原敬造、石黒亨、伊藤周平、岡部耕典ほか執筆。資料として「障害者自立支援法要綱」を併録。◆3刷◆A5判並製／176P／本体1900円

⑯動き出した「医療観察法」を検証する

岡崎伸郎＋高木俊介◉編

触法精神障害者には医療と福祉ではなく、監視と予防拘禁の保安処分で対処する、医療観察法の施行後を検証する。岡田靖雄、中島直、小高晃、白澤英勝、長野英子、子、原敬造、有我譲慶中山研一、池原毅和、吉岡隆一他執筆。岡崎伸郎による「よくわかる！　初心者のための？　精神科医療チャート」を併録。◆A5判並製／240P／本体2000円

⑱人格障害のカルテ［実践編］　阿保順子＋犬飼直子◉編

ＭＨＬ１１『人格障害のカルテ＜理論編＞』に次ぐ実践編。医療現場にかかわる医師、看護師、臨床心理士、作業療法士など治療者の側からみた人格障害の諸問題を明らかにするなかで、当事者が己の苦悩を吐露して提起した諸問題に真摯に向き合うことをとおして、引き裂かれる医療現場の困難を明らかにする。◆A5判並製／176P／本体1800円

⑲犯罪と司法精神医学　中島直◉著

精神鑑定とは何か——医療は迅速に、司法は慎重に！　厳罰主義の社会的風潮を背景に、2003年7月に医療観察法が強行採決の末、成立した。医療現場を担う精神科医の立場から、触法精神障害者の医療と司法のあり方を精神鑑定事例の実際をとおして明らかにしつつ、司法精神医学の課題を根源的に検証する。◆2刷◆A5判並製／192P／本体2000円

⑳ゆらぐ記憶 ●認知症を理解する　浅野弘毅◉著

認知症の人は、知的機能の低下、言語の崩壊によって、他者とのコミュニケーションが成立しなくなる。もの盗られ妄想、人物誤認、夕暮れ症候群、作話、鏡現象、偽対話、「幻の同居人」症状など、認知症の人の臨床観察による診断を踏まえて、認知症の人の医療と介護のあり方を理論的・臨床的に解明する。　◆A5判並製／192P／本体2000円

㉑発達障害という記号　松本雅彦＋高岡健◉編

発達障害とは何か。発達障害とは、はたして本当に障害名（病名・診断名）なのか。「どんな不可解なことも、言葉（記号）を見つけ名づけてしまうと、問題は片付いたように思ってしまう」という錯覚誘導装置が精神医学の世界に蔓延しているのではないかという視点から、流布されつつある精神医学概念の再検討を試みる。　2刷◆A5判並製／168P／本体1800円

㉒精神保健・医療・福祉の根本問題　岡崎伸郎◉編

精神科医療と精神保健、そして精神障害者福祉は、それぞれ本来の守備範囲を持ちながらも複雑に絡み合い巨大なフィールドを形成している。精神医療改革が叫ばれて久しいが、現状はむしろ改革に逆行するかのように法、制度、施策は変化している。その流れにおける問題の所在を、総合的・実証的に検証する。　◆A5判並製／176P／本体1800円

㉓うつ病論 ●双極Ⅱ型障害とその周辺　高岡健＋浅野弘毅◉編

うつ病の蔓延、拡散状況のなかでメランコリー親和型うつ病の時代は終わりを告げ、双極Ⅱ型障害（軽躁とうつを反復する気分障害）へと進化するうつ病を多面的に検証する。「精神医療」５２号の特集論文に書き下ろし論考２編を加え、「精神医療」３６号、４２号の特集論文２編を収録し、編集したうつ病論の総集編。◆A5判並製／192P／本体1800円

㉔自殺と向き合う　浅野弘毅＋岡崎伸郎◉編

精神科医療は自殺といかに向き合うのか。自殺とは予防できるものなのか。自殺対策基本法や自殺総合対策大綱は機能しているのか。精神科医療の質的・量的充実と医療機関へのアクセスの利便さ、そしてメンタルヘルスについての普及・啓発によって自殺予防の方法を多面的に検証する。　◆A5判並製／192P／本体1800円

㉕街角のセーフティネット ●精神障害者の生活支援と精神科クリニック　高木俊介＋岩尾俊一郎◉編

「精神科バブル」といわれる現状を批判的に検証しつつ、「街角のセーフティネット」と呼ぶべき豊かな希望が存在している精神科クリニックの未来を展望し、ACTやアウトリーチサービス等、地域精神医療を超えた、精神障害者の在宅ケアと生活支援の新たな拠点としての可能性を考察する。　◆A5判並製／192P／本体1800円

㉖高齢者の妄想 ●老いの孤独の一側面 浅野弘毅＋阿保順子◉編

高齢者が不遇をかこって孤独と妄想のなかで呻吟している社会の有り様は、「老い」を排除と介護の対象としてとらえ、「老い」の居場所が奪われていることを示している。寄る辺ない生を生きる高齢者の心的世界を精神医学的考察と臨床によって解読し、妄想のなかに生きざるをえない高齢者の実状にスポットをあてる。 ◆A5判並製／144P／本体1600円

㉗死の臨床 ●高齢精神障害者の生と死 松本雅彦＋浅野弘毅◉編

認知症や精神障害を抱えた高齢者と関わる医療・看護の現場では、ガンの告知やリビング・ウイル（事前指示書）の意思決定について、本人の判断や意思確認はむずかしい。

安楽死・尊厳死、平穏死という言葉の背後に潜む死の欲動と、日々、生の終焉に立ち会う医療者の苦悩と逡巡を、臨床の現場から語りかける。 ◆A5判並製／176P／本体1800円

㉘精神保健・医療・福祉の根本問題2

岡崎伸郎◉編

精神保健・医療・福祉分野における法改正や制度改革は、ときに時代の流れに逆行する施策によって障害者や従事者に多大な影響を及ぼすことがある。

この国の社会保障制度のグランドデザインをどう描くのかという焦眉の課題を実現するために、現状の法・制度・施策の内実をトータルに検証する。 ◆A5判並製／168P／本体1800円

㉙子どものこころ医療ネットワーク ●小児科＆精神科 in 埼玉

山内俊雄＋作田亮一＋井原 裕◉監修
埼玉子どものこころ臨床研究会◉編

医師と医療機関による柔軟なネットワークによって、多様な医療ニーズに応えよう――

医療崩壊が焦眉の課題として問題視されているなかで「子どものこころ臨床」の一つのありかたを指し示す、埼玉での試みを紹介します。 ◆A5判並製／240P／本体1800円

㉚死刑と精神医療 高岡健＋中島直◉編

拘禁反応によって死刑が執行できない死刑囚を精神科医が治療するということは、人の命を救うための医療が死刑のための医療となってしまうことを意味する。世界精神医学会（WPA）が「マドリード宣言」で死刑廃止の方向を打ち出したなか、死刑制度と精神科医療をめぐるさまざまな領域に焦点を当てた書き下ろし総特集。 ◆A5判並製／240P／本体2000円

㉛父親殺害 ●フロイトと原罪の系譜 柴田明彦◉著

フロイトのエディプス・コンプレックス論を基に、人類史の初源における唯一、全能の神の殺害と復活が織りなす壮大なドラマツルギーをとおして、資本主義の勃興に始まる精神病（統合失調症）の発症−精神医学の誕生という基層文化の劇的転換過程の実相を跡付け、錯綜し重層化する現代世界史の構造と社会の変容を省察する。 ◆A5判並製／208P／本体1900円

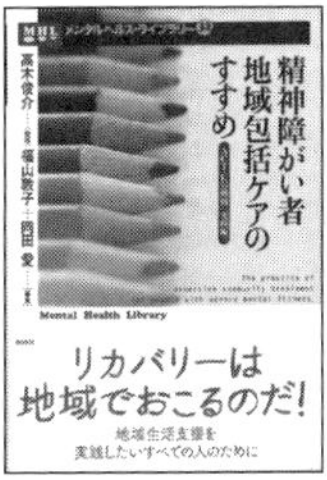

高木俊介◉監修　福山敦子＋岡田愛◉編

精神障がい者地域包括ケアのすすめ

●ACT-Kの挑戦〈実践編〉　メンタルヘルス・ライブラリー32

精神障がい者のリカバリーは地域でおこるのだ!　「医学モデル」から「生活モデル」へ、予防・治療・生活支援を統合的に行う包括ケアシステムに移行しつつあるなかで24時間365日、精神障がい者へ包括的な地域生活支援を提供する、ACT-Kの現場を担うスタッフがさまざまなケースをとおしてレポートした実践編。◆A5判並製／208P／本体1800円

太田順一郎＋岡崎伸郎◉編　メンタルヘルス・ライブラリー33

精神保健福祉法改正

精神保健福祉法2013年改正は「改正」だったのか?!――精神保健福祉法2013年改正では、強制入院の責任の一端を家族に負わせる制度が撤廃され、歴史的大転換を遂げることが期待されていた。しかし結果は、医療保護入院の入院基準を緩和する“改正”でしかなかった。精神保健福祉法2013年改正を多様な視点から検証し、抜本的制度改革の方向性を提示する。◆A5判並製／208P／本体1800円

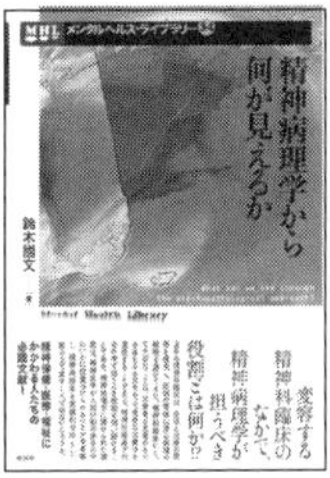

鈴木國文◉著　メンタルヘルス・ライブラリー34

精神病理学から何が見えるか

変容する精神科臨床のなかで精神科臨床にとって大切なことは、治療者が患者の生の全体をみる目をもって有効な治療法を選択することであり、精神病理学に課せられた課題は、精神医学が人間の知の体系の中にいかに位置づけられるべきかを考察し、精神病理学を実践的な知として組み立て直すことではないだろうか。精神保健・医療・福祉にかかわる人たちの必読文献。◆A5判並製／192P／本体1800円

福田政雄◉著

精神病因論のひとつの試み

●自閉症理論から心の病の統一理論へ

心の病はどのように脳内で生み出されるのか。数々の精神医学理論はあるが、今日に至るまで精神疾患の病因の科学的解明に成功していない。大胆な構想とユニークな考察によって、自閉症理論から統合失調症の病因解明に挑んだ学際的研究。

◆A5判並製／224P／本体2200円

香山リカ＋岡崎伸郎◉著 *Psycho Critique 1*

精神科医の本音トークがきける本

●うつ病の拡散、司法精神医学の課題から、震災後のこころのケアまで

好評既刊に約80ページの特別対談を加えた待望の増補改訂版！世界を震撼させた東日本大震災と福島原発事故。被災地で診療し続けた岡崎医師と、津波のつめ痕を行脚した香山医師。気鋭の精神科医が震災下のこころのケアをとおして危機の時代の生き方を語り合う。　新装増補改訂版◆四六判並製／280P／本体1800円

スピリチュアル・メンタルヘルス

蓮澤一朗◉著

●憂鬱な身体と進化する心の病いの快復

Psycho Critique 2

スピリチュアルとは、多くの治療上の行き詰まった局面において、双方が窮し、追い込まれ尽くしたあとに生じる、ある確かな響き合いの瞬間であり、必ずといっていいほど我が身の震えるような、共振を伴う性質のものです――。スピリチュアルな精神療法を知るための14章。

◆四六判並製／192P／本体1500円

やさしい発達障害論

Psycho Critique 3 高岡健◉著

発達とは何か。成長とは何か。発達障害とは何か。「発達や成長とは、何かを獲得していくばかりではなく、大事なものを捨てていく過程でもあるのです」。自閉症スペクトラムやアスベルガー症候群など発達障害（「軽度発達障害」）といわれる子どもたちへの治療と支援の入門書。

5刷◆四六判並製／176P／本体1500円

精神看護という営み

阿保順子◉著

●専門性を超えて見えてくること・見えなくなること

Psycho Critique 4

精神看護とは何か。看護の専門性とは何か。こころ病む人びとを看護するとはどういう営みなのか。人間精神の有り様は、生活環境の影響やその人固有の性格など多岐にわたる。統合失調症、認知症、境界性人格障害、うつ病の患者たちの精神看護の実践と、臨床現場における看護理論を明らかにする。2刷◆四六判並製／208P／本体1500円

ACT-Kの挑戦

高木俊介◉著

●ACTがひらく精神医療・福祉の未来

Psycho Critique 5

ACT（アクト・包括型地域生活支援）とは、多様な価値観が共生する世界を目指して、国家・組織・個人などの異なる利益を調整し、地域的な問題解決に取り組む、〈グローバル福祉ガバナンス〉として未来を切り拓くためのシステムである。京都において24時間365日、医療と福祉の一体化した訪問サービスを提供するACT-Kの実践レポート。

5刷◆四六判並製／152P／本体1500円

教育臨床論

伊藤直樹◉編

Psycho Critique 6

●教師をめざす人のために

教師をめざす人のための教育はいかにあるべきか?特別支援教育の子どもたち、ひきこもり、社会恐怖(社会不安障害)と強迫性障害、摂食障害、境界性人格障害、そして統合失調症などの精神疾患の子どもたちへの関わりをとおしてそれぞれの教育臨床論を検証する。

【執筆】倉島徹、田中志帆、中野良吾　3刷◆四六判並製／224P／本体1700円

やさしいうつ病論

Psycho Critique 7　高岡健◉著

うつ病は、自分と自分との間の折り合いに悩むことを、本質とする病気です。現在、うつ病は軽症化・非定型化するとともに、混合状態を示すようになっていますが、この本質はかわりません。本書は、新自由主義がもたらした息苦しさのもとでうつ病が蔓延し拡散するなかで、うつ病とは何かを、うつ病論の思想をとおして解読する入門編です。

◆四六判並製／176P／本体1500円

芹沢俊介◉著

家族という絆が断たれるとき

Psycho Critique 8

社会の底が抜けた「個人化の時代」は、家族や地域、学校や会社でのコミュニケーションの場が喪失し、すべてが個人の中に自己領域化され、相互の関係が遮断していることを意味している。子どもたちの内面を正面から受け止める安心と安定の家族関係の構築を、子どもたちの「いま」をとおして考える。◆四六判並製／200P／本体1500円

少年非行

羽間京子◉著

Psycho Critique 9

●保護観察官の処遇現場から

非行は特定の原因によるものではなく、さまざまな要因が絡まり合って生じる現象である。実際、処遇現場から伝わってくるのは、彼／彼女らの社会や大人への不信や拒絶の背後にある哀しみと希望である。保護観察処遇の多様な事例をとおして少年非行と子どもたちの現在を考える。

◆2刷◆四六判並製／192P／本体1500円

近代という病いを抜けて

仲野実◉著

Psycho Critique 10

●統合失調症に学ぶ他者の眼差し

隔離収容主義によって巨大病院に閉じ込められた統合失調症の人びとの地域移行をすすめる過程で生まれた「ガンバロー会」の人びととの触れ合いをとおして、近代を超えるのではなく、近代を抜けるという困難な課題に挑んだ精神科医の、ウイットとユーモアに満ちた実践記録。

◆四六判並製／280P／本体1800円

自閉症論再考

Psycho Critique 11　小澤 勲◉著

自閉症とは何か。自閉症研究に心血を注いだ小澤勲が独自に切り開いた実践的自閉症論の講演記録「自閉症論批判」と論文「わが国における自閉症研究史」を収録し、児童青年精神医学の臨床医・高岡健と児童文化研究者・村瀬学によるユニークな解説を付して、「自閉症とは何か」の本質に迫る。

◆四六判並製／180P／本体1700円

加藤進昌+岩波 明◉編

精神鑑定と司法精神医療

Psycho Critique 12

精神鑑定は、精神科医の診断とどこが違うのか。刑法39条は、本当に被告人の利益なのか。医療観察法は治療目的なのか、保安処分なのか。医療観察法は、精神保健・医療・福祉行政とどうつながっているのか。精神鑑定の具体的事例をとおして、精神科臨床医、司法関係者、ジャーナリストが各々の立場から徹底討論する。 ◆四六判並製／168P／本体1700円

だから、あしなが運動は素敵だ

玉井義臣◉著

Psycho Critique13

母の事故死と妻のガン死がすべての原点と語る市井の社会運動家が、痛みを共有するすべての遺児たちに語り続けた魂の記録。「あしながさん」に深甚な敬意と謝意を払い、世界の遺児たちを支援・救済し、「理想的社会」実現へのロード・マップを示す――玉井義臣の現在・過去・未来40年の歴史が凝縮した一冊。 ◆四六判並製／414P／本体1600円

森田療法のいま

青木薫久◉編著

●進化する森田療法の理論と臨床

Psycho Critique14

森田療法は日本の伝統的な精神療法として精神医療の根幹を支えてきた療法であり、近年は国際的な関心の的にもなっている。森田療法の先端的な治療活動に携わる中村敬先生との対談をとおして、森田療法の新領域を分かりやすく解説する。◆四六判並製／176P／本体1700円

芹沢俊介+高岡健◉著

Psycho Critique15

「孤独」から考える秋葉原無差別殺傷事件

「誰でもよかった」という告白の背後に潜む殺意は、家族という絆が断たれたときの衝動に根ざしている。「引きこもれなかった若者たちの孤独」をキーワードに、家族の変容から無差別殺傷事件へ至るプロセスを具体的に解明しながら、事件の真相を家族論的考察と精神医学の知見によって再検証する。 ◆四六判並製／192P／本体1700円

市民のための精神鑑定入門

髙田知二◉著

●裁判員裁判のために

Psycho Critique16

日本の刑事裁判においては、被疑者の責任能力の判断が大きな要素を占めている。精神鑑定をめぐる問題は多岐にわたるが、これから裁判員になるであろう多くの市民にとって精神鑑定は避けてとおることのできない問題である。鑑定結果は裁判にどのような影響をもたらすのか。現役の鑑定医が精神鑑定の全貌を分かり易くまとめた入門編。◆四六判並製／224P／本体1700円

解

Psycho Critique17

加藤智大◉著

2008年6月8日、私は東京・秋葉原で17名の方を殺傷しました。

～～私はどうして自分が事件を起こすことになったのか理解しましたし、どうするべきだったのかにも気づきました。それを書き残しておくことで、似たような事件を未然に防ぐことになるものと信じています。[本文より] ◆3刷◆四六判並製／176P／本体1700円

宿業の思想を超えて

芹沢俊介◉著
Psycho Critique18

●吉本隆明の親鸞

この本は、親鸞と吉本隆明という、世界に屹立するたぐいまれな思想家（革命思想家）が、時空を超え、二人して遠くまで考察してきた悪と悪の彼岸の問題について、私なりに理解を深めようとしてきた、その思考の歩みを提示したものである。ここに至る過程が、その貧しさにおいて誰のものでもない私自身の足を使ってたものであることは、ひそかに誇っていいと思っている。[本文より]

◆四六判並製／176P／本体1700円

星降る震災の夜に

岡崎伸郎◉著
Psycho Critique19

●ある精神科医の震災日誌と断想

「3.11」は寒い日だった～大災害の時、中くらいの被災者がもっとも饒舌になる。自分の安全だけは何とか確保されて、周囲を観察する余力が僅かに残されているからだ～その立場だからこそ、状況を見つめ、考え、語る務めもあろう（本文より）。東日本大震災の渦中で診療を続けたひとりの精神科医が、東北人のメンタリティを発信する。

◆四六判並製／224P／本体1700円

高岡健◉著

続・やさしい発達障害論

Psycho Critique20

2012年7月20日、大阪地裁はアスペルガー症候群と鑑定された男性に求刑を上回る20年の判決を言い渡した。「発達障害」という医学的ラベリングが一人歩きして、学校や地域で、さらに事件と犯罪にまで拡大解釈されている現状に警鐘を鳴らし、発達障害概念の再検討を踏まえて刑事裁判の実相を検証し、支援と援助の必要性を説く。

◆四六判並製／224P／本体1700円

加藤智大◉著
Psycho Critique21

解＋

●秋葉原無差別殺傷事件の意味とそこから見えてくる真の事件対策

私は、事件は起こすべきではなかったと思っていますし、ご遺族や被害者の方のことを思えば心が痛みます。……私は、事件は防げるものだと思っています。ただし、「誰かが何とかしてくれる」ものではありません。「自分で何とかする」ものです。この本が、考えるきっかけになってくれれば、と思います。[本文より]

◆四六判並製／184P／本体1700円

患者学入門

Psycho Critique22
笹目秀光◉著

入院していると、世間一般と同じようにさまざまなことが身辺で起きる。～デマ、でっちあげ、暴力、挑発、風評など、個々の精神障害者にとって不利益なことがたくさんある。～精神科病院に入院しても、本人に病気を治す気持ちがあるのかどうか、がもっとも大切なことだと思う。（本文より）。こころ病むひとたちが街で普通に暮らすためのヒントやアドバイスを与えてくれる一冊。

◆四六判並製／176P／本体1400円

新井 勉◉著　　PP選書[Problem&Polemic：課題と争点]

大津事件 ●司法権独立の虚像

司法権独立を墨守した裁判史上輝かしい事件だとされる大津事件は虚像にすぎない。実際は、政府は大審院に強く圧力をかけ、大審院長児島惟謙は、司法大臣に三蔵を死刑にする緊急勅令の発布を求めていた。このとき大審院は政府の圧力に屈したといっていい。基礎的資料を緻密に検証して通説の虚像を突き崩し、核心に迫る事件の真相を抉り出した研究者必読文献。　◆四六判並製／224P／本体1800円

精神現象を読み解くための10章　高岡 健◉著

社会の中の精神現象のプラットフォームの上に立って、こころの復権のために、「滅びの明るさ」(太宰治)が蔓延する時代を眺望する!

精神科医の視線から現代の政治やスポーツ、医療、犯罪、文芸などの多様な精神現象と専門家集団の知の荒廃を解読し、思想の復権を提示する。　◆四六判並製／248P／本体1900円

中国の海洋戦略 ●アジアの安全保障体制　宮田敦司◉著

経済成長を遂げて膨張する中国の海洋戦略は、アジアの安全保障体制にどのような影響をもたらすのだろうか。尖閣列島問題や竹島問題を抱える日本は、中国の海洋戦略を冷静に分析して沈着な態度で臨まなければならない。

元航空自衛官が検証図版・写真を多用して、中国の海洋戦略を分析し、アジアの安全保障体制を検証する。
◆四六判並製／184P／本体1800円

右傾化する民意と情報操作　八木晃介◉著

●マス・メディアのモラル・パニック

メディアに公表される世論調査のデータ・トリックと世論誘導は不可分である。東日本大震災とフクシマの報道に見られた安全キャンペーンは、原子力ムラの温存以外のなにものでもなかった。マス・メディアの死と再生のドラマツルギーをとおしてメディア・リテラシーの可能性を追究した社会論的考察。
◆四六判並製／216P／本体1800円

日本保守思想のアポリア　礫川全次◉著

近代日本に保守主義は存立しえるのか?!

「尊皇攘夷」を錦の御旗に、倒幕・権力奪取した明治維新政府は、一方で近代化・欧化政策を推し進め、王政復古の保守主義を解体しながら、明治欽定憲法を制定し、アジア支配へ向けた覇権国家として新たな保守主義を蘇生させた。その断絶と継承を支えた「國體」という虚構のイデオロギーをとおして近代日本の保守思想を解剖する。　◆四六判並製／200P／本体1800円

礫川全次◉編著 歴史民俗学資料叢書【第Ⅲ期・全5巻】

第1巻 ゲイの民俗学

女装とハード・ゲイとが共存する戦後日本の同性愛文化の謎に迫る。近代の〈男色〉から、戦後の〈同性愛〉への流れに着目しながら、昭和20年代の論考を中心に計23篇を収録。ゲイとレズ、性と生の象徴的意味を解読する。解説篇として礫川全次による「引き裂かれた同性愛——三島由紀夫における愛と錯誤」を巻頭に収録。

◆A5判上製／288P／本体4500円

第2巻 病いと癒しの民俗学

疾病や狂気が排除され、死が隠蔽された日常とは、〈癒し〉が忘れられた世界にほかならない。癒しが日常の世界から消失した今日、近代日本における医の歴史を歴史民俗学の手法で解読し、病いという苦悩を癒しと安穏の世界へ転換する民衆の心意を照射する20文献を収録した資料集。

◆A5判上製／240P／本体4000円

第3巻 性愛の民俗学

日本を代表する民俗学者・柳田國男は、人類史の初原にかかわる性愛の分野においてもその炯眼によって基層文化の深淵から注目すべき視点を抽出していたが、ついにそうした研究を極めることはなかった。近代日本国家のイデオローグ・柳田國男が考究を忌避した《性愛の民俗学》の空隙を埋める論考を網羅的に収録した研究者必読の文献である。

◆A5判上製／248P／本体4000円

第4巻 穢れと差別の民俗学

〈穢多〉に対する差別は、江戸後期以降、歴史的・社会的要因によって激化したが、その際、民衆の差別意識を支えたのが、〈穢れ＝ケガレ〉の観念であった。日本語である〈ケガレ〉と仏教に由来する〈穢〉観念の倒錯した、穢（え）＝穢れ＝ケガレの形成過程を検証しながら、差別の実相とナショナリズムの本質に迫る。

◆A5判上製／200P／本体3500円

第5巻 ワザと身体の民俗学

心身・身体への関心の高まりの背後には、人間存在への抜き差しならない不安と焦燥に怯える民衆の姿がある。不分明な時代の転換期に、ワザと身体、身体感覚、身体意識、心身相関の諸相を、芸能・技術関係の研究や文献を網羅し検証することによって、この現代の危機の実相を解読し、自然と人間との新たな相互関係を構想するための資料集。

◆A5判上製／248P／本体3800円

歴史民俗学資料叢書 第Ⅲ期解説編 身体とアイデンティティ

第Ⅲ期全五巻の「解説」「あとがき」に加え、本叢書全一五巻に未収の重要資料を補い、末尾に全一五巻の完結を踏まえての〈補論〉を付す。

◆A5判並製／224P／本体2000円

利田敏◉著　●サンカ学叢書 第4巻

サンカの末裔を訪ねて

●面談サンカ学〜僕が出会った最後のサンカ

河原や山中にセブリバを造り、一箇所に定住せず箕作りを生業とする漂泊の民「サンカ」。その末裔が今日も現存していた！ 三角寛の著作にも登場した「松島兄妹」、静岡で穴居生活をしていた「駿豆サンカ」など、豊富な資料とインタビューから次々と明らかになる「サンカの生活」。時代を超えて人間の「生の本質」に迫る"目からウロコ"のフィールド報告。◆3刷◆A5判上製／200P／本体2000円

●サンカ学叢書 第5巻【全五巻完結】

利田敏・堀場博・礫川全次◉編著

サンカ学の過去・現在、そしてこれから

幻の民・サンカとは、いにしえの時代から存在した制外の民か、幕末・維新の混乱期に登場した無頼の徒か。実像と虚像が交錯するサンカの原像を求めながら、サンカ学の可能性を検証する。資料編としてブランゲ文庫の貴重な資料を付す。成本真衣子の歌『サンカ』のCD付き！　◆A5判上製／208P／本体2000円

木村博昭◉著

古代ヤマト王権の縁起と伝承

●『記・紀』に消されたニギハヤヒ命の実像

『記・紀』神話によって形づくられた日本古代の歴史は本当だろうか？『古事記』『日本書紀』の神話が歴史の背後に押しやってしまった神々の実在の歴史を神社の縁起と伝承を手掛かりにして、古代ヤマト王権の実相を明らかにすると同時に、『記・紀』神話が改竄した日本古代史を徹底的に検証する。　◆四六判並製／280P／本体2400円

安本美典◉監修　志村裕子◉現代語訳

先代旧事本紀［現代語訳］

『先代旧事本紀』（十巻）は、『古事記』・『日本書紀』と並ぶ三大通史書であり、自然や祭祀と密接な古代人の精神文化を背景に、物部氏の立場から日本古代を通史的に記したものである。

最古とされる卜部兼永の写本（天理図書館蔵・国重要無形文化財）の現代語訳に詳細な註記を付し、謎多き古代史の実相を解き明かす研究者必読文献。　◆3刷◆A5判上製函入／616P／本体6800円

古屋龍太◉著

精神科病院脱施設化論

●長期在院患者の歴史と現況、地域移行支援の理念と課題

世界一精神病床の多い日本国であり続けるのか?

年間死亡患者2万人超の現実は変えられるのか?

隔離収容政策の歴史、地域移行支援の現状、退院阻害の要因、都道府県の格差、患者と専門職の意識乖離等を、実証的に検証した脱施設化戦略の理論的考察。　◆A5判上製／320P／本体3200円

山之内 幹◉著

特別支援教育における教育実践の研究

子どもたちが発する言葉にならない想いを感じ取ること。子どもたちに生きるための選択肢を教えること。子どもたちに寄り添うこと。今の私にはこの三つのことをいつまでも忘れずにいることだけだと思う。

ことばとからだをこころがつなぐ、特別支援教育の実践記録。
◆A5判並製／176P／本体1800円

宮内則雄◉著

アナロジーで解く高校生のための工学入門

科学技術は日進月歩で進歩し続けており、一分野だけに精通しているだけでは、将来エンジニアとして十分に活躍できないことになる。工学志す若い人たちのために、様々な専門分野に通じる基礎工学の数式をアナロジー（類推）概念を使って解説する。
◆A5判並製／176P／本体2000円

加藤智大◉著

殺人予防

事件の再発防止に真摯に取り組むためには、自殺から殺人にいたるまでの複雑な心的現象を解析しなければならない。「秋葉原無差別殺傷事件や自殺企図、……殺人から自殺まで、人の命が失われる事件が起きるメカニズムは全て共通です。というよりそれらを含めたあらゆる行動のメカニズムが一緒なのです。それを理解できてはじめて正しい事件対策ができます。」（「本文」より）　◆四六判並製／240P／本体1700円

礫川全次◉著　SERIES 事件と犯罪を読む

戦後ニッポン犯罪史［新装増補版］

戦後ニッポンで勃発した53の事件と犯罪の実相を解読し、転変する世相と社会の変容を検証する。

さらに増補版にあたって「補論:オウム真理教事件について考える——宗教と国家に関する犯罪論的視点」を付し、宗教と国家をめぐる犯罪論的視点からオウム事件の重大な意味を問う。

◆四六判並製／344P／本体2500円

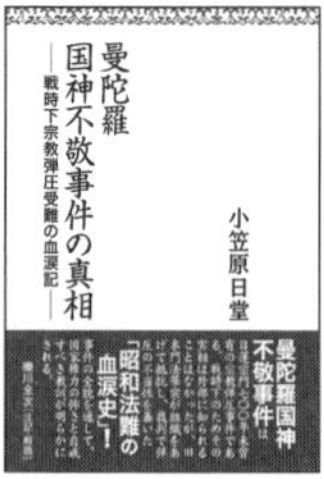

小笠原日堂◉著　礫川全次◉註記・解題

曼陀羅国神不敬事件の真相［翻刻版］

●戦時下宗教弾圧受難の血涙記

曼陀羅国神不敬事件は日蓮宗門700年未曽有の宗教弾圧事件である。戦時下のため、その実相は外部に知られることはなかったが、旧本門法華宗が組織をあげて抵抗し、裁判で弾圧の不当性を暴いた「昭和法難の血涙史」！　事件の全貌を通して、国家権力の怖さと自戒すべき教訓が明らかにされる。

◆A5判並製／184P／本体2200円

礫川全次◉註記・解題

安重根事件公判速記録［翻刻版］

なぜ安重根は、中国東北部のハルビン駅頭で初代韓国統監・伊藤博文を殺害したのか。この事件は、日本の公爵伊藤博文が中国で韓国人に殺害されるという複雑な国際関係のなかで起こった事件であり、日本人の二人の弁護士が日本の法体系では裁判できない論拠を公開裁判で思う存分展開した。貴重な初版本を忠実に翻刻し、註記と解題を付し、事件の全貌を解読する。

◆A5判並製／224P／本体2700円

吉田雅人◉著

アウトローで「フクシマ」

3.11から4年という時間が経った。被災地は復興がすすみつつあり、福島第一原子力発電所から漏れる放射性物質の脅威も薄れつつあるように見える。しかし、自覚のない内部被曝は知らず知らずのうちに人びとを蝕み続けている。フクシマの渦中にいながら、見失ってしまったものを外在者のアウトローの眼でラジカルに抉り出す。ユーモアとイロニーの織りなす乾坤一擲の一大叙事詩。

◆四六判並製／248P／本体1800円

八木晃介◉著

親鸞 往還廻向論の社会学

「救われない」という自覚をもったものが「救われないまま」に共に「救われる」という超絶的な論理こそ、親鸞思想の神髄ではないのか――。吉本隆明『最後の親鸞』をはじめ、先行研究の成果を渉猟しつつ、壮大な親鸞思想の全貌を新たな解釈をとおして描き出し、その核心を抉り出した社会学的考察。

◆四六判上製368P／本体3000円

森 達也＋礫川全次◉著

SERIES 事件と犯罪を読む

宗教弾圧と国家の変容

●オウム真理教事件の「罪と罰」

国家が宗教を弾圧する場合、必ずと言っていいほど、一般犯罪と絡めて弾圧する。オウム真理教事件が勃発するとマスメディアは国家意思に迎合して真相解明を拒否し、犯罪者集団としてオウム教団を喧伝した。オウム真理教事件を契機に、この国は変容した――その実相と構造を解読する。

◆四六判並製／192P／本体1700円

蜷川 新◉著 礫川全次◉注記・解説

維新正観［翻刻版］ ●秘められた日本史・明治篇

PP選書［Problem&Polemic：課題と争点］

「維新」の名は美しく世人には響くけれども、事実は極めて醜悪に満ちている。われわれが国定教科書で教えられたことの大部分は、偽瞞の歴史である（「序文」より）。

幕末維新史の実相を塗り替え、大胆かつ独自の視点から「正観」した名著。目からウロコの維新論。

◆四六判並製352P／本体2500円

久場政博◉著

メンタルヘルス・ライブラリー35

ボケを活きるとは ●精神科医の加齢体験と認知症ケア論

認知症の人たちがあらわす行動・精神症状はクスリでしか治療できないものなのか――。いままでの治療・介護観への疑問から、普通ボケ（老い）と病的ボケ（認知症）に生じる心身機能低下について、「いま・ここ」をキーワードに解き明かし、その対処法を編みだしたユニークな実践的ケア論。医療・看護・介護関係者、認知症をかかえる家族、高齢期で悩んでいる方、必見!!

◆A5判並製／176P／本体1800円

真田喜平太と共に洋式銃の研究も重ねたが、上層部から認められず、薩長軍に比べて銃器に大きな差があった。このため星万右衛門は、

「敵兵は狙撃に一日の長があるので、敵陣にむやみに突進しないよう」

宮内に進言し、服装も農民と同じものを着用、臨機応変に戦うよう兵士たちに注意を与え、一族の星陣内を指揮・目付として送り出していた。

佐藤宮内は編み笠をかぶり、単衣《ひとえ》をつけ、両刀は家来と交換し、目立たぬよう装い、部隊を指揮した。

このため宮内は一時期、未練卑怯の風評を受けた。仙台藩の重臣たちは派手な陣羽織で参戦したが、これが狙撃兵の標的になり多くの犠牲者を出すことになる。部隊長を失った部隊は、指揮命令系統が瓦解し、いずこも壊滅状態になったが、佐藤宮内は鴉組の細谷十太夫とともに最後まで白河にとどまって戦い、仙台藩の意地を見せる。

会津の大軍団

会津藩は総督に西郷頼母、副総督に横山主税を選任、千五百余人が白河城に向かった。

各部隊長も次のように精鋭を当てた。仙台藩の支援を受けたので、勝利を確信しての出陣だった。

次に戦闘部隊が、一足先に白河城に入り防備を固めた。

朱雀一番士中隊中隊頭　小森一貫斎

朱雀一番寄合組中隊頭　一柳四郎左衛門

青龍一番士中隊中隊頭　鈴木作右衛門
軍事奉行添役　木村熊之進
青龍一番足軽組中隊頭　杉田兵庫
朱雀一番足軽組中隊頭　日向茂太郎
義集隊大隊頭　辰野源左衛門
純義隊隊頭　小池周吾
新選組隊頭　山口次郎
会義隊隊頭　野田進
砲兵隊隊長　樋口久吉
遊撃隊頭　遠山伊右衛門

閏四月二十四日、那須方面の間諜から薩摩、佐土原の兵が今朝、太田原城を出て白河方面に向かい、今夜、白河の前方、芦野に宿営するとの報があった。

青龍一番士中隊頭鈴木作右衛門、軍事奉行添役木村熊之進、遊撃隊頭遠山伊右衛門、純義隊頭小池周吾、会義隊頭野田進らが戦略を練り、奥州街道から白河に入る分岐点白坂口に新選組、棚倉口に純義隊、原方街道に青龍一番士中隊を配置、白河口を封鎖した。

この日、会津藩の総督西郷頼母と副総督横山主税は前線に到着しておらず、新選組の山口次郎を先鋒に、白河の外で攻め寄せた敵を迎撃した。二十五日暁天、敵の襲来を知った新選組がまず飛び出し、遊撃隊、純義隊、朱雀一番足軽隊が側面から攻撃を加えた。敵は戦死十六、負傷五十余名を出して敗退、那須に敗走した。会津兵は十三人の敵の首を白河城の獄門にかけ、緒戦の勝利に酔いしれた。
白河中町の棚瀬利助の証言がある。

十三人の梟首《きょうしゅ》は大手門で、四寸割の板に五寸釘をうちつけてそれに梟《きょう》した。町々から見にいくものが多く、大手門は黒山に人だかりだった。

長州兵椿太郎吉の以下の証言も注目される。

四月二十五日、白河攻撃というので、薩長連合の選抜隊ができた。薩摩は左に赤い布をつけ、長州は白い布をつけた。白坂の手前に境の明神があってこれより東、会津と書いてあった。白坂には敵がおらず、白河の入り口までいった。夜があけると敵はどんどん大砲を撃ち出した。白河の入口に台場があった。銃は口込め銃なので、いくら撃っても当たらない。中津井作七、安藤乙熊という者が、死ぬなら一緒に死のうという。実に困ったものだ。
私も足と短刀の柄を撃たれた。とにかく捕虜になっては仕方がない、鉄砲を持って三百メートルほど戻ったところ弾薬方をしている三浦清八が、又やられた。その人は手を撃たれた。
二十四日の晩までに仙台兵が白河に到着し、新潟で買った後装銃を分配したということで敵の兵力が優勢となり、われわれは包囲される姿となり、向こうから槍や鉄砲を持った奴が向かってくる。

これは困ったものだと思ったが、ようやく、本隊に戻った。官軍は大敗北だった。

山口次郎は新選組以来の歴戦の強者であり、緒戦で敵を撃破する大戦果をあげた。

椿の証言に注目すべき事実がいくつもあった。一つは会津藩の砲台から大砲がどんどん撃ち出されたことである。もう一つは仙台兵の一部が後装銃を持っていたことである。新潟から届いたばかりという言葉に、現実味がこもっていた。従来、長州はすべて後装銃で、同盟軍は大半が口込め銃だったとされたが、これが逆になっていた。仙台湾に諸外国の武器商人が来て売り込んだためであった。しかし、仙台藩の準備不足は目を覆うばかりだった。

仙台城下の喧噪

『仙台戊辰物語』に、武器弾薬の調達に関する仙台城下の大さわぎが描かれている。

大砲小銃は第一に不足だからドシドシ鋳造に着手した。閏四月上旬に、抜け目のない在横浜外国商館の米国商人（一説には仏蘭西人）が、本国で使い古しの鉄砲（元籠め旋條式スナイドル銃）を大量に船へ積込み、売り込みのため寒風沢（仙台湾）に来た。しかも和船のボロ船で戦地へ持込んだのだから、全く命懸けの商売振りだ。

仙台藩では喜んで三千挺と大砲弾丸（スキンライフルと称された長方型砲丸）を若干購入したが、此の砲丸は生憎在来の和製砲に適合しないので、鉛の鍔《つば》を造り装置して使用した。閏四月下旬に幕府からも兵器を借受け、一橋家から大砲五門到着、内一門は百人持位の無双の巨砲であった由。

小銃の弾丸も同様不足だ。此は金山方所蔵の鉛を持出し丸型弾丸を大量に鋳造した。こうして小銃大砲の弾丸を鋳立てるのに常時如何に全力を挙げたかは、切籠焼きや堤焼きを焼く窯まで悉くこれに充当した、という一事でも判る。後、戦争が白熱化するに従い、寺院の梵鐘を外して大砲を鋳たり、小銃台材の不足から領内の胡桃樹《くるみ》調査を行ったりした。

更に肝腎の火薬製造——これも一仕事だ。藩には既に松森、鷺ノ森、城下琵琶首等に火薬貯蔵庫があって、慶應二年末調査でも二万貫余とあるが、会津征伐には殆んど不要だったものの今度は勿論足りない。

御城下寺小路満願寺前に硝石製造所を設けるなど応急製造に着手した。その方法が又振っている。酒造用の六尺桶を徴発して往還に据付け、民家床下の泥土を浚《さら》って来て、これに入れ、水を注いで沈殿させ上水を取り去って火をかけ、かくて焔硝を造り、さらに硫黄と桐材の炭粉を混合して火薬を製造した。

それから兵士用の草鞋は、一日一人当たり二、三足は必要だ。これは近郊の農家にドシドシ作らせて集めたが、仙台から戦場に送るのに車などない当時では、駄載するほか方法がなくかなり困難した。

兵器製造騒ぎは文字通り泥棒を見て縄を綯《な》う有様であった。

仙台藩は蒸気船の購入も遅れていた。薩長軍が蒸気船を購入していることを知った但木土佐は、勝海舟に会って軍艦購入を相談し、江戸の松倉良輔を軍艦奉行に命じ、アメリカ商館から蒸気船を購入した。宮城丸である。だが、房総沖で暴風雨に遭って破損し、修理のために浦賀に入港したところを薩長軍に没収されてしまった。これで軍事物資の運搬に支障ができてしまった。

会津、仙台藩の同盟軍の士気は極めて旺盛だった。だが、薩長軍をどう分析し、どのような戦略と作戦で臨んだかの記録は皆無に近い。残されているわずかな記録は、会津軍総督西郷頼母と新選組山口次郎、純義隊小池周吾の意見の対立である。これは大きな問題であった。

山口次郎は、新選組三番組長として数々の修羅場をかいくぐってきた男である。小池周吾は相手が誰であろうが、自分の意見ははっきり言う人物である。山口次郎と小池周吾は、

「同盟軍を周辺に分散し、機動性を持たせよ」

と国境の明神、白坂に兵を出し、敵を包み込む作戦を立てると主張したのに対して、総督西郷頼母と軍事奉行の小森一貫斎が、

「大将は城に入った時は、各部隊長が城の防備を固めるべし、兵を後方に置くなどもってのほかである。今、仙台、二本松、棚倉などの大兵が白河にある。何を憂えるか。大将が城に籠って堂々と受けて立つ」

と大喝した。皆、顔を見合わせて押し黙ったが、西郷頼母は緒戦の勝利に酔いしれたのか、「大将はおれだ」という態度に終始した。(『会津戊辰戦史』)

これが白河敗北の最大の原因となる。

藩内の不調和音

鳥羽伏見戦争で敗れ、江戸に引き上げた時点から、会津藩の勢力地図は大きく変わっていた。江戸に駈け上った謹慎中の国家老の西郷頼母は、厳しく執行部の責任を追及し、薩長軍への恭順を主張した。しかし鳥羽伏見を戦った兵士からは反発を受け、頼母は再び謹慎を命ぜられ、退いて家に引き籠った。その西郷頼母がなぜ白河の戦いの総参謀になったのかはわからないが、山川大蔵は、関東に攻め上るために日光から外せない。佐川官兵衛は長岡藩との関係で、越後から外せない。首席家老梶原平馬の実兄内藤介右衛門がいたが、鳥羽伏見惨敗の責任者でもあり、かくて西郷頼母に白羽の矢が立ったのかもしれない。

大鳥圭介は、「全体会津には会計俗吏多分に有之、成るたけこれを減員し、兵に用いたしという事も先ごろより申し述ぶれども何分まだ俗吏の権強く因循の風やまず」（『幕末実戦史』）と批判した。

徳富蘇峰も近世日本国民史の『会津籠城』編で、「幕府の末期に際し、会津の態度は、かならずしも賢明というべきではなかった。せっかく政局の中心に坐しつつも政機は会津の頭上を飛び越え、会津を後に遺《のこ》して奔《はし》り去った」と記述した。

そう言えなくはなかったが、白河の戦争で、薩長軍を白河から追い払えば、列藩同盟は大きく機能し、和平交渉も含めて新たな展開が可能であった。白河で西郷頼母と行動をともにした軍事参謀格の小森一貫斎は頼母の母の弟、叔父である。年齢五十三歳、もはや第一線の指揮官ではないにもかかわらず、頼母の側近として参戦した。

一貫斎は禄高四百五十石の上級武士。以前、久太郎を名乗り、主君容保が京都守護職時代、公用人として活動した。しかし、朱雀一番士中隊長の器ではないはずだった。朱雀一番士中隊は、十八歳から三十五歳までの藩士を集めた最強部隊であり、もっと有能な若手が中隊長を務めるべきであった。会津藩は門閥意識が強すぎ、柔軟な戦略が取りにくい体質があったことは事実だが、実戦の経験がない西郷・小森ラインでは話の外だった。

列藩同盟結成の立役者、家老の梶原平馬も西郷頼母の総督就任と小森一貫斎の中隊長就任には反対だったに違いない。奥羽越列藩同盟の事実上の指揮官は梶原平馬ら会津藩の参謀たちである。理想的な盟約や戦略を掲げたが、戦いに勝利しなければ、空文に等しい。白河の戦いは、あらゆる面で勝利しなければならない戦争だった。

そうした視点に立って考えれば、籠城戦で軍事総督を務める山川大蔵が最適であっただろう。山川大蔵を日光口から白河口総督に異動させ、歴戦の雄佐川官兵衛を副総督に付ければ、それで万事収まるはずであった。しかし、藩主容保には京都守護職大失敗の負い目があり、こうした人事になったのだろうが、梶原平馬はこの人事に強く反対すべきであった。

薩長軍の巧妙な戦略

五月一日卯の上刻（午前五時頃）、戦闘は始まった。白河城の前方には、中央に稲荷山、右に立石山、左に雷神山があり、同盟軍は山頂に砲台を築き守備していた。白坂町関門に敵襲来の報に、会津藩の一柳四郎左衛門を先鋒として突進、仙台藩の瀬上主膳がこれに続いた。

さらに、棚倉町桜町方面にも敵襲来の知らせが入り、会津藩の鈴木作右衛門、平田弾右衛門が迎撃することになった。瀬上主膳は正面本道に大砲を据え、砲撃すると、敵は左右の樹木を楯に激しく発砲してきた。仙台藩の大砲長、沼沢与三郎は大砲六門で防戦、敵を退却させたが、敵は退却したとみせて左右の樹林に身を隠し、前進した仙台、会津藩の同盟軍を挟み打ちにして横合いから乱射した。同盟軍の戦死者山となり、仙台、会津兵はたまらず後方に退いた。

参謀の坂本大炊、副参謀今村鷲之介は、白河城西の会津門通りから横に出て、本天神の前にある小山に駆け上った。すでに戦略要地はことごとく薩長軍に占領され、各地で多くの犠牲者を出していた。右翼の立石山には会津藩の日向茂太郎が二小隊、砲二門で守っていたが、峰伝いに狙撃兵が忍び寄り、一発の銃弾が隊長の日向茂太郎に命中した。日向茂太郎は悲痛な叫びを残して倒れ、会津藩部隊は混乱した。坂本大炊、今村鷲之介は、愕然として顔を見合わせた。

立石山に敵の烽火が上がった。会津、仙台兵は、驚いて立石山を見上げた。麓にいた仙台の瀬上主膳は自ら抜刀して、兵を率いて立石山の奪還に出撃した。しかし、頂上から激しく銃撃され、山を駆け上る仙台兵が、次々と朱に染まった。仙台、会津兵は薩摩銃隊の餌食になって、いたるところで眼を覆いたくなる多数の犠牲者を出していた。

小銃による接近戦の場合、物陰や樹木を楯にして散開しながら進まなければならない。にもかかわらず、後方からの大砲援護がないまま身を隠さずにがむしゃらに進む仙台、会津兵は冷静な判断を失っていた。

左翼の雷神山も苦戦に陥った。この周辺は会津藩二小隊と瀬上主膳の大隊の守備範囲である。頂上の同盟軍は意外に手薄で、薩長軍の狙撃兵から集中射撃を浴び、大混乱に陥った。敵の占領を知らせる黒煙の烽火がここにも上がった。敵は山頂に携臼砲を運び上げ、城内から飛びだしてくる同盟軍兵士を砲撃した。

「このざまは何だ」

坂本大炊は悲痛な叫びをあげて、体を小刻みに震わせたが、今村鷲之介も顔面蒼白である。坂本が腹から絞り出すような声をあげて、対岸から攻撃しようと、阿武隈川めがけて走った。

「行くぞ」

「危ないっ」

今村鷲之介の叫びは銃声にかき消され、坂本大炊は数人の従者を率いて川を渡り、敵の背後を衝こうと走った。坂本は参謀としての自分を見失って、無我夢中で走った。走らずにはいられない狂気に支配されていた。

坂本大炊が川を渡り終えた時、一発の銃弾が坂本の頭部を貫いた。坂本はもんどり打って倒れた。かすかに意識はあったが、すぐ混濁状態となった。坂本の従者が必死に戻り、今村鷲之介に伝えた。

今村鷲之介は単身、阿武隈川を越えた。不思議に銃弾が当たらなかった。坂本は血まみれになってかすかに息をしていた。今村は従者とともに坂本を担ぎ、田圃の中を匍匐《ほふく》し、川を渡って坂本の遺体を山麓に運んだ。仙台藩司令官坂本大炊の壮絶な戦死であった。坂本は藩内で薩長派と見られたことを悔んでいた。そのため死ぬ覚悟で出陣したに違いなかった。

棚倉口

この時、仙台藩大隊長佐藤宮内は棚倉口の金山にいた。薩長軍の激しい銃撃で持ち場を死守するのが精一杯だった。轟音の砲声が金山一体に響き渡り、敵城下に迫るとの知らせを聞き、必死で白河城に戻ろうとしたが、すでに薩長軍兵は城下に充満していた。

正午過ぎには城下町のあちこちに火の手があがり、白河城に薩長軍が迫り、

「無理は禁物です」

と指揮・目付の星陣内が引き止め、佐藤宮内は城に戻ることを断念した。大隊長の瀬上主膳と軍監姉歯武之進は、前後を敵兵に囲まれ、わずかな血路を開いて城に戻った。姉歯武之進はそのままばったりと倒れて動かない。全身に刀疵《かたなきず》があり、血が滲んでいる。

「姉歯、しっかりせい」

瀬上主膳が体をゆすって励ましたが、瀕死の重傷でほどなく絶命した。世良修蔵をひっとらえた熱血漢も白河の露と消えた。

「やむを得ぬ」

佐藤宮内は兵を率いて退却した。佐藤宮内の大隊は矢吹、須賀川に退却し、瀬上主膳は二本松まで後退した。瀬上主膳は十五人以上の家来を失い、佐藤宮内も五人の犠牲者を出した。二人とも言葉を失い、肩で息をしていた。

薩長軍の作戦については、大山柏の『補訂戊辰役戦史』(時事通信社)に詳しい記述がある。司令官の伊地知正治は綿密に白河の地形調査を行い、図面に書いて作戦を練った。伊地知が収集した情報を総合すると、「会津と仙台の連携は不十分で、機動力に欠ける」という結論に達した。そこで大胆に包囲作戦を進め、本道からの正面攻撃と見せかけ、左右から挟撃する作戦を立てた。この作戦に基いて攻撃隊を右翼、中央、左翼の三隊に分けた。

右翼隊　薩摩二番、四番二隊、携臼砲一門。棚倉口に向かい、敵を奇襲し、砲台のある雷神山を攻略する。占領した際はすぐ烽火をあげる。

中央隊　砲兵団(砲五門)を中心に、長州一小隊、大垣二小隊、忍一小隊で編制。敵を正面に誘いこむ。

左翼隊　薩摩五番と砲二門。長州一中隊と一小隊、大垣一中隊と火箭砲一門。敵右翼の拠点立石山堡塁を力攻、強襲。占領した際はすぐ烽火をあげる。

攻撃は時間差で行い、午前四時、最初に右翼隊が出動し、次いで左翼隊が午前六時、最後に中央隊が午前八時に白坂から出撃した。

この時間差攻撃は、敵の目を欺くために考え抜かれた作戦で、会津、仙台同盟軍には綿密な作戦はないと伊地知は考えていた。同盟軍は正面突破と見せかけた作戦に吊られて右翼隊に向かって突進した。次に左翼隊が出動したので、今度は、左翼方向に突進する。最後は中央隊だが、中央隊を遅く出す意味は、左右の兵を樹林の中にいち早く展開させ、敵を包み込むためだった。同盟軍は右左に翻弄され、最後は袋のネズミになってしまった。

薩長軍の右翼隊は、白坂の郷士大平八郎を道案内に採用し、地元民しか知らない丘陵の小径を縫って前進した。先頭は斥候兵とともに進んだ四番隊長の川村純義である。敵の哨兵に会うことなく、標高三百四十九メートルの合戦坂に近づくことに成功した。ここで初めて同盟軍の哨兵と遭遇したが、直ちに攻撃、撃破して、山を越え谷を渡って雷神山の峰続きにある敵陣地に突進した。

白河城周辺の地形は山あり谷あり、起伏にとんだ地形で攻める方には有利だった。会津、仙台軍の基本戦略は、新選組の山口次郎の提言のとおり、前方に兵を潜ませ、逆に待ち伏せ攻撃をかけることであった。稲荷山には山口次郎、今泉伝之助ら新選組と会津の一柳四郎左衛門と仙台軍の精鋭がいた。突然、前方の樹林に敵兵が現れ、大砲、小銃を乱射してきた。

山麓にいた会津軍の副総督横山主税が、自ら采配を振るい、兵を励ましながら稲荷山に登ろうとして銃弾を浴び、戦死した。激しい銃撃のために遺骸を収容できないまま、従者がやっと首を切断して退く有様だった。

会津兵は、我先にと稲荷山に登ろうとしたので、薩長軍の狙撃兵の餌食になり、山麓に五十余の死屍を遺したまま撃退された。そこかしこに携臼砲の砲弾が炸裂するので、同盟軍部隊は大混乱に陥った。さらに、桜町の関門も破られ、退路に火を放たれたので脱出もままならず、死体の山を築く一方であった。こうして白河城は完全に敵の手に落ち、死屍累々たる惨状を晒したのであった。

薩長軍は白河町内に残る同盟軍の兵士を掃蕩し、正午過ぎには白河城に乗り込み、本丸に高々と錦旗を立てて凱歌をあげた。

西郷頼母は馬を馳せて叱咤、兵を激励するも潰乱を止めることはできず、北に逃れ、滑川（岩瀬郡大屋村）で兵を集めたが、それはわずかに一、二小隊に過ぎなかった。薩長軍は七百、同盟軍は三倍の兵力を持ちながら惨敗し、奥羽越列藩同盟は緒戦で早くも腰くだけになった。

花は白河

戦史家大山柏は、『補訂戊辰役戦史』で、「本戦闘において官軍は各藩合わせても戦死十、負傷三十八に過ぎないが、会、仙軍では多大の死傷者を出している。会津兵は死三百余（白河会藩追悼碑）、仙台兵は死八十一、傷九（仙藩記）、棚倉兵は死十九、傷十六、旧幕兵の未詳を合計して見ると、死約四百、傷二十五となるが、負傷が少ないのが甚だ疑わしい」と記述している。

薩長軍の記録には、敵屍七百十二（伊地知日記）、七百八十余（戊己征戦）、六百八十（東山道戦記）という数字があった。伊地知らは「花は白河」と緒戦の勝利に酔いしれた。

白河本町の庄屋、川瀬才一は、『戊辰白河口戦争記』（鈴木完一編・戊辰白河口戦争記復刻刊行会発行）にこう記した。この記録は川瀬才一が明治三年（一八七〇）八月二十七日に白河県へ戊辰戦争の戦況を報告した記録である。川瀬は弾丸雨飛の中を走り回って見聞した。

五月朔日《ついたち》卯の上刻、官軍勢五百人、九番町木戸外まで宵《よい》の間に潜み、彼所に潜みかくれ、夜の明を待ちて打出てたる砲聲の烈しさ人目を驚かす。

此度は東京口・米村口・原方口・棚倉口を官軍方は四方より討入候故、会藩の手配案に相違し大に周章し、棚倉口の固《かため》、第一に破れ候故、挟撃ならんと心付候哉、桜町・向寺町に放火して引退く有様、東西に廃れ、南北に走る其の混乱蜘蛛《くも》の子を散らすが如し。

東京口・米村口・原方口一度に破られ、人数引上げの時、登町に放火す。このごとく四方共に破れ惣崩ごなり候故、其の日の死亡六百八十三人。

このなかに注目すべきことの第一は、宵の間に官軍が木戸の外まで進んでいたことである。会津、仙台軍はこれに気付かずにいたとすれば大失態である。佐藤宮内も予想していたとはいえ、対応できなかった。とにかく前方に兵を展開させない限り、勝ち目はなかった。薩長軍兵士が五百人というのは少ないように思うが、五百人全員が後装銃を保持した場合、ひとりで二人倒せば、同盟軍は壊滅状態になる。同盟軍が最新式の武器さえ持てば最強軍団だったに違いない。

白河民衆の伝聞

白河鍛冶町　小黒萬吉

五月朔日の戦の日、八龍神に水車屋を業としていた亀屋桝吉の妻が分娩後五日なので、八能神の土橋下に避難していた。通り掛った西軍の士、赤児に勝軍太郎と名つけて、曰く、官軍は町人や婦人には手は掛けぬ安心せよと。今に伝へて美談としている。

白河年貢町　石倉サダ

媼は当時十六歳。五月朔日、官軍は九番町、桜町方面から攻めてきた。会津様は敗れて血まみれになって町に逃げ込んだ。町の人達は老を扶け、幼を負うて皆横町から向寺道を逃げた。そのさまは大川の水が流れるようであった。うしろを振り向く暇などあったものでない。蹟くものなら倒れる。その狼狽《ろうばい》さは何と言って良いか、譬《たとえ》ようがなかった。今でも思い出すとゾットする。私達は向寺から根田・本沼を通って船田村の芳賀の親戚に身を託した。

白河二番町　後藤みよ

私が二十四歳の年だった。閏四月二十日に二本松様が白河城を守っていた所に、会津様が道場小路から攻め入った。小峯寺の住職が鐘を撞《つ》いたので会津様に狙いうちされた。二本松様は根田の方に退いて、会津様が白河城に入った。五月朔日には子供二人を連れて内松村の叔母の所に避難した。五月朔日の戦争の跡を見ようと白河に来た時、九番町のところで大男の屍が路傍に横たわっているのを見たが、残酷なものだった。内松を引き上げて白河に帰って来たのは、七月末頃と覚えている。五月朔日の日はジクジクと雨の降る日だった。

白河町　熊本藤三郎

私が二十一歳の年が戦争の年だ。白河城は明城で、仙台様は町固め、平様は市中廻り、三春様は木戸見張りの役であった。四月二十日に会津様が道場町から入って城を取った。四月二十五日、西軍と東軍の最初の戦で西軍が敗れた。四月二十七日には戦はない。五月朔日には大戦争があった。私は四月二十九日に棚倉に買物に行き、留守をなし、その帰りは五月朔日、金屋町法雲寺の住職と上野出島で出会った。住職曰く、「大戦争である。白河に帰ってはならぬ」と。そこで私は桜岡の英助の家に行き、翌五月二日に帰った。二日には勝負が決し、穏やかであった。

西白河郡西郷村村大字米　小針利七

戦争の年は十五歳であったが、よく戦争はわかっている。五月朔日、米村に戦があった。当時、米村は四十戸であった。皆、会津様の宿をした。四百人からの屯所であった。私の家には十人も泊っていた。米村は会津贔屓《ひいき》であって何とかして会津様を勝たせたいと祈ったものだ。官軍は下新田の観音様附近に大砲二門を据えてドーン、ドーンとうった。会津様は立石に陣を取った。いよいよ米村の会津様が出発する。日向大将は陣羽織を着て、中山に官軍を激撃せんと指揮したが、官軍に狙撃されて死し、ために会兵の士気衰え、米村の南の田や堀を越えて米部落に引き上げた。この戦に会兵の一人が米村の南で弾丸で腹を貫かれて斃れた。天保銭十三枚所持していた。仙台様は堀川の西南、古天神を守ったが破られて金勝寺に退いた。立石稲荷の前では会兵が十三人討死した。この日に生捕になった東軍は、翌日に白河の新蔵の土橋や圓明寺の土橋の所で斬られ、胴も頭も谷津田川に捨てられた。今圓明寺の橋の袖にある南無阿弥陀仏の碑は、この供養のために後人の建てたものである。

白河七番町　青木やす

私は十三歳。戦争となると馬に乗せられて、小田川村の芳賀須知《はがすち》の親の里に避難した。毎日親が迎に来るのを待っていた。十五日もたって白河に戻ると、また戦争となり、此度は黒川の親戚に行った。芳賀須知では他所からも避難者が集まって各戸人がいっぱいだった。戦争というのは本当にオッカネアものであった。白河に帰って見ると家は官軍様に占領されていて、私達は板小屋で寝起きした。官軍様は服を着ていた。七番町の錠屋では炊き出しをした。

白河町七番町　柳沼巳之吉

私は十二歳。親は家に居たが、婦人や子供は在の方へ移った。武士は農夫には構わなかった。大平八郎が案内しなければ白河は破れなかった。大平の案内で桜町が破れ、それで九番町口も破れた。会津様が大平八郎を怨むのもわけがあることである。（戦後、旧会津藩士が下北から白河に来て大平を暗殺、自分も自決した）

白河町桜町　渡部泰次郎

五月朔日の戦に東軍の士で十六、七歳の者六人生捕となって桜町の街上に至ると、首を取るから首を差し伸べよとなった。六人の者、いずれも覚悟して西に向かって手をあわせ立派に斬首されたという。その遺骸は町の人が、寺小路の榎の下に葬った。

第九章
岩倉具視の策謀

秘密文書露見

薩長軍の最高指導者は公家の岩倉具視である。岩倉具視を中心に西郷隆盛、木戸孝允が薩長軍の中枢にあった。白河戦争の勝利で、岩倉らは戊辰戦争の勝利を確信した。もし仙台、会津藩の列藩同盟軍が勝利した場合、仙台、会津の結束は強まり、薩長軍の絶対優勢ではなくなる。

白河戦争の勝利は、仙台藩に列藩同盟への疑心暗鬼《ぎしんあんき》を呼び覚まし、会津藩を孤立させる結果を招いた。薩長軍は白河城内から多数の文書を押収し、公家の三条実美《さんじょうさねとみ》に報告した。

文書は会津藩と仙台藩との往復文書、七ヶ宿会議の模様、列藩同盟の議事録等である。白河城に入った会津藩総督西郷頼母は、文書の重要性を認識できず、放置したまま命からがら逃げ延びた。三条実美はこれらの文書を見て、一抹の不安を覚えた。薩長軍は白河戦争に勝利したが、重大な問題を抱えていた。それは九条道孝総督の仙台藩の処遇であった。

三条実美は、もし自分が列藩同盟軍の立場だったら、九条道孝総督を拉致監禁して、取引をするであろうと考えた。しかしそれらしい文書は一切なく、仙台藩は九条総督が持つ意味に気付いていない。それは押収した文書から読めた。

三条実美は岩倉具視に手紙を書いた。

奥羽の形勢も一変、仙台も全く会賊に同意相違無之候。即白河城にて分捕中、帳面有之、此中に仙台会賊往来の次第有之、仙台藩は兵力も弱くして大義名分にも暗き処より不得止会賊の勢いに属し候事と察し候。九条総督も無事の由には候得共、甚《はなはだ》不容易情態に之有候

（『岩倉公実記』）

岩倉具視の身が危ないというのである。九条道孝が仙台藩に軟禁されれば、形勢逆転の可能性があった。仙台藩の言い分をすべて聞かなければならなくなる。世良修蔵の命と引き換えに、仙台藩を戦争に引きずり込んだまではよかったが、それがまったく無駄になる。岩倉は、「はやく手を打たねば」と深慮遠謀した。

三条実美は、天保八年（一八三七）、三条実万の三男として生まれ、安政の大獄で処分され父と同じく尊皇攘夷派の公家として政治運動に身を投じた。国事御用掛として、長州藩と密接な関係を持ち、八月十八日の政変による七卿の都落ちで京都を追われ、長州藩に匿われた後、太宰府で、三年の幽閉生活を送った。この間、薩摩の西郷や長州藩の高杉晋作、土佐の坂本龍馬らとつき合い、人脈を広げた。

岩倉具視も危ない橋を渡るように浮沈の激しい日々を過ごしてきた。倒幕・尊攘派でありながら公武合体のため、和宮《かずのみや》親子内親王《ちかこないしんのう》の降嫁を進め、四奸と言われた時期もあったが、一転して討幕に転じ、孝明天皇の暗殺をはじめ、錦旗の捏造などあらゆる奸策を弄して王政復古のクーデターを断行し、幕府、会津藩を京都から追放した。岩倉具視にとって三条実美は、悪事を通して気心を通じ合える男

であった。

作家の永井路子の小説『岩倉具視』の冒頭、長州藩士品川弥二郎を登場させて、岩倉を紹介している。

公家と呼ぶにはあまりにもふてぶてしい面構え。刺すような眼光。一癖も二癖もありげだが、いかにも貧相な小男で、人柄がせせこましい。公家政府から追放されて五年、困窮の生活が続いているとはいえ、「お公家さま」ふうの品格が全くないのだ。

が、矮軀《わいく》の男はよく喋った。それも、世間話、雑談は一切含まない。奔流に似た弁舌は国家改革案を語りだすと止まらなかった。理路整然、しかも計画実行のための具体案の綿密さ、聞いているうちに品川はその深謀遠慮に敬服したという。もっともこれは明治になって、二人とも勝利者側に立ってからの品川の回想録にあることなので、そのまま鵜呑みにはできない。

岩倉という男、どこから見ても二面性のある人物だった。

姦物岩倉具視

晩年、岩倉具視は明治の元勲と言われたが、姦物、姦雄との評価も高かった。姦物の所以《ゆえん》は、反幕府とおもいきや一転、和宮降嫁《こうか》を実現させたからである。岩倉は政治行動において複雑なものを持っており、歴史家大久保利謙が、「元勲というのはどういう意味の元勲なのか。またなぜ姦物なのか、どういう姦物なのか、これらは岩倉を論ずる場合によく検討を要する問題である」（『岩倉具視』中公新書）と言っている。

尊王攘夷を抑えるため老中安藤信正は、十四代将軍・徳川家茂《いえもち》の正室として、孝明天皇の妹・和宮を迎えることにした。幕府と朝廷が一体化することで難局を乗り切ろうとしたのである。尊攘派の公家は大反対だったが、これを押し切ったのが岩倉である。岩倉は宮廷工作のためと称して、老中安藤信正からは多額の資金を出させ、これを公家たちにばらまいて反対を封じ込めたのである。

奥羽鎮撫使が京都を進発してからもう四か月になろうとしているのに、岩倉のもとに九条道孝からは一向に連絡がない。仙台藩と会津藩が画策し、反薩長軍に転じ、薩摩や長州の参謀と兵隊は皆殺されてしまったという噂すらあった。仙台藩がその気になれば可能だったかもしれない。

新たな刺客の派遣

さすがの岩倉具視も疑心暗鬼になり、佐賀藩士前山清一郎に佐賀、小倉の藩兵四百三十余人をつけて横浜から仙台へ向かわせたが、薩長ではなく佐賀藩士を選んだのは、岩倉の深慮遠謀である。佐賀と聞くと相手は手荒にはできない。前山清一郎を細かく指導をしたのは大村益次郎である。

大村益次郎は前山に、「仙台藩は危ない。秋田藩は国学者平田篤胤《あつたね》の生地で勤王心の厚い土地柄なので、秋田に向かい、ここを奥羽平定の地点とするように」と指示していた。前山は世良修蔵に続く新たな刺客だった。

東北戊辰戦争では、大村は江戸にいたが、作戦だけでなく食糧、弾薬の補給まで全般を仕切った。白河戦争では現場の部隊から日々弾薬の補給を求められたが、一発一発、狙いを定めて撃てば絶対に勝てると補給は厳しかった。大村は合理的な人物で、無駄をさせなかった。

前山清一郎が仙台に入ったのは、閏四月二十八日である。九条道孝総督はじめ奥羽鎮撫総督一行の動向が気になっていた。京都では、奥羽鎮撫総督一行はすでに殺害されたという噂もあっただけに心配だったが、そんなことはなかった。

前山は早速、情報収集を始めたが、九条道孝総督は事実上、軟禁状態にあると見て間違いなかった。仙台藩が九条道孝を逮捕し、「会津寛典を認めなければ、九条総督とて容赦はしない」となれば、岩倉、西郷、木戸らが顔を見合わせて困惑し、頭を抱えるに違いなかった。公家衆も大騒ぎになり、「会津を寛典にいたせ」と言い出すに決まっている。

そうなれば薩長軍は骨抜きになりかねない。会津の寛典も認めざるを得なくなる。とにかくここは九条総督を奪還し、後顧の憂いをなくして白河から会津に攻め入り、会津藩を滅ぼせば、仙台藩も自壊するというのが大村の判断であった。

攻撃目標の主はあくまで会津藩であり、仙台藩は従である。九条総督のいない仙台藩はたちまち腰砕けとなり降伏するであろう。岩倉も大村もそう見ていた。

奥羽越列藩同盟の瓦解

前山清一郎が見た仙台藩の情勢は深刻だった。九条総督が、仙台に囚われの身である限り、薩長軍の命運は、仙台藩に握られているといっても過言ではなかった。沢副総督と下参謀の薩摩藩士大山格之助以下薩摩兵は山形に向かっていたが、米沢藩がその気になれば監禁されてしまう。すべからく仙台藩の意向次第で、白河戦争の大勝など吹き飛んでしまうことは必定であった。

こうなった以上、仙台藩主の前で九条総督を叱責し、京都に帰って和平交渉をまとめると、仙台藩主を騙し、連れ出すしかないと決断した。仙台藩主伊達慶邦は好人物だというので、うまく引っかかるかもしれないと腹を固めた。

前山清一郎は、文政六年（一八二三）、佐賀郡古賀村に生まれた。藩校弘道館で学んだあと、江戸の昌平黌で学び、中央の空気も吸った。佐賀に戻り、弘道館の教授補になり、慶応二年（一八六六）には藩の兵制改革により備えられた遊兵隊八百人の指揮官となった。世禄四百五十石、学問、武芸に富んだ佐賀藩きっての鋭敏な男であった。戊辰戦争が勃発すると、大総督府応援参謀に任命され、九条道孝の救出を命ぜられて乗り込んで来たのである。

前山は東名浜で十日間、足止めを食い、五月に入ってようやく仙台藩から呼び出しがあった。ひと芝居を打たなければ命がない。前山は九条総督に使者を遣わし芝居の中身を伝えた。五月二日、養賢堂で会談が行われ、但木土佐以下の仙台藩要人がずらりと居並ぶ前で、前山は九条総督を叱責した。

「いたずらに日時を費やすのみで、今もって何ら鎮撫の実が上がらないのは、ひとえに総督が非力だからである。この上は、京へ帰って朝廷にその罪を謝し、決裁を仰ぐべきである」

前山の居丈高《いたけだか》な叱責に、但木土佐は驚き、参謀クラスの権限の強さに目を見張った。小倉藩の隊長鍋島孫六郎も胸を張って隣にいた。

「まことに申し訳ない」

九条道孝も深々と頭を下げた。これがまさか芝居とは仙台藩の面々は気付くはずもない。公家は芝居がうまい、田舎大名を騙すなどお手のものである。但木土佐はすっかり九条総督に同情した。但木土佐は、世良修蔵に比べれば前山はそれなりの人物のように見える、と完全に騙された。九条道孝も迫真の演技である。京都に戻ったならば仙台藩のために大いに尽力すると語ると、前山は薩長の横暴を語り、佐賀藩が仙台に協力するとにおわせ、佐賀藩が奥羽越列藩同盟の味方となり、会津戦争の停戦を図り、討薩に動くとさえ断言した。そんなことは絶対にあり得ないことだった。

仙台藩の重臣は、厄介者の九条総督が京へ帰ると聞いて内心ほくそ笑み、但木土佐は、

「それならば、江戸まで藩船でお送り申しましょう」

と進言したが、前山は、

「しかし副総督の沢卿ともども帰京しなければ、なおさら朝廷の疑惑を深める恐れがある」

と遮り、南部領から秋田藩への脱出を仙台藩首脳に認めさせた。

これが決め手となり、九条総督一行は、秋田藩へと生き延びてしまい、奥羽越列藩同盟は瓦解し、東北は戦乱に明け暮れることになる。

判断が甘い仙台藩

仙台藩はなぜ前山清一郎の計略に乗せられてしまったのか。

「二本松藩記」に注目すべき記述がある。五月十五日、奥羽諸藩の代表者が仙台会議所に集会した時のことである。坂英力と但木土佐が九条総督の転陣について説明し、列席諸藩の了承を求めた。

「なぜそのようなことをするのか。大事な人質ではないか」

奥羽諸藩は総督転陣に反対した。これに対し但木は、

「肥前の大守鍋島閑叟侯は英雄豪傑で知られる方である。その君を見てその臣を知る。肥前の隊長が人を欺くことはありえない」

と述べた。

各藩は「信用できるものか」と疑心暗鬼だったが、盟主仙台藩の言い分である。皆押し黙った。

出発に先立って仙台藩は城中で、送別の宴まで催し、一行は五月十八日に仙台を発った。これは但木土佐の大失敗だった。

九条道孝の逃避行

九条総督一行は五月十八日、仙台藩主伊達慶邦に挨拶し肥前、小倉、仙台藩兵千五百余人に守られ盛岡へ向かった。前山は笑いを噛み殺し、先頭に立っただろう。

五月二十七日、仙台藩兵は国境でお役御免となった。仙台藩は何の疑いもなく、京都で仙台藩に手渡された大切な紅地菊章の旗、錦の袖印などを返納し、手放してしまった。

国境を越えて前山は大きく息を吸い安堵し、九条総督にも笑顔が浮かんだ。しかし南部藩も列藩同盟の一員である。油断はできない。皆、顔を引き締め、頷き合った。

六月三日、一行は盛岡に到着した。九条総督は着くなり、藩主南部利剛に、

「この地に沢副総督を迎えたい」

と、告げた。沢と落ち合って、直ちに南部藩に会津討伐を命ずる魂胆である。藩主は承諾するつもりだったが、九条、前山らの手の内を見透かしている重臣たちは、

「沢卿の入国は認めるが、随従の薩長兵はお断りする」

と、薩長軍の入城を断った。この時の様子を参謀醍醐忠敬は日記にこう書いていた。

南部地に至り、益々僻遠、言語通ぜず、頑愚極りなし。然れども賊地を去るを以て、少しく心を慰んず。南部氏陽に勤王を唱うると雖も、もとより同盟の者、心底知るかべらず。

殺されるかもしれないと、醍醐忠敬は怯えていた。

ところが、この後間もなく、秋田藩（正式には久保田藩、秋田藩は明治以降の名称）が九条総督一行を迎え入れることになる。奉迎を望む声が勤王派の他にも昂まり、藩庁でもついに踏み切った。かくして六月十三日、九条総督一行は迎えの秋田藩士に先導されて盛岡を出発した。

参謀醍醐忠敬の先遣隊が二十三日、総督九条の本隊が翌二十四日に生保内《おぼない》口から秋田領に入って、七月一日、城下に到着した。この日、沢副総督の一行も能代から秋田に着いた。

三人の公卿は、藩校明徳館で久々に再会を果たした。その時の模様を『秋田戊辰勤王史談』は、次のように伝えている。「三卿、互いに顔を見合わせて無量の感慨にしばし声も出ず、かたみに袖の露をこぼしぬ」と記している。宮廷社会の魑魅魍魎《ちみもうりょう》が跋扈する空気に育った公卿連中とはいえ、じっと顔を見合わせるばかりで、しばしの間、声も出せず、袍の袖にぽたりぽたりと涙をこぼして見つめ合った。

仙台藩で別れて以来四カ月余り、わずかばかりの南国兵に守られて、地理も人情も通じぬ奥羽の山河を越えて来たときの、旅の苦しさ、辛さ、心細さが余程骨身に堪えていたのであろう。

秋田藩に落ち着いた一行は七月に入って、それぞれに慰労金が手渡された。九条総督に七百両、沢副総督に五百両、醍醐参謀に三百両、下参謀に二百両、薩摩筑前藩兵七百両、肥前小倉藩兵に二千七百両の賜金があった。さすがに薩長軍であった。（『仙台戊辰物語』）

再会の興奮が収まると、九条総督は、秋田藩主佐竹義堯に面会し、庄内藩征討の先鋒を命じた。一方、仙台藩志茂又左衛門らも直ちに秋田藩の首脳に対し、列藩同盟の盟律にしたがって総督府三卿（九条総督、沢副総督、醍醐参謀）の身柄を同盟に引き渡し、随従する将兵を領外に追放するよう要求した。藩内に動揺が走った。

桂太郎の秋田藩懐柔策

九条総督を迎えた秋田藩は、次第に反同盟の色彩を強め、薩長派が藩内の主力を占め始めた。そこには鎮撫総督府下参謀、薩摩の大山格之助と九条総督の警護を命ぜられて仙台入りした長州藩第四大隊二番隊司令桂太郎の強い働きかけがあった。

桂は庄内藩征討を命じられ、沢副総督とともに天童藩の用人吉田大八の先導で、天童から新庄に入り、最上川を船で下り、庄内藩の清川地方に布陣した庄内兵と戦闘に入ったが敗れた。天童藩も列藩同盟に加わったため後ろ盾を失った沢副総督と桂は兵を率いて大舘、能代を転々と彷徨った。

桂は殺されるかもしれないと危機意識をもって、最後は蝦夷地に逃れることまで考えていた。しかし、九条総督からは、やっと秋田藩にたどり着き、命拾いをしたので、是が非でも秋田藩を籠絡させ、奥羽鎮撫総督府の拠点をつくるために政治工作を開始するように命令された。桂が狙いをつけたのは、若手が結集する雷風義塾である。しかし、こうした動きはすぐ漏れるものだ。

第十章
仙台藩大失敗・秋田藩離脱

工作開始

この時期になってはじめて仙台藩が騒ぎ出した。

「九条総督は大事な玉ではないのか、なぜ秋田に送り出したのか」

但木土佐は、初めて前山清一郎と九条道孝に騙されたことに気付いた。世良の誅殺以来、面倒なものは仙台藩から追い出したい、その一念で九条総督一行も追い出してしまった。言われてみれば、九条総督こそ仙台が抱える玉だった。これで孤立無援になったと、但木土佐は慌てた。

「仙台に戻すべし」

但木土佐は、急遽、正使志茂又左衛門、副使内ケ崎順治ら十一人を秋田藩に派遣した。後で考えれば、数百人規模の警護兵を付けるべきだった。秋田藩には薩長軍の兵士もいる。何が起こるかわからない。警戒感が必要だった。奥羽鎮撫使総督九条道孝と副総督沢為量が秋田城下で合流し、藩校明徳館をもって庄内藩討伐の本営と決めたその日に、仙台藩使節志茂又左衛門の一行も城下に入った。そして城下茶町扇ノ丁の旅宿仙北屋と幸野屋に宿を取った。

「拒否すれば重大な統制違反である。当藩は直ちに秋田に攻め入る」

志茂又左衛門は、秋田藩家老岡本又太郎に厳重な抗議を申し入れた。これを受けて城中では重役会議が開かれた。

「総督府を奉じて庄内を討つべし」

といえば、

「同盟の信義はどうされるのか」

と反論する者もいる。

（吉田昭治著『秋田の維新史』）

評定奉行自殺

秋田藩の重役会議は甲論《こうろん》乙駁《おつばく》で、二日経っても結論は出ない。これに腹をたてたのか、評定奉行の鈴木吉左衛門が自害した。鈴木はひどい吃音《どもり》で、焦ると一層喋れなくなる激情型の人である。

結論が出ないのは自分のせいだと早合点し、割腹してしまった。そうなっても結論は出ないことに業を煮やした若手が動き出した。秋田藩に入った志茂又左衛門は、秋田藩用人根岸靱負に会って、奥羽越列藩同盟の盟約に従って速やかに九条、沢、醍醐の三卿を米沢藩に引き渡し、随従の薩長兵を討伐するよう要求、秋田藩にそれができなければ仙台藩で行う旨を伝え、秋田藩が奥羽鎮撫使に与《くみ》して庄内藩と戦うつもりならば、

「即刻、列藩挙げて誅伐を加える」

と厳しく攻め立てた。

「事は急を告げている。直接藩公に謁して真意を確かめたい」

志茂は叫んだ。

もはや一刻の猶予もない。志茂も必死だった。絶対に後に引けないという決意が表情に、はっきりと現れていた。問題は、志茂が率いる兵が無きに等しいことだった。但木をはじめ仙台藩のすべてに危機意識が足りなかった。

内官と外官の対立

志茂又左衛門の表情を読み取った根岸は、急ぎ登城すると、藩主に志茂の言葉をそのまま伝えるとともに、

「何もかも、寸刻を争って決断なさらなければなりませぬ」

と言上した。

藩主は自身では決めかねて、重役たちに早々に結論を出すよう命じた。

これを受けて城中では直ちに再び重役会議が開かれた。会議は内官、外官の二つに分れて行われた。

内官とは、日常君側にあって藩主の諮問に応えたり、その身のまわりの世話をする人々で、執政、用人、鷹番、納戸役で、外官とは、行政部門の重任者で、郡奉行、町奉行、勘定奉行、財用奉行など、いわゆる奉行職の人々である。どちらが上かと言えば、内官が一段上である。

会議は七月一日の夕刻近くから始まった。外官の中には勤王論者が少なくない。三日の朝になって、ようやく勤王参戦の結論が出た。そこで、執政の一人で外官総括の小野岡右衛門がその結論を藩主に

上申しようとした。

ところが徳川家二百数十年の恩を捨てるは義でなく、また列藩同盟の盟約を破るは智でもない。いやしくも国家の重大事は軽々しく断ずるべきでない。もう一度協議されたいという意見が再び持ち上がり、これに執政の戸村十太夫が同調、小野岡はどうすることもできない。やむなく会議場に戻ってその旨を伝えると、外官一同が激昂し、

「この上は内官、外官同席して正邪を論決すべきである」と叫び、しびれを切らした若者の一部は、

「こっちから出て行って決着をつけてやる」と、刀架から刀を取ると、今にも抜刀し切り伏せる勢いで、用人部屋へ押しかけようとする騒ぎになった。

近くにいた人々が寄ってたかって刀をもぎ取り、羽交い締めにするなどで取り鎮めたが、重役達が城中でこうした評定を繰り返している間に、城下でも大混乱が起こっていた。

雷風義塾

七月三日の夕暮れ時、小野岡右衛門邸を突如として百人の集団が取り巻いた。態度をはっきりさせない藩重役達に業を煮やした若手が動き出した。三十人ほどの若手が重役会議にしびれをきらし、重臣の小野岡右衛門邸に押しかけた。

吉川忠安、須田盛貞、荒川秀種、小野崎通亮らに率いられた砲術所、雷風義塾の若者たちである。藩士の次、三男で無禄の集団である。前途に光明もなく、秋田藩政は重臣が牛耳っていて自分たちには未来がない以上、何らかの打開策が必要であったが、そのようなものは見あたらなかった。

小野岡は不在だったので、若者たちは同じ重臣の石塚源一郎邸に向かった。そこに小野岡もいた。二人は若者たちに取り囲まれた。

「列藩同盟を離脱して庄内を攻撃せよ」と若者たちが叫んだ。

「それは帝の声だ。我らは官軍だ」

彼らは奥羽鎮撫総督府の下参謀大山格之助と長州の桂太郎に洗脳され、気がふれんばかりの興奮状態だった。手に建白書を持ち、

「主君に取り次げ」と迫った。

小野岡は若者にぐいぐい押された。この若者たちの後ろに九条総督、下参謀大山格之助、長州の桂太郎がついている。小野岡もかつて平田篤胤に師事したことがある。大村益次郎が佐賀藩士前山清一郎に示唆したように、背後の彼らが談判の相手に小野岡を選んだのかも知れなかった。小野岡は小肥りで「団子」という渾名がある人の好い人物である。

小野岡の脳裏には奥羽越列藩同盟結成のおり、主君から、

「秋田藩のみが加わらないでは、このあと何かと不都合なことにもなるから、衆議に同意せよ」という訓令を得て調印に加わったのだ。

しかも、その訓令は小野岡を含む五家老の署名になるものだった。このため小野岡も滅多なことは言えず、

「おのおの方の気持ちは分かるが、今少し時期を待つべきであろう」と、なだめにかかったが、若者たちは収まらない。それどころか、刀の柄に手にかけて詰め寄る者もいる。こうした熱気に押されて、小野岡はやむなく建白書の取次を承諾した。

「夜中では藩公様《おやかた》に恐れ多い」と主君に会う時間を朝まで引き延ばそうと考えた。しかし若者たちはこれを拒否し、

「もはや一刻の猶予もなりません。即刻ご登城願います」と叫ぶ。

その声に押しまくられ、小野岡もついに異例の深夜登城を決意して、直ちに仕度にとりかかり、慌ただしく城に向かった。時に、丑三時《うしみつ》（午前二時）だった。もちろん藩主佐竹義堯は就眠中だった。

「まことに恐れ多いことでございますが」と、小野岡は主君義堯を起こし、壮士連の庄内藩討ち入り建白書を取り次ぐとともに、事態の切迫していることを説明して決断を求めた。

ここに至って藩主もようやく意を決し、近習の者に筆墨を整えさせると、

「一同天朝の御為猶又《なおまた》当家の為と存じ奉り申し出で候趣神妙の至り、頼もしく満悦致し候に付き、今五ツ時（午前八時）御三卿に罷り出で御先鋒相願い、早速出兵申し付けるべく候」

という直書を認め、それを小野岡に持ち帰らせた後、夜の明けるのを待って自ら藩校明徳館に出向き、九条総督に庄内藩討伐先鋒令の拝受を上申した。これで秋田藩の進むべき道は決まったとはいえ、それは藩主自らの勇断によるものでもなければ、正規の手順を踏んで決められたものでもない。まして、藩士達の総意がそうさせたのでもない。

秋田藩主佐竹義堯が薩長軍の大山格之助、長州の桂太郎に唆《そそのか》された一部若者たちの強談、脅迫に屈することで、ようやく選び得た戦さへの道だった。

当然のことながら、このことが藩中にさまざまな悲劇を生み、庄内藩征討戦後の藩政を混乱に陥れた。

仙台藩使節暗殺を命令

九条総督一行にとって秋田藩の決定は欣喜雀躍《きんきじゃくやく》、胸を撫でおろす痛快事だった。雷風義塾教授の豊間源之進は藩校明徳館に向い、沢為量副総督と大山参謀に相談を持ち掛けた。すると沢は、

「反対派は今夜、直ちに殺戮すべし」と命じたが、夕方近くになると、雷風義塾に薩摩の長尾清左衛門がやってきて、長州の桂太郎の意向であるとして、

「君側《くんそく》の奸を除くのは悪いことではないが、最上の策にはあらず。斬奸の後、諸君が自首して出た時、藩公がどう出るか。諸君は犯罪者として処分されるかもしれない。子孫の復讐に遇うかも知れぬ」と伝え、

「むしろ仙台藩の使者を斬って国論を一定させる事が肝要」と唆したが、それは命令だった。若者たちは、目をぎょろつかせて顔を見合わせた。一人豊間源之進が、

「たとえ戦国の世といえども、使者を斬るは義に反する」と反対したが、薩摩の長尾清左衛門が、

「あいつらは使者でない。わが総督府の御三卿や尊藩の君公の生命をつけ狙う刺客でごわす。城下に放火してひと騒動おこす密計のあることも発覚した。見のがしておいたのでは、あとできっと臍を噛むことになりもすぞ」と言った。

「斬れば官軍になれる。そちたちになんら責任はない。新政府はそちたちを表彰することになる」と、薩摩の長尾清左衛門が言うと、雷風義塾の面々は、

「やるしかない」と決断した。

わずか十人そこらの仙台藩の使節が放火するなどあり得ぬ話である。しかし奥羽鎮撫総督府幹部の命令である。雷風義塾の面々は夢遊病者のように仙台藩使節の暗殺に向かって走り出した。

一行は城に向かい、小野岡に決行の覚悟を伝えた。

「そのようなことは許されぬ」

小野岡は顔色を変えた。

「何を言うか、これは奥羽鎮撫総督府の命令であるぞ。聞けぬとあれば、小野岡殿を誅殺することなど容易いことだ」と皆で脅した。今にも抜刀せんとする勢いである。

「藩公様に申しあげる」と、小野岡はそう言って姿を消した。どのくらい時間が経ったのか判然としないが、姿を現した小野岡は、

「有志の意に委かせるむねの内命を得た」と苦しげな様子で語った。皆が、

「決行だ」と、喚き声をあげた。

七月四日朝、奥羽越列藩同盟の会議に出席し、参加を表明した戸村十太夫は雷風義塾の暴発を止めさせようと藩校に向かい、大山格之助に談判し、仙台藩使節の襲撃を即刻止めてもらいたいと申し入れた。

「密かに聞いたところ薩長軍の面々は仙台藩の使者をどうにかなさると聞き及んだ。合戦中も使者の往来がある。それが古来からの慣わしである。まだ戦争にならぬうちに使者を城下近くで殺されては、主君も面目が立たない。差し止めいただきたい」

不快そうに聞いていた大山格之助は、

「それは、あずかり知らぬことだ。大方、宿の者どもが狼狽して騒いでおるのだろう」と関わりを

否定した。

「いや参謀はご存知のはずでござる。困るので止めていただきたい」

戸村十太夫はさらにねじ込んだ。藩主佐竹義堯が本気であれば、仙台藩の使者を秋田城に移す手もあったろうが、そこまでの手だては取らなかった。薩長軍のやることである。武士の義も何もなく権力を弄ぶ輩に手出しはできないと考えたのかもしれなかった。

ためらう決起隊

仙台藩使節志茂又左衛門の一行の宿を急襲すれば、旅館は血潮で染まることになる。豊間源之進が、仙台藩使節の宿泊先、旅宿幸野屋と隣の仙北屋から一行を連れ出し、路上で襲撃することとし、決行は未時（午後二時）と決まった。

決起隊の面々は、砲術所で刀の釘を調べたり、卵の殻に唐辛子の粉や灰を詰めたり、草履を点検したりした。しかし、決起時刻を過ぎても何の連絡もない。ついにしびれを切らした秋田遊撃隊の遠山規方《のりまさ》や富岡虎之助らが、様子を覗いに砲術所を出たのは、申時（午後三時）近くだった。二丁目小路から茶町に差しかかった時、豊間源之進が急ぎ足で来るのに出会った。

「どうしたのか」と聞くと豊間は、

「何のために来たんだ」と不機嫌な表情である。

「約束の時刻がすでに過ぎているではないか。だから貴兄を訪ねるために出て来たのだ」

「何の約束だ。そのようなものはない。不都合なり、速やかに引き返せ」とすごい剣幕だった。遊

撃隊の遠山が、

「約束の時刻は我々同志の者、皆能く記憶している。間違いなどない」と、その理不尽な言動を詰《なじ》ると、豊間はたちまち返答に詰まり、髪は逆立ち目を怒らせ、今にも斬りかかろうとする勢いだった。お互い無言で睨み合いとなり、そのうち豊間が背を向けて走り去った。遠山と豊間の妻は従姉弟同士、しかも豊間は年齢が十四歳も上で、遠山にとっては同志であるとともに少年時代から尊敬してきた義兄である。それがいま、相手の出方次第で斬り捨てるつもりになっていたのである。

「何か佐幕派の妨げを受け、怒っていたのではないか」と遠山が言った。

遠山ら血気の若者たちは何の疑いを抱くこともなく、ひたすらこれが国家（秋田藩）のためと信じ切って襲撃に参加したが、豊間のような年配になると、さすがに年相応の分別が働き、やはり使者を殺めることへの後ろめたさが先に立って、それが決行に二の足を踏ませることになったに違いなかった。

雷風義塾の百五十余人の同志の中から決起隊に三十四人を選んで部署につかせた。

『秋田県史』維新編では襲撃時間を午後四時ごろとしているが、他の資料では夜半としており、襲撃が行われたのは日が暮れてからのことが正しいようである。

狂気・仙台藩使節の斬殺

仙台藩使節一行は、このような悪事が進行していたなど露ほども知らなかった。よもやの斬り込みに、正使志茂又左衛門は、

「仙台藩正使を斬るとは卑怯なり。この事、藩公ご承知か」

と断末魔の叫びをあげて、決起隊を睨み、膾《なます》のように斬り刻まれ息絶えた。この襲撃で斬殺されたのは、正使志茂又左衛門、副使内ヶ崎順治、山内富治、高橋市平に従僕、庄司伝三郎といま一人、合わせて六人で、他に九条総督の長持ち宰領として来ていた高橋勝助という南部藩の足軽までが巻き添えとなって命を落とした。

小島寅之進、佐々徳之進、川越新蔵、棟方市七郎、高橋貞吉の五人は殺さず捕えて牢に投じ、十六日に斬首された。これは人道に反する行為だった。

一体、秋田藩首脳は何を考えていたのか。平田篤胤の国学は、死後の世界を重視し、死者の魂はこの世から離れても人々の身近なところにある幽界にいて、現世のことを見ていると述べたに過ぎない。しかも、武士にあるまじき騙し討ちである。このような斬殺は、平田篤胤学徒のやるべきことではないはずだ。三十四人もの若者が踏み込んだ割に、斬殺した者は八人である。何人かは恐れをなして傍観していたと思われる。

斬られた仙台藩士の八人の首は、そのころ五丁目橋の側にあった晒し場に晒され、傍らに、雷風義塾教授小野崎通亮の筆になる次の高札が立てられた。

会津容保、積年暴悪にして宸襟悩ませ奉るのみならず、慶喜叛逆の謀主に候処、仙台これに左袒して逆威を恣にし、剰《あまつ》さえ輪王寺入道法親王を劫かし奉り、討姦を名として尊氏の悪例に習う始末、実に天地に容るべからざるの逆賊たり。依って総督府の厳命を奉じ大義を唱えて、先ず賊徒を誅し軍門に梟首せしむるものなり。

奥羽鎮撫使の厳命とはいえ、薩長軍の姦計に乗せられて、列藩同盟の使者を遮二無二殺害した行為に大義などまったくなく、日本古来の武士道に照らして理にかなうものではない。秋田藩の維新史上、最大の汚点となった。

一輪の花

殺伐たる流血事件の陰に、はかなく咲いた名もなき一輪の花があった。橋の袂には一日中入れ代わり立ち代わり見物の野次馬でごった返した。夜が更けるにつれて人影がまばらとなり、途絶えたころ、あたりを憚るようにどこからともなくそっと姿を現した若い女性がいた。この年の七月五日は新暦にして八月二十一日、季節はもはや秋に入ったとはいえ、まだまだ暑い盛りである。遺体は、さだめし腐臭を放っていたにちがいない、八つ並んだ一つ、志茂又左衛門の首の前に佇むと、あたかも生きている人に対するように、涙ながらにしばらく語りかけていたという。そして別れ難い風情で後ろを振り返りながら去って行ったというのである。

その夜、晒し場の見張り番をしていた、当時十八歳の足軽平岡清助が戊辰戦争から約五十年たった大正四年（一九一五）、六十七歳にして語り残し、そのいかにも親しげな風情から、志茂又左衛門の妻ではないかと思ったというが、そんなはずはない。

だが、志茂又左衛門が秋田へ来たのは今回が初めてではなく、その年の三月十六日にも来ており、その時に知り合った女性ではないかとも言われたが、無論何らの確証もない。悲劇は、この後もまだ続いた。

騒ぎの興奮いまだ覚めやらず、城下になお厳戒体制が敷かれていた七月六日、城下で二人の若者が捕えられた。志茂又左衛門の弟丁吉と、その従僕高橋辰太郎であった。兄が秋田へ発った後、どうしても相談しなければならぬ火急の用事ができて秋田へ来たが、すでに志茂又左衛門はこの世にないものとは知るよしもなく、あちこちと尋ね回っているうちに、言葉のなまりから仙台人であることが露見して捕えられたのであった。この二人も、先に就縛投牢されていた五人と共に、十六日に斬られた。

亡骸は、すべて城外八橋村草生津の刑場に捨て弔いにされたが、のちに没収した荷物の中から火薬などが発見されて、大山格之助や桂太郎らの先見の明の証しが立てられたという。

火薬は、騒ぎに巻き込まれた南部藩士のものだといわれ、当時の慣わしで、万が一の場合を考えて、急を告げるための狼煙に使う火道具を用意しておくのは当り前だった。また、そのとき荷物の中からは志茂又左衛門が持参していた三十九両二分をはじめ、一行の者たちの合わせて六十両余の所持金も出てきて、秋田藩では、これをいったん奥羽鎮撫総督府に届けたが、その後下げ渡され、一行ほか十三人の亡骸を近くの禅宗寺院に改葬し、供養碑を建てた。

明治二十一年（一八八八）、そのころ秋田市に在住していた竹内貞寿を中心とする宮城県人有志が、旧幕臣勝海舟に乞うて碑銘の書を得、その年の十一月、同地に新しく慰霊碑を建立した。今に残る「仙台藩殉難碑」である。

顔面蒼白

この知らせを聞いたとき、仙台藩重臣の顔は引き攣り、言葉もなかった。皆肩をふるわせ、

「なんと卑怯な振る舞い」

と声高に叫んだ。主君伊達慶邦にとっても秋田藩の裏切りは、絶対に許せなかった。秋田藩家老戸村十太夫は、再三仙台に足を運び、奥羽越列藩同盟の結成に尽力した。

「秋田はもともと藩内が二派に分かれていたというではないか。そこへ兵もつけずに使節を送ることにも問題があった」

という見方もあったが、すべて後の祭りであった。この秋田藩の謀叛は仙台藩をいっそう苦境に追い込んだ。いまや、敵は薩長だけではない。同盟の一員だった秋田藩が公然と反旗を翻し、ここにも速やかな出兵が必要になった。

九条総督一行を秋田に追いやったのは、仙台藩首脳が、自ら招いた取り返しのつかない最大の過ちだった。藩主慶邦は、涌谷、佐沼、船岡、岩出山、さらに水沢、一関の兵に秋田出陣を命じ、戦線は一挙に拡大した。

第十一章
ものの哀れは秋田口

支離滅裂

秋田藩の裏切りと離脱は、奥羽越列藩同盟から羽州が抜けたことを意味した。秋田藩だけではなく、矢島、本庄、亀田、さらには横手、角館、大館などすべてを敵にまわすことになる。奥羽越列藩同盟を仕切る但木土佐の失望と衝撃は大きかった。

敵は薩摩、長州の連合軍だというのに、東北諸藩は秋田藩の裏切りで分裂状態に陥ったのだ。薩長軍にとっては笑いが止まらない出来事である。仙台藩は遠くの秋田藩に攻め込むことで、体力を消耗し、行き詰まることは目に見えていた。

秋田藩の雷風義塾の若者はどんな野心と未来を夢見て、凶行に及んだのか。列藩同盟の分裂は、薩長軍を利する以外のなにものでもないことは誰の目にも明らかだった。歯車は逆に逆にと回転し出したのだ。但木土佐は、頭を抱えて嘆息した。

秋田戦争は列藩同盟にとって思いもよらぬ誤算であった。まんまと薩長の罠に秋田藩が嵌ったのだ。

楢山佐渡

この問題に正面から向き合うことになったのは南部藩だった。

幕末、南部藩首席家老楢山佐渡は京都にいた。勅命により兵を率いて上洛、長州の木戸孝允とも一、二度酒席で会っていた。楢山佐渡は大いに酒を楽しんだが、泰然自若《たいぜんじじゃく》、決して乱れることはなかった。木戸が後年、楢山佐渡を評し、「なかなかの人物であったが、何しろ堅苦しく、思ったことを十分に話し合えないところがあった。もう少し砕けたところがあれば、上洛中に交遊を重ね、お互い得るところがあったろうに、残念だった」と語ったという。（『南部維新記』）

楢山佐渡はある日、西郷隆盛に面会を求めて薩摩藩邸に訪ねたところ、西郷は部屋のなかで、数名の薩摩藩士と大あぐらをかいて牛肉の鍋をかこんで談論風発している最中だった。

楢山佐渡は、西郷に「軍資金を出せ」と言われ、初めから賊軍扱いだった。薩摩弁と南部弁では意思が通じず、それがいっそう楢山佐渡の心証を悪くした。西郷にとって南部藩の家老など骨董品ぐらいにしか見ていなかった。楢山佐渡はけんもほろろに追い返されたことに、ひどく腹を立てた。

「こいつらは本当に天皇の軍隊なのか」と疑問に思った。すべての命令が朝廷の名前で出されているものの、薩長軍がすべてを牛耳っていた。

楢山佐渡は憮然として帰り、

「呆れ果てたものだ。武士の作法も地に落ちた。しかし、考えてみると、あの輩は、もともと格式のある武士ではないのだからやむを得ぬかもしれぬが、あれで天下の政治をとれるものであろうか」

と、同行の佐々木直作に洩らした。

藩が異なれば他国、まして盛岡と鹿児島では異国である。誤解が誤解を生み、敵になってしまうことがしょっちゅうだった。

朝廷は何を考えているのか。思い余った楢山佐渡は、密かに岩倉具視を訪ね、本音を聞こうとした。岩倉が何を言ったかその記録はないが、岩倉に逢った後、楢山佐渡はこう漏らしたと伝えられている。

「朝廷は必ずしも薩長による支配を是としているわけではない。むしろこれは将来禍根になるとさえ思っている。しかし朝廷は武力をもたない。彼らは武力をもって天下を制圧しようとしている。やがて薩長は第二の幕府、あるいはそれ以上の強大なる権力機構を作り上げることになるかもしれない。今、ここで彼らと戦えるものは奥羽諸藩しかない。奥羽が結束して彼らと一戦を交えるならば日和見的態度を取っている各藩もこれに呼応して戦うようになるだろう」（太田俊穂『南部維新記』）

さもありなん。岩倉の狡猾な二枚舌に楢山佐渡はたぶらかされた。随行していた目付中島源蔵は、「奥羽列藩同盟をもって薩長と戦うのは誤りだ」と楢山佐渡を説得したが、聞く耳持たず、思い余って中島源蔵は自決した。

用人目時《めとき》隆之進は、時の流れは薩長にありと、脱藩して長州藩に身を投じた。楢山佐渡は岩倉に心酔し、奥羽越列藩同盟の一員として薩長と戦う決意を固めた。楢山佐渡が盛岡に着いたのは七月十六日である。ただちに城中菊の間で、重臣会議が開かれた。秋田藩を討つか、薩長軍となって庄内藩を討つか論議が紛糾した。楢山佐渡はじっと皆の声に耳を傾けた。意見が出尽くしたと見るや、京都の情勢を説き、秋田藩の非道を詰《なじ》り、「秋田を許すことはできぬ」と、秋田藩攻撃を凛然たる態度で宣言した。かくして藩論を秋田藩攻撃で決定した。

進撃開始

秋田藩討伐が決定するや、楢山佐渡は間髪をいれず全藩に秋田藩討伐の準備にとりかかるよう命令した。そしてその日から十日後の七月二十六日にはいっさいの戦備が整い、二十七日、一斉に進撃が開始された。総勢二千余名。楢山佐渡は向井蔵人と共にそれぞれ六百名の兵を率いてその先頭に立った。石亀左司馬も一部将として采配を振るった。

国境、鹿角《かづの》口へ軍を進めた楢山佐渡は、八月八日、礼儀として秋田藩十二所館の守将茂木筑後に対し、「九条総督、秋田転陣後の庄内再討命令は庄内藩に私怨をいだく薩長の意思によるもので総督の真意ではない。貴藩はこれに同意し、奥羽同盟に離反するに至ったが、わが藩はその問罪のためここに軍を進めた。しかし、貴藩とは旧来隣好の関係にあるから、いま、干戈を交えることは遺憾の極みである。願わくば真の勤王のため翻意されたい」(『南部維新記』)と、書状を送った。如何にも楢山佐渡らしい書状である。秋田藩の驚きは大変なもので、まさか南部藩が攻撃してくるとは考えていなかった。仙台藩は会津藩と白河口で戦っている。大部隊の運用は困難だろうと見ていた。九条総督以下もそう見ていた。

多くの兵を庄内討伐に向けており、十二所館の守備もきわめて手薄であった。茂木筑後の「否」の返書に接した楢山佐渡は、その日のうちに、怒濤のごとく国境を越えて攻め入った。茂木筑後はこの動きをいち早く察知、秋田に使いを出し援軍を要請した。

秋田藩では庄内藩との戦闘中であり、控えの兵は少なく砲術所総裁の須田政三郎を家老職にして、十二所に派遣した。須田は商家出身兵や農兵、沿岸警備兵など私兵二十人を集め、十二所に到着したが、わずかの兵では焼け石に水だった。

南部藩の兵力は約千二百、秋田藩は約三百、戦闘わずか一時間あまりで十二所兵は本陣へ火を放ち、途中の大滝温泉にも火をつけ、撤退した。

大舘は守りが固く、一進一退だった。津軽藩から鉄砲百挺、弾丸一万発の陣中見舞いが到着し、秋田軍も善戦したが、楢山佐渡の戦略が勝り、秋田勢と十日間にわたる激戦の末、八月二十二日午前、ようやく要衝大舘城を占領した。しかしそれも束の間であった。

秋田藩危しの報が八方に飛び、肥前、島原、大村、平戸、薩摩、筑前、松江の諸藩が七月末から八月へかけて続々来援した。南部軍は次第にこれら優勢なる薩長軍傘下の軍勢を向こうに廻し、苦戦に追い込まれていった。

この時、京都藩邸を脱走して長州へ身を投じた南部藩士目時隆之進が、南部藩の敵である東北遊撃軍将府に器械方の一幹部として加わっていた。たとえ意見を異にして脱藩したとしても目時を憂国慷《ゆうこくこう》慨《がい》の士と信じ、その後の安否をひそかに気遣っていた楢山佐渡にとって、いかなる事情があったにせよ、南部藩の兵が死闘を続けているさなかに、これを討つ前面の敵として現われたことは絶対に許せなかった。

「なぜだ。なぜこんなことをしたのだ」

楢山佐渡は怒った。目時にも目時なりの苦悩があったろう。しかし敵の軍門に下るとは、信じ難い行為であった。同じ南部藩の将兵が血を流して戦っているのだ。理屈が立つまい。楢山佐渡は目時のために惜しんだ。

八月二十六日を境として、秋田勢は攻撃に転じた。到着した薩長軍の大砲は四囲の山腹に据えつけられ十字砲火を浴びせた。兵器の劣勢は如何ともし難く、楢山佐渡も食い止めることはできなかった。

コヘイタサマの命令

列藩同盟軍の戦闘意欲は、藩によってまちまちだった。会津・庄内・長岡兵は強かったが、他は玉石混交だった。

越後の村松藩は、長岡藩救援のため、一隊の兵を青海庄加茂口に送って、山県狂介率いる薩長軍と決戦した。村松藩の隊長は御家老のモリ・コヘイタという人であった。砲煙弾が雨のように降りしきる戦場で、コヘイタ様は、やおら命令した。

「ソゥレッ、モノードモ、ススメッテーバヤー」

「シタドモ、ダーレモ、ススマンカッタト」

話はこれだけである。

この話は、この時期の村松藩の姿をよく表していた。越後も奥羽越列藩同盟に加わり、反旗を翻したが、戦ったのは長岡藩だけで、他の藩は笛吹けど踊らず、傍観しているに等しかった。モリ・コヘイタという人物は見当たらず、架空の人物だが、モデルと思われる人物は何人かいた。

村松藩にとってすべては長岡藩だった。長岡の動きに合わせて行動した。

長岡藩は、五月三日の片貝《かたかい》での衝突を皮切りに薩長軍と戦闘に入った。薩長軍は天皇を手中に収め官軍と僭称していた。それに敵対する奥羽越列藩同盟軍は賊軍、反逆者であった。

長岡藩の軍事総督河井継之助は、天皇は幼少であり、薩長軍が意のままに操る傀儡政権であると見ていた。

この時、東北、越後諸藩は列藩同盟を結成し、輪王寺宮を盟主に戴き、奥羽越列藩政権の樹立を諸外国外交団にも表明しており、政治の行方は不透明であった。弱小諸藩はその狭間の中で揺れ動いていた。

長岡藩の藩論は列藩同盟への参加で一致し、出陣した約三百人の村松藩兵は、妙見方面で戦闘に加わったが、ほどなく長岡城が占領されたため村松に引き挙げた。村松藩は薩長軍に内応して城内に引き入れたという風聞も出るほど戦闘意欲はなかった。

村松藩にとって長岡藩の落城は衝撃であった。重臣会議を開いて総督として参戦した笹岡豹五郎や近藤貢らは、同盟軍の軍事的実力では到底、薩長軍に及ぶものでない、この際、速やかに降伏して村松藩を救うべきだと主張した。

これに対して家老堀右衛門、軍目付奥畑伝兵衛らは、列藩同盟の大義に立って戦争を継続することを強調し、戦争継続を藩論として決定し、米沢藩に救援を依頼した。この時はまだ、会津藩は健在で、米沢藩も戦っていた。

しかし、村松藩の兵士たちは戦況の行方を冷静に見つめ、会津藩も米沢藩も信用してはいなかった。家老モリ・コヘイタのように曖昧模糊《あいまいもこ》としており、米沢、会津藩は、薩長軍か列藩同盟軍のどちらにつくのか態度を明確にするよう村松藩に迫ったが、誰も本気でいうことは聞かなかった。

薩長軍支持を表明している近藤貢ら正義連の三人が悲憤慷慨《ひふんこうがい》して自刃する騒ぎになった。しかし河井継之助の重傷は決定的だった。継之助は落城した長岡城を一旦は奪い返したが、その戦闘で膝に銃弾を受けて重傷を負い、長岡藩は敗退、藩兵は会津に退避し、村松藩公と重臣も、米沢に逃れると、薩長軍は新発田藩の協力を得て、同盟軍制圧下の新潟港を占領した。

そのため新潟港は陥落した。村松藩の正義連は北陸道総督府に恭順の嘆願書を提出し、村松藩は薩長軍の一員として会津攻撃に向かうことになった。恭順派の村松藩士たちが、新しい藩主に擁立したのは、前藩主異母弟奥田貞次郎である。

八月から九月にかけて同盟諸藩は続々平定された。五月以来、河井継之助の指揮によって激戦を展開していた長岡藩も、河井継之助の死と共に潰滅し、北越は完全に薩長軍の手中に落ちた。

長岡を除いて越後の諸藩は弱かった。

庄内藩連戦連勝

秋田口の庄内藩兵は連戦連勝して、秋田城を攻め落とす寸前まで攻め込んだ。東北諸藩の敵は薩長だというのに、列藩同盟内の戦争になってしまい、薩長軍がほくそ笑む結果になってしまった。

薩長軍の兵士は「花は会津で難儀は越後　ものの哀れは秋田口」と唄っていた。なぜ秋田藩の戦争は哀れだったのか。その元凶は、帝の軍隊を僭称《せんしょう》し、京都から贋物の錦旗を押し立ててやって来た左大臣九条道孝を総督とする奥羽鎮撫総督使と下参謀大山格之助、長州藩隊長の桂太郎である。秋田藩が列藩同盟を離脱した結果、秋田は全域で戦争となり、八千人以上の人が戦争に動員され、村は焼かれ、大勢の人が死んだ。

秋田征伐を叫ぶ仙台藩は秋田口に派兵、庄内、山形、上ノ山藩兵などとともに、七月十一日から戦闘を開始した。新庄藩も同盟を離脱したために庄内藩の先鋒部隊は、疾風のごとく新庄に攻め込み、息もつかせぬ早業でたちまち新庄城を攻め落とした。新庄藩には、庄内に通じている兵も多く、庄内兵が城門に迫るや、「開城」と書いた紙を張って歓迎の意を表した。

横手でも戦闘が始まった。横手城代の戸村大学は、秋田藩の執政戸村十太夫の嫡男である。戸村十太夫は秋田藩の代表として白石城の会議に列席、列藩同盟に署名した人物である。状況が急変し、戸村十太夫は蟄居処分になっていた。戸村大学はこの処分に納得してはいなかった。父、戸村十太夫が独断で調印したわけではない。それは主君の命令によってであった。にもかかわらず秋田藩重臣は父を処分した。援軍の兵士はことごとく逃げ去ったが、戸村大学はわずかな手勢とともに横手城に残った。

仙台、庄内藩連合軍が横手城に攻め込むと、城中に人影はなく、庄内藩二番大隊長酒井吉之丞は、戸村大学に開城を勧告したが、戸村大学はこの勧告を無視した。もし開城すれば、父の命は危うくなる。もはや戦うしかなかった。

戦闘が始まると、横手城はたちまち猛火に包まれ、戸村大学は最期のところで、摘め手から血路を開いて脱出した。庄内兵はそれを追うことはしなかった。武士の情けである。

掠奪合戦

この戦闘で、庄内兵の規律は厳しく守られていたが、復讐に燃える仙台兵は、万事、粗暴に振る舞い、掠奪や分捕りを恣《ほしいまま》にしていたるところで暴れまわった。それは仙台藩士同胞が不法な騙し討ちによって無惨に殺害されたことに対する怒りだった。

仙台、庄内藩連合軍は、各地で秋田勢を蹴散らし、亀田藩は庄内藩優勢と判断し、庄内藩についた。

西国各地から出向いてきた薩長軍兵士の略奪も目に余るものがあった。

西国の薩長軍兵士が我が者顔で村を歩き廻り、土蔵をこじあけ、金目のものは競って強奪した。にもかかわらず村人は朝昼晩と食事を作って兵士たちに出さなければならなかった。秋田藩の領内いたるところで薩長軍の兵士たちが傍若無人に振る舞った。

攻め込んだ東北諸藩は、仙台、南部、庄内の三藩だが、続々と海路で応援に駆けつけた西国の肥前、島原、大村、平戸、筑前、松江の諸藩兵は、厳しい規律もなく各地で勝手に振る舞い、大混乱が起こった。

戦場の村には剛毅な百姓もいた。

「戦だの、何、おっかねえもんだってがァ」

とせせら笑って家に残った。戦争が収まってから人々が帰って見ると、その百姓は眉間《みけん》を撃ち抜かれて縁先で息絶えていた。かたわらに蝗《いなご》の塩むしがちらばり、硬直した右手には貧乏徳利が握られていた。蝗の塩むしを肴に戦争見物をしているうちに、流れ弾に当たって命をとられたのだ。北部の戦場では間諜《かんちょう》の疑いで南部藩の百姓が捕まり、佐賀藩の屯所に引き立てられた。

「ご免したんせ、許したんせ」

農夫は泣き叫んで許しを請うたが、佐賀兵によってたかって丸裸にされ、近くの米代川《よねだい》に頭を突っ込んでは出し、突っ込んでは出しされて殺された。別のところでは、薩長軍の巡検隊長が九州弁で、

「敵ばァおらんかァ」

と叫んだのを、敵を夫《てて》と聞き間違えた農婦が家から夫をつれて来ると、その場で射殺された。

秋田では敵、味方を問わず、どこの村も火をつけられて燃やされた。敵兵が隠れているからと、薩長軍の兵も列藩同盟も敵を放逐するために片っ端から放火した。ある村では兵隊が火をつけようとするのを、隠れていたその家の主が、

「やめてくれ」と哀願し、

「あっちの方に付けたらよかんべ」と苦し紛れに言ったため、その家は放火を免れたが、下の方の民家は丸焼けになった。このことがいつの間にかばれてしまい、一家はいたたまれなくなって逐電した。

「秋田藩は少数の勤王派グループがクーデターを意図し、時に暗殺テロも辞さず、独断専行をもって藩の主導権を奪取し、藩論を抹殺した。多数は少数に従い、民衆は無視され続けた」。(『民衆史のための戊辰戦争一三〇周年記念資料集』北方風土社)

「五本骨月印扇」旗の退却

八月二十三日、西国から駆け付けた薩長軍勢は、角館から刈和野にいたる山道口にわたって大反撃を開始する。秋田藩三番隊の渋江兵部は、角間川陣地危うしと聞いて、角間川に通じる間道に入り、半里(二キロ)ほど進んで藤木村まで来ると、向こう側に「五《ご》本《ほん》骨《ほね》月《つき》印《じるし》扇《おうぎ》」の大旗を先頭に押し立てた一隊が見えた。旗竿の長さは六・六尺(二メートル)前後、さして長くはないのだが、旗が大きくて重いので、少しの風を受けてもよくしなった。それで「しない旗」と呼ばれた。この旗印は、いうまでもなく秋田藩主佐竹家の定紋である。

一方、庄内藩の軍は、川の渡しを越えて、翌日の午前、大曲に入った。連日、この周辺で両軍の勝

ったり負けたりの戦闘があったらしい。西国の薩長軍将兵や鎮撫総督府の兵は、秋田藩の徽章を肩に付けているはずだが、付いているのかどうかよく見えない。どこか様子がおかしいと思ったがよく見ると、友軍と思った一隊のなかに庄内軍の「朱の丸」の旗を振りかざした者もいる。

隊列は徐々に近付いて来るが、秋田藩の友軍であるかどうか、はっきりしない。不審に思った秋田藩三番隊長の渋江兵部は、部下をして藩名を問わしめたが、答える者もなければ振り向く者もいない。隊列は、ただ黙々と近づいて来る。藩名の問いかけが五、六度に及んだとき、嘲《あざけ》るような声がはね返ってきた途端、総兵立ち止まって秋田藩兵の方へ向き直ったとみるや、いきなり銃口をそろえて一斉に射撃しはじめた。

双方の間はわずか一間から二間（三、四メートル）ほどもなかった。戦死者続出、秋田軍は大混乱に陥った。

「退却、退却」

渋江兵部は叫び、秋田藩三番隊は大曲方面へ退却することになり、対岸へ渡るため渡し場に向かった。

ここで思いがけぬ大惨事が起こった。この日、渡し場には対岸との間に川舟を二艘綱で繋ぎ、その上に厚板を敷き並べた仮橋が架けられてあった。庄内軍の追撃を受けた秋田兵は先を争って橋に殺到した。何しろ腰に両刀を手挟み、手にはそれぞれ銃や槍の武器を携えているので身動きがままならない。おまけに厚板の下は川舟である。足元がぐらついて思うように進めずに気ばかり焦って、押し合いへし合いの真っ最中、川舟を繋いでいた綱が切れた。悲鳴とともに兵士が将棋倒しになって急流の川の中に転落してしまった。

川に落ちた兵は溺れ死に、どうにか浮き上がって泳ぎ渡ろうとした者は、陸から撃たれ、川の水は鮮血で赤く染まり、阿鼻叫喚の地獄と化した。庄内軍二番大隊の半隊長松平角之助が川舟を繋いでいた綱を切ったという説（吉田昭治『続・秋田の戊辰戦争夜話』）もあるがはっきりはしない。恐らく大勢の兵が仮橋に乗ったため、その重さで綱が切れたのではないだろうか。

第十二章
列藩同盟の危機

水沢兵の帰国

白河では仙台・水沢兵と薩長軍の激しい戦闘が続いていた。しかし幾度となく攻めても仙台兵は白河城を奪還することはできなかった。敗戦が続くと仙台藩陣営内に不協和音が起こる。白河の後方、矢吹《やぶき》に滞陣していた水沢藩の伊達将監軍の反乱である。

「この負け戦は、そもそも本藩が本末を誤り、総督府下参謀世良修蔵を殺害し、朝敵会津と連合して国家を危うくさせたことが原因だ。こうなった以上、官兵と和義を進め、会津を挟撃するのが第一の策だ」と口々に不満と疑問を呈し始めた。そうした折り、南部藩が列藩同盟を離脱、仙台藩領に攻撃を始めたという驚愕すべき知らせが但木土佐に入った。

「南部藩勢が旗を押し立て、弾薬その他の武器を運搬し、和賀川の土手に大保塁を築き、実に容易ならざる様子である。水沢においては、君恩に報ずるはこの時と、手の立つ者、皆、白河に出兵しており、残っている者は年寄り、妻子のみである。南部勢が襲い来たれば防禦の手だてはなく、たちまち敗れてしまう。誠に口惜しい次第である」

水沢藩の城代家老小幡源之助は切々と訴え、「主人を一刻も早く帰国させてほしい」と結んでいた。

「馬鹿な、ありえない、楢山佐渡殿がそのようなことをするはずもないわ」

但木土佐は即座に否定した。しかし、背後に何かあると思って調べてみると、どうしても勝てない水沢兵の焦りと厭戦気分が原因であることが分かった。これは重大問題だった。但木土佐が思ったとおり、これは水沢藩の捏造《ねつぞう》だった。

水沢藩は、この戦争に積極的な意味を見出せずにいた。しかも白河の戦争は負け続きで、犠牲者も増える一方だ。この際、何か理由をつけて水沢兵を帰国させる方法はないか、と考えた。留守を預かる城代家老小幡源之助は、日和見を決め込んで南部藩の謀反という小賢《こざか》しい奇策を編みだした。

小幡源之助は家臣に命じて、南部藩が列藩同盟を離脱、水沢藩に攻め込んで来るという噂をまことしやかに町中に広めるよう番所の役人たちにも指図した。こうして水沢兵は故郷に帰国した。水沢人は転んでもただでは起きない、昔から伝わる伝承の地だった。仙台藩の北の国境に位置し、川を挟んで南部藩がある。「水沢人が歩いた跡には草も生えない」と、南部人は水沢人を毛嫌いした。

水沢出身者には偉人も多く、幕末の蘭学者高野長英や海軍大臣、総理を歴任した斎藤実、台湾総督府民政長官、満鉄総裁、東京市長で知られる後藤新平らを輩出している。水沢藩士は留守氏で、源頼朝の家臣団では伊達家の上位に位置し、それが自慢だったという。

やがて列藩同盟軍と薩長軍の戦いは、福島の海岸線にも広がって行った。

磐城国

福島の海岸線は、この時代は磐城国《いわきのくに》である。ここには相馬中村藩、磐城平藩、泉藩、湯長谷藩《ゆながやはん》、棚倉藩、三春藩、守山藩（水戸藩支藩）も入る大きな藩領だった。いずれも奥羽越列藩同盟の一員である。

六月一日、常陸国の平潟港に、薩長軍の軍艦が近づいたという急報に接した仙台藩は、仙台藩兵一千余人を急行させ、米沢兵三中隊及び純義隊、相馬兵、棚倉兵など二千余人を平潟海岸に配置した。

また幕府遊撃隊長伊庭《いば》八郎、人見勝太郎らは、将軍慶喜の弱腰を嘆いて平の港小名浜港に入港した。

六月十六日、薩長軍の軍艦三隻に薩摩兵十二小隊、佐土原兵、柳河兵、大牟田等の約一千余人が上陸した。仙台兵は戦わずして逃走した。薩長軍は泉城を落とし、湯長谷城に迫った。この知らせに但木土佐は、桃生《ものう》郡小郡領主富田小五郎と柴田郡船岡領主柴田中務の大隊に出撃を命じた。

六月二十八日、薩長軍は中ノ作港に入港した。

富田小五郎は平藩兵と共に小名浜より泉城奪回に向かった。泉城の周辺は青々とした水田地帯である。泉城に一歩一歩と迫り、藤原川の堤防に着いた時、敵の大砲隊の洗礼を受け、突然、薩摩兵の大小砲が頭上で炸裂した。仙台兵も激しく応戦したが、敵の撃つ銃弾は、バシバシと音を立てて稲草の間に突き刺さる。小隊長の山家正蔵が、立ち上がって突撃した。

声をあげて数歩進んだとき、数発の銃弾が山家正蔵の体を貫いた。従僕の奈良坂潤太夫が、山家正蔵を収容しようとして銃弾に吹き飛ばされた。これを見ていた仙台兵は武器の格段の差に混迷を深めた。

右に左に重傷者が呻き声をあげている。右往左往すると狙撃兵に狙い撃ちされた。富田小五郎も負傷し、水田は朱に染まった。

これを見た薩長軍の大村兵が、仙台兵の横に廻り、側面から撃ちまくった。近代兵器による戦争経験のない仙台兵は、敵兵のいいなりの標的にされた。白河戦争の二の舞いである。仙台兵は混乱し、武器を捨てて小名浜の陣屋に逃げ帰った。薩長軍は執拗に仙台兵を追討し、小名浜の町に火を放った。折りからの強風に煽られ、市中に大火災が発生し、老若男女の狼狽と焦燥は筆舌に尽くし難く、富田小五郎は死を覚悟した。幕府遊撃隊の純義隊人見勝太郎の制止を振り切り、怒れる獅子となって抜刀して薩長軍に斬り込んだ。

「怯むな、続けッ」

富田小五郎は、敵の銃弾に怯まず突き進んだ。敵の銃弾が富田の一隊に雨のように注がれ、悲鳴をあげて大河原杢右衛門、横尾財太郎が斃れた。もはやなす術がない。富田小五郎は退却を命じた。負傷者を担いで中ノ作まで逃げ、沖に碇泊している「大江丸」「長崎丸」に先を競って乗船した。

「慌てるな、負傷兵が先だッ」

富田小五郎は声をからして叫んだが、統制がうまくとれない。

最後の三十余人を乗せた伝馬船が港を出た直後、悲劇が起こった。薩摩兵が追撃して来たのだ。「大江丸」の船上で富田小五郎は絶句した。伝馬船は必死に漕ぐが、折りからの満潮で船は港に押し戻されている。薩摩兵は伝馬船の仙台兵に狂気のように銃撃を浴びせた。太陽がじりじりと照りつけ、真夏の惨事が眼の前で繰り広げられている。伝馬船の仙台藩兵は泣き叫び、海に飛び込んで逃れようとする兵もいた。そこにも銃弾が飛んだ。やがて血だらけの伝馬船が波間に漂い、悲劇は終わった。富田小五郎は茫然自失、言葉もなく、船上に倒れ込んだ。

七月十二日、仙台藩士石母田備後は二小隊を率いて「長崎丸」に、参謀中村権十郎は四小隊を率いて「大江丸」に乗り込み、仙台を出航し、四倉に上陸、平城に向かったが、薩長軍の攻撃に遭い、入城できなかった。仙台藩はここでも敗れた。

七月十三日、この日は濃霧のため一寸先も見えなかった。薩長軍は濃霧に乗じて柳河、因幡、備前、佐土原藩の兵で、平城を総攻撃した。城兵は追手門、三階櫓、八つ棟櫓の砲座から砲撃したが、薩長軍は屈せず、城内に突入した。

平藩総長上坂助太夫は薙刀《なぎなた》を振るって指揮したが、食糧も弾薬も尽き、いったん相馬国境に退き、再起を期すべしとして退城を決意、平城に火を放って、赤井嶽《あかいだけ》に上り、燃え上がる平城をじっと見つめた。悔しさがこみ上げ、皆嗚咽《おえつ》した。(『概説平市史』)

同十三日、富岡の戦闘では、相馬藩隊長相馬将監が重傷を負い、帰営後死亡、仙台藩参謀中村権十郎も戦死した。八月には浪江で激烈な戦闘が行われた。相馬藩用人脇本喜兵衛が浪江の集落で、敵の急襲に会い、捕えられた。薩長軍兵士は脇本喜兵衛を本営に連行し、脇本の両腕を切落として嘲笑した。さんざん弄《もてあそ》んだ後、首を刎ね、遺体を泉田川に流した。脇本は二十七歳、家禄六百石の上級武士、誠に無念の最期だった。相馬藩は武勇の誉の高い武家集団である。その熱い心は「相馬野馬追」に残されている。(『浪江町史』)

救援の米沢兵は、続々と国元に引き上げを始めた。仙台兵は相馬兵に一層の奮起を求めたが、「仙台藩こそ逃げ腰だ」と反発され、険悪な雰囲気に陥った。相馬藩主相馬季胤は、本陣を後方に後退させた。

七月二十一日、京都にいた相馬藩重臣岡部正蔵が戻って来た。岡部正蔵は、「薩長軍に抵抗すべきにあらず」と相馬藩主に意見具申した。しかし戦闘は日々、激しく継続中であり、仙台藩には列藩同盟の盟主としての意地がある。今は、恭順、降伏の時期ではなかった。

降服会談

相馬藩兵がいくら頑張っても薩長軍に勝てない。相馬藩内部に降伏論が出始めた。この時、相馬には、仙台兵、米沢兵、幕府の陸軍隊、彰義隊、さらには平藩、泉藩、湯長谷藩の惨兵など数千人が入っており、その食糧、宿泊施設の確保だけでも容易ではなかった。

仙台藩は相馬藩の列藩同盟離脱を警戒し、相馬藩主父子を仙台に移してはどうかと申し入れた。この時、相馬藩士の次男で二宮尊徳の高弟、富田高慶《たかよし》が動いた。富田高慶は藩政顧問の僧慈隆《じりゅう》らを浪江の薩長軍本営に送り、降伏を意志表示させた。薩長軍も日々、苦戦しており、相馬藩との停戦は望むところだった。

鎮撫総督府使番磯部鹿之進が面談に応じると知らせがあったので、富田高慶も浪江に向かい、薩長軍側との面談に臨んだ。磯部は、「君臣ともに前非を悔い降伏するということに関しては、評議によって沙汰があるであろう。いかなる方法をもって官軍に抵抗した罪を償うというのか」と聞いた。

岡部は、「わが君臣元より勤王の志を持ってはいたが、いかんせん大藩仙台の威圧をもって同盟を約束させられた」と前非を悔い、謝罪を申し出た。

磯部鹿之進は、「しばらく待たれよ」と、三人は退座して命を待った。やがて姿を見せた磯部は、「労を取ってあげよう」と言い、三人は深くその厚意を謝した。すると先刻の小吏がまたきて、「参謀河田佐久馬殿面会」と称し、一軒の農家に案内した。今度は磯部鹿之進とともに参謀河田佐久馬が着座していた。

「仙台藩に逼迫せられ、止むを得ず官軍に抗した実状は、四条殿も照察されている。しかる上は、実効をもってこれを証明せねばならぬ。各藩の内にも王師に抗して帰順の後、功を立て却って恩を賜ったものもある。その実効を立てんとする方策はあるか」と参謀河田佐久馬が詰問した。

三人は口々に、「先刻磯部殿に言上したごとく、国力をあげて賊を討ち、もって前非の償いとなしたい」と答えた。

河田は難しい顔になり、「平潟上陸以来、相当の月日があったではないか。その間、なぜに降服の心情をわれらに達し得なかったか」と迫った。

三人は、「仙台、米沢の兵が応援と称して領内に屯集しておりました。ことに仙台兵は中村長願寺に軍事局を設けて日夜中村の動静をうかがい、少しでも帰順の兆あらば中村城を討とうとしておったのです。仙台藩は秋田藩佐竹侯が列藩同盟を離脱したが、わが主君は、秋田公の実兄なので、仙台ははじめから我が公を疑っていた。そうしたこともあり、遅れてしまった」と弁明した。

河田は、「あるいはそうかも知れない、止むを得ず戦うというならば世子（季胤）自ら前線に出陣し、ことに浪江の一戦には、他の藩がほとんど退却したのに独り貴藩のみが踏み止まって戦っている。勤王の志のある者の為すべき行動といえるか」とさらに迫った。

三人は、「主君が自ら出陣したのは、仙台の世子自ら数千の兵を率いて藩境駒ケ嶺にきており、敵すでに南方にきている。相馬も藩主自ら南方に出陣し、兵を督さるべきであると主張した。これは相馬の心を試そうという口実であった。仙台藩はわが藩に疑いあらば、一挙に中村城を葬らんとしていた。わが兵は涙を拭って浪江で戦わざるを得なかった。その後、幸いに仙台、米沢兵が主命によって引き揚げたので、その間隙をぬって、謝罪を奏するにいたった次第」と答えると、河田はうなずいてこれを聞き、「官軍は相馬藩を許すであろう」と言った。「有り難き幸せ」三人は落涙し、心から感謝した。

かくて相馬藩は恭順に決し、七日には薩長軍が中村城に入城、戦争は仙台藩領に入った。

三春藩

内陸部の三春藩も磐城の国である。七月二十六日の朝、町年寄の春山伝七郎は年番の舟田五郎治郎宅を訪ねた。この日は町方の運上金（営業税）取りたて上納の日に当たっていた。

昨日から町中は薩長軍繰り込みのうわさでもちきりで、いつもは夜明けとともに店を開けるのに、町家は店をしめ切り商売をやる気配もない。この騒ぎでは取り立てもままならず、二十八日に延期する旨を町奉行に申し上げようと、会所に行ったが不在であった。町奉行渡辺矢柄宅へ行ってその旨を申し上げ、帰宅した時、「薩長軍来たる」の三ッ打太鼓が鳴り響いた。三ッ打太鼓が鳴ると、町家は大騒ぎになり、皆、町を逃げ出した。

士族五、六十人、徒士二、三十人は鉄砲、槍を持って、御殿の内庭前に集まったが、とても戦える軍勢ではない。藩主秋田万之助は、降伏を決めており調停の使者からの報告を待ち切れず、いったん熊耳村まで落ちのびることになった。狼狽する家中、町家の人々は米、味噌、夜着、ふとん等を荷車に積んで近郷に逃れた。

降伏工作は土佐藩の中隊長美正貫一郎との間で進められていた。仙台、会津藩から出兵を迫られ、白河戦争にも兵を出したが、次々に負けるに及んで降伏を決めていた。無事、願いが通じ、七月二十六日昼ごろ、薩長軍先発隊が三春藩領に入ってきた。

『三春町史』に薩州、佐土原藩（日向国宮崎郡、島津氏）に対する三春藩の兵食、軍夫、人馬差出の負担が記載されている。

隊名	人数	人足	馬	侍	下役
九番隊	一〇三、	七〇、	一三、	三、	一
十一番隊	九七、	一〇〇、	五、	三、	二
十二番隊	一一一、	七〇、	一〇、	三、	二
三番大砲隊	一七六、	三〇五、	一六、	四、	二
遊軍隊	四一、	八四、	七、	三、	二
番兵一番隊	九〇、	九五、	四、	三、	一
私領一番隊	七三、	七〇、	二、	三、	一
私領二番隊	八三、	八八、	五、	三、	二
佐土原藩三番隊	九〇、	一三〇、	一、	三、	一
本宮	七六、	五四、	六、	三、	一
器械方	一五、	二四〇、	五四、	三、	一
小荷駄方	一五〇、	五〇、	七		

兵食幷軍事司役侍一人、兵食方侍二人、軍夫方侍一人、兵食方下役一人、軍夫方下役一人

二本松藩攻撃、会津藩攻撃に三春藩から大勢の人が動員されていた。人足の仕事は弾薬の運搬掛で会津戦争では、侍一人、人足十人が命を落としている。人足は十五歳から六十歳までの男子だった。

但木土佐の辞意

東北の夏は短い。白河戦争から撤退した七月十四日は、太陽暦八月二十九日にあたる。高原はすすきの穂がたれ、朝夕はめっきり涼しくなった。正月以来、七カ月にわたる戦争は、一向に鎮静化する気配はなく、ますます激しさを増し、戦いは仙台藩国境に迫っていた。

但木土佐は、青葉城でじっとしていることができず、白石城の奥羽越公議府に入り、戦況を見つめていた。

会津藩には幕府老中の板倉勝静、小笠原長行も加わって作戦を協議したが、芳しい話は何もなく、白石城は静まりかえっていた。戦いは各地で起こっているため列藩同盟諸藩から参謀を集めることも難しくなり、板倉勝静や小笠原長行が列藩同盟の指揮を執ったが、戦局を挽回する手立ては見い出せなかった。

但木土佐や玉虫左太夫が薩長軍との抗戦に踏み切ったのは、単に会津に同情したためではなかった。薩長政権が目指す武力革命を阻止し、自らの手で、薩長に代わる新政権、北方政権を樹立し、やがて日本を統一し、新しい国家を造ることにあった。

明治維新史は、奥羽越列藩同盟の結成を極めて低く評価し、北方政権の誕生を否定したが、そうとばかりは言えなかった。

奥羽越諸藩は同盟を結成して、新たな政権構想を示し、世界にその事実を表明した。アメリカだけではない。ドイツも北方政権に期待を寄せた。

江戸の庶民の多くは同盟軍を応援した。決して間違った戦争ではなかった。しかし戦略につたなさがあった。あてにした榎本武揚の艦隊はいまだに出航していなかった。その間に太平洋も日本海も敵海軍に制海権を奪われ、自由自在に兵員を輸送し、武器弾薬を運んで来た。

薄紅葉　夜半の嵐に吹き散りて
　頼む木の間に　雨ぞふりつつ

但木土佐は己の心境を詠んで輪王寺宮に献上した。相次ぐ敗戦の責任を取って土佐は首席奉行の辞任を漏らし、打ちひしがれていた。仙台軍事局に残った玉虫左太夫や若生文十郎、会津藩の小野権之丞、永岡敬次郎らは、但木土佐の辞任に困惑し、遺留したが、辞意を止められる状況ではなかった。

このような情勢に至った背景には、仙台藩が犯した数々の失敗があった。世良修蔵を斬ったのは、短慮であり、軟禁状態にして薩長軍との交渉に使うべきという手法もないではなかったが、薩長軍が世良修蔵の命と引き替えに和平交渉に応じるなどということは絶対にあり得なかった。世良修蔵殺害は、当然のことであったし、もし和平交渉に失敗して裏を掛かれれば、その時点で仙台藩を潰されてしまっただろう。

奥羽鎮撫台総督の九条道孝一行を秋田藩に逃がすべきではなかった。九条総督一行を軟禁し、和平交渉の切り札に使うべきだった。白河戦争に敗北し、平城の救援にも失敗、越後の長岡藩も落ち、奥羽越へ薩長軍の侵攻を許してしまった。さらに、秋田藩謀叛という驚愕すべき重大事件が発生し、奥羽越列藩同盟は危機に瀕して、仙台藩は窮地に追い込まれた。

平、四倉、浪江の海岸線も薩長軍に占領され、頼みの綱の相馬藩も列藩同盟を離脱し、薩長軍の傘下に下った。但木土佐、無念の辞任だった。

敵は相馬藩

相馬藩の列藩同盟離脱で仙台藩は苦境に陥った。但木土佐、坂英力が意気消沈し、指導力を失ったいま、仙台藩存立の危機に際し、仙台藩をまとめるのは、藩主伊達慶邦をおいて外にいなかった。相馬藩との国境の要衝は、浜街道に面した駒ヶ嶺と、相馬藩中村城をはるかに見下ろす伊具郡の旗巻峠である。

慶邦は、青葉城に一門、一家、準一家、一族等の重臣を集め、

「仙台領に敵兵を一兵たりとも入れてはならぬ。政宗公の威信にかけて相馬を攻め落とし、薩長を殲滅せよ」と語気鋭く言い放った。もし相馬国境が破られれば、仙台まで一五里（六十キロ）足らずの距離である。一気に攻められれば、伊達六十二万石の青葉城が危機に立ち絶体絶命である。

これまでの戦はすべて他藩領での戦闘だったが、今度は違う。伊達政宗が築いた仙台領が奸賊に足蹴にされるのだ。どの顔も悲壮であった。

「旗巻峠総督に鮎貝太郎平、大隊長に高平彦兵衛を命ず。駒ヶ嶺総督に石田正親、副総督に石母田備後、松本虎之助、松本智之進、大隊長に松岡主税を命ず」

伊達慶邦は奥羽越列藩同盟盟主の威厳を込めて声高らかに読み上げた。

鮎貝太郎平は、本吉郡松岩領主、伊達政宗の父、輝宗時代から伊達家と昵懇の関係にあった置賜郡長井荘鮎貝城主鮎貝宗重《もとよし》の末裔である。鮎貝太郎平は、このとき三十三歳、会津国境の御霊櫃口にも出陣していた。八月七日、鮎貝太郎平の軍馬は伊具郡丸森、金山を抜けて紅葉の旗巻峠へ駆け上った。旗巻峠は相馬国境に広がる海抜四百八十メートルの高原にあった。眼下に相馬中村城をはるかに望み、海岸線には白砂青松の松川浦の景勝が望まれた。

太平洋の白浪が岸壁を叩き、蒼い海がはてしなく続いている。仙台藩はここに歩兵十五小隊、約千二百人を配置した。副参謀として細谷十太夫もいた。

決戦駒ヶ嶺峠

駒ヶ嶺は三十四小隊二千人の大軍団が固めた。駒ヶ嶺総督石田正親は千五百石の門閥である。薩長軍が駒ヶ嶺峠に進めば、鮎貝太郎平の軍団が一気に峠を駆け下り、背後から襲撃し、別動隊は相馬中村城に突入する作戦である。

石田正親の軍馬は、浜街道を駒ヶ嶺峠へ向かって急いだ。

横浜から海路陸揚げされた待望のアームストロング砲や四斤砲を曳いた砲隊が後ろに続いた。傍らに砲長高木左衛門の精悍な顔があった。最新式の元込め銃を手にした洋式部隊も加わっていた。ここに至って仙台藩もようやく近代的兵器が整ってきた。

八月十一日、駒ヶ嶺峠で戦闘が始まった。攻める薩長軍は、長州を主力に福岡、熊本、館林、岩国、久留米、大洲（愛媛）、鳥取、広島、津の諸藩兵に相馬兵が加わり、約四千の兵力である。この時、相馬藩の将兵は、農兵や軍夫を入れると二千八百人に上った。これだけの兵がにわかに薩長軍と同じ敵兵になったのだ。地の理もあり、仙台藩の苦戦は初めから予想されていた。

夜明けと共に相馬兵が攻めて来た。石田正親は、駒ヶ嶺峠の左右の山に陣を張り、本道には砦を築き、大小砲を並べて迎え撃った。敵兵の頭上に砲弾が炸裂し、数人の吹き飛ぶ姿が見えた。しかし相馬兵も強い。後方から砲隊が援護し、じりじりと詰め寄り、小銃を雨霰として撃ってくる。

左右の仙台兵が本道攻撃に加わると、薩長軍の別動隊が左右の山に駆け上り、駒ヶ嶺峠の背後に長州、岩国藩兵が現れた。伊達筑前の大隊がこれに応戦、伊達藤五郎の大隊も山の手で奮戦したが、相馬兵の巧妙な誘導と敵軍の秀れた火器に押され続けた。

参謀遠藤主税は、膝を撃ち抜かれ、桃生郡飯野川領主大立目下総は股に貫通銃創を負った。仙台藩の砲兵は沈着冷静に照準を合わせ、敵兵に砲撃を浴びせたが、敵の主力は執拗に波状攻撃を重ね、砲台に迫って来た。両軍抜刀して斬り合いになり、仙台兵は包囲されて生け捕りになる者も続出し、またしても敗れた。六十人近い戦死者が戦場に横たわり、戦傷者は八十人以上に及んだ。

十六日早朝、仙台兵は逆襲に出撃した。坂元から石田正親の軍団が駒ヶ嶺本道を攻め上り、旗巻峠から鮎貝太郎平の軍団が中村城に攻め込む作戦である。

仙台藩西山権弥の一隊は先陣を切って駒ヶ嶺峠の番兵所を破り、外郭を占領、本丸を攻撃した。三方より火を放つと、敵は悲鳴をあげて潰走した。ところが、不運にもにわか雨が降った。仙台藩の火縄銃は濡れて発火せず、この間に薩長軍が盛り返し、またしても敗北した。

一方、旗巻峠を下った細谷十太夫の先鋒隊は、薩長軍の大隊に遭遇して前進を阻まれ、またしても反撃に失敗し、三原七兵衛、大内龍之進、岡村右膳、内海駒松ら三十余人の戦死者を出してしまった。悪戦苦闘の連続であった。

一方、仙台藩参謀たちを狂喜させたのは幕府海軍副総裁榎本武揚からの返書だった。返書には、八月二十日ごろ品川沖を出帆し、仙台に向かうとあった。これこそ起死回生のラストチャンスであり、参謀たちは榎本艦隊の入港を待ちわびた。

相馬藩から密書

その一方で、極秘裏に止戦工作も進んでいた。白河戦争で力戦を続け、薩長軍が相馬藩国境に迫ると聞いて帰藩した伊具郡小斎領主、仙台藩大隊長の佐藤宮内の下に、相馬藩から一通の密書が届いた。八月二十七日のことである。

差出人は相馬藩家老佐藤勘兵衛だった。小斎領の佐藤と相馬領の佐藤の家系は先祖の家系をたどると縁戚関係であった。三百年前、小斎領の佐藤宮内の先代は相馬家の重臣の一人であったが、事情によって伊達家に奉公替えし、以来、伊達家の重臣として小斎領主の地位にあった。佐藤勘兵衛は江戸家老の地位にあり、全国の情勢に精通していた。佐藤勘兵衛の手紙には、大要、次のようにあった。

まだ拝顔を得ないが、一筆啓上いたし候。秋冷の候、ご家門方いよいよご堅剛にわたらせられ、慶賀奉り候。私父子も別条なく勤務いたしおり、ご安心くだされ候。

今春、主君、お互いに旧交を回復し、大慶これにすぎず、ご先祖伊勢殿（小斎佐藤家初代為信の父）以来、格別の由緒があり、拝顔の上、旧交を取り交わすとともに朝廷及び国家に尽力すべき儀を渇望いたしたが、会津謝罪嘆願同盟に移り、続いて棚倉出兵となり、お会いすることができず残念に候。

官軍、国境に迫り、熊川（双葉郡大熊）瓦解の節、仙台藩のご人数、一時に引き揚げ、かつ浪江町一敗のあと、米沢も兵を引き揚げ、我が主君、所致に当惑、官軍の軍門に降伏謝罪を申した て候ところ、寛大のご仁恵を持って願いがかない、鎮撫方取り扱い仰せ付けられ候。

右の段、仙台藩へ申し述べる暇もなく、戦争となり、痛恨このうえなく、尊藩の激怒歴然たることに候。

当藩が降伏謝罪に至ったのは、人倫大義の重きをとったためである。奥羽の民あげて順逆無道の賊となり、百万の生霊が弾丸や刃で、命を失うことは人民にとって一口たりとも堪え難いことに候。

加えて神州の天子に抵抗するは、朝敵の名目歴然、はばかりながら尊藩のご家臣、順逆を明らかにし、主君を諫め、暗を捨て、明につくは臣子の実情に候。

伊達の名家、佐藤の家系が断絶になっては大息痛歎限りないことと存じ奉り候。ご家名の相続は周旋仕るべきと存じ奉り候えども、いかが御進退にご座候や。厚くご思慮を巡らされ、ご決議伺い奉りたく、極秘をもって御意を得候条、かくのごときにご座候。

お知らせ待ち奉り候。

恐惶不備

八月二十四日

佐藤勘兵衛

佐藤宮内様

佐藤勘兵衛の手紙は親戚のよしみで、謝罪恭順を勧告するものであった。朝廷に弓を引くことは順逆であると勘兵衛は説いた。一方仙台藩は、薩長軍は一部の奸臣が幼帝をかどわかし、意のごとく操って無謀な倒幕を企て、権力を恣にして、この奥州まで支配しようとしていると非難し、君側の奸を除き、あるべき姿に取り戻すための聖戦であると主張していた。しかし、あらゆる戦線で敗北が続くと、これ以上聖戦を継続する正義どころではないのも現実である。仙台藩領内で戦闘が始まれば、領民が塗炭の苦しみに陥ることは、火を見るよりも明らかだった。

ずしりと重い手紙だったが、佐藤宮内は常に第一線で戦い、細谷十太夫と並んで、薩長軍の戦力を熟知する人物である。相馬口に続いて、いずれ福島口も戦いになろう。仙台湾に薩長軍の軍艦が押し寄せることもあるかもしれない。いかに決断すべきか、宮内は佐藤勘兵衛の手紙の内実を領地小斎にも急報した。留守を預かる星万右衛門は、これぞ仙台藩の面目も立つ相馬藩の思いやりと判断し、主君の宮内にこれを受け入れるよう進言した。

宮内も万右衛門と同じ考え方に傾きつつあった。薩長軍の近代化された兵器と歴戦の経験、仙台藩の実戦経験から考えると、会津藩も早晩、降伏するかもしれない。そうなれば列藩同盟に勝ち目はない。佐藤勘兵衛の手紙は、恭順降伏のひとつのきっかけになるかもしれない。列藩同盟として、これ以上戦争を継続することは困難になるだろう。宮内は佐藤勘兵衛宛てに返書を認めた。

去月二十四日付きの書札拝見仕り候。仰せのごとく秋冷あいあまねく候ところ、御家門ますますご健勝にわたらせられ、慶賀奉り候。

しかるに今般、国家存亡危急の場合にあい至り、順逆名分大儀の次第より、ご厚情をもってご周旋くださるべく、伝えくださり、ご旧情を示され、誠にもって肝銘の至りに存じ奉り候。

もとより寡君（伊達慶邦）においては、天朝に対し奉り豪も宸禁を悩まし奉り候儀ご座なく勤王の志もご座候えども、自然、今日の段に至り、いまさら申すべくもこれなき次第に相至り候。

ついては書中一通にては、その事、解き尽くすあたわず候間、ご委細お伺い、ご尽力願い奉り候。その節は独行にて参りたく候間、名を知らしめおき、お引き合わせの労を懇願たて奉り候。

まずもって摘要のみ貴答に及び候。よろしくお汲みとりご推読くださるべく候。すみやかに貴答に及ぶべきところ、近ごろ不快甚だしく延引に及び候段、ご許容下さるべく候。

恐惶謹言

佐藤宮内

九月

佐藤勘兵衛様

この返書に佐藤宮内の意思が明確に示されていた。恭順降伏である。会津藩を支援できず慚愧の思いはあるが、もし旗巻峠が崩れれば、自分の領地小斎村が戦場になる。領主として領民が薩長軍に蹂躙されることは、避けねばならない。宮内は自ら相馬の薩長軍本営に乗り込み、自分の胸のうちを訴える覚悟を固めた。囚われて殺されても悔いはなかった。

幕府の榎本艦隊が仙台湾に来たところで、薩長軍を壊滅させることは不可能事のように思われたし、星恂太郎の額兵隊も薩長軍の敵ではなかった。細谷十太夫の鴉組も限界だった。

佐藤宮内は、星万右衛門とともに領地小斎に隣接する伊達一門の亘理領主伊達藤五郎を訪ね、恭順降伏を進言した。伊達藤五郎も仙台藩を戦火から守るには、それしかないと現実的な判断を下した。伊達藤五郎の影響力は大きかった。

仙台藩は事態の収拾に向かって大きく動き出した。遠藤文七郎は直垂《ひたたれ》を着て何十回となく藩主慶邦に拝謁して和睦を説いた。

秘密裏に行われた恭順、和睦の陰湿な行動を嫌悪して、松本要人、大内筑後、片平大丞らは、新兵を募って海陸から薩長軍を駆逐すると叫び、武士として最期まで戦いに決起して戦争を継続するために、恭順派を捕らえて斬ることも画策していた。

仙台藩や列藩同盟の大義より薩長軍に屈服して、恭順、和睦によって藩と領民の存続を計ることが何よりも大切なことであるとする藩論がにわかに表立ってきた。

世良修蔵、大山格之助という鎮撫総督府の刺客に象徴される薩長軍は憎いが、憎い敵の武力は強力である。城下で戦えば、仙台藩は灰燼に帰するが、それでも大義に殉じた方がいいのか、そこから何が得られるかは問題外であったが、何事も徹底的に最期まで突き詰めなければ、次世代へ残すべき教訓を見失ってしまうことも明らかであった。

恭順した相馬藩の悲劇

佐藤宮内に寄せた相馬藩家老佐藤勘兵衛の手紙の背景には相馬藩の内情もあった。占領下の相馬藩は薩長軍の言いなりだった。藩主相馬誠胤《そうまともたね》は領内の土地や農民たちを薩長軍に差し出し、城下の長松寺にはいって謹慎した。中村城には総督四条隆歌が入り、三の丸は野戦病院となり、上級武士や商人の屋敷は没収され、薩長軍の兵士が住み着いた。薩長軍の兵士は約二千人、仙台藩の戦闘が激化すると兵士は五千に膨れ上がった。

この時期、官軍を自称する薩長軍の軍勢は全国に広がり、相馬には長州藩を筆頭に、筑前、大和郡山、広島、伊勢、熊本、鳥取、久留米の兵が殺到した。

相馬藩の兵士は西国の薩長軍各部隊に配属され、常に先頭に立って戦うことを要求された。経費はすべて相馬藩負担である。

薩長軍が掠奪したものは、武器弾薬、米穀並びに主だった家財、金蔵、土蔵などは太政官のものに、武器や家財は各藩に、小物や家財は見当たり次第、金銭衣類は、中間小者、人足のものになる。(『吉田屋源兵衛覚日記』)

相馬藩から金目のものはすべて消え失せた。毎日、徴発される米は四百五十俵、それに味噌、醤油、薪、油、蠟燭の類である。寝具も供出させられ、その他、馬数百頭、馬のエサとして青豆、野菜も供出させられ、人足も何百人という単位で集められ、農兵九百人という徴用もあった。

女性の「供出」も求められ、名目は給仕役、看護役だが、実態は慰安婦であった。相馬藩では小高、浪江、富岡、鹿島、さらには伊達地方からも遊女を集めて差し出した。

相馬藩士や農民兵たちは、「これなら最期の最期まで戦って討ち死にすればよかった」と地団太踏んで悔しがったが、薩長軍の横暴ぶりを熟知していたにもかかわらず、重臣たちの甘い判断で恭順したことが、かえって藩士や農民たちを薩長軍の生贄として供出する羽目になった。

相馬藩は漁業を生業としている。その大切な船も没収され、さらに廻船問屋の船も供出させられた。この収奪地獄から脱出する道は、仙台藩に戦争を止めてもらうしか方法はなかった。佐藤勘兵衛の手紙には、そうした背景があったのである。豪商たちは薩長軍に貸付金を踏み倒され、明治以降になっても相馬は没落の道をたどることになる。

第十三章
無念の降伏

会津鶴ヶ城落城

奥羽越列藩同盟諸藩の人々が受けた最大の衝撃は会津藩の鶴ヶ城落城であった。会津藩は列藩同盟諸藩の薩長軍に対する抵抗の象徴的存在であった。

東北戊辰戦争は、無実の罪を押し着せられた会津藩の救済であった。しかし白河で破れ、二本松藩も救援できないなかで、会津藩は孤立無援で戦っていた。仙台藩や恭順した他藩とは違って薩長軍と戦うことで、藩論は一致しており、藩兵は遺書を懐に決死の抗戦を続けていた。しかし、それも長くは続かなかった。

籠城戦が始まったのは八月二十三日である。早朝、けたたましく半鐘が鳴らされ、薩長兵が怒濤のごとく会津城下に攻め込んだ。

「老童男女の家族と相失し、弾丸雨飛のなかを彷徨して父を叫ぶあり、母を恋ぅあり、幼き同胞を相助け、相携えて何処ともなく走るあり、しかして病者を担うあれば、盲人を負うあり、聾者と跛者の狼狽はもとより、火焔に包まれて泣く者、憤慨途《みち》に屠腹する者、その雑踏名状すべからず」。（池内儀八著『会津史』）

戦闘初日、夥《おびただ》しい殉難者が出た。国産奉行河原善左衛門の妻あさ子は、白衣を着け、白布で鉢巻を締め、母や娘を連れて鶴ヶ城に向かった。しかし銃弾雨飛で城に入れず、母はやおら短刀で喉を突き、

「早く介錯せよ」

と叫んだ。あさ子は心を鬼にして母の首を刎ね、幼い娘も「敵兵に殺されるよりは、母の手で」と殺害し、二人の首を衣装に包み、従者に墓地に埋葬するよう命じてから城に向かった。

軍事奉行添役柴太一郎の一家は、近郷に避難した五男の五郎を除いて男たちは皆、戦場に出ていた。女たちは仏前に集まり、祖母、母、妻、妹二人の五人が「もはやこれまで」と喉を突いた。

白河の戦闘で会津藩の軍事総督を務めた西郷頼母の家でも婦女子が全員、自害した。攻め込んだ土佐藩兵が朱に染まって倒れている西郷の母、妻、二人の妹、五人の娘を目撃し、目を背けた。

七ヶ宿で仙台藩と交渉に当たった会津藩の最高指導者梶原平馬の両親も殉難した。梶原平馬にしても両親を救えなかった。それだけ薩長軍の侵攻は早かった。

十六、七歳の少年で編制した白虎隊の隊員たちも最前線で戦い、二十人が飯盛山で自刃し、一人が生き残って後世にその時の模様を伝えた。援軍のない籠城戦に勝利はなかった。最後まで頼りにしていた米沢藩は恭順、降伏し、会津城下に兵を繰り出すに至って、会津の命運は尽きたも同然であった。あとは自爆攻撃しかなかった。残った者たちは、薩長軍への突撃を繰り返して死んでいった。

米沢藩兵士たちが会津城下に進駐していたが、それは援軍というよりは情報収集のための進駐であった。母成峠が破られ、薩長軍が会津城下に侵攻した時、米沢藩兵士たちは奥羽越列藩同盟の終焉を感じた。

急報を受けた米沢藩首脳は驚愕し、徹夜の会議を開いて、薩長軍への降伏、恭順を決めた。藩内に

は強い反対の声もあったが、会津の支援を続ければ、米沢も兵火にさらされよう。首脳部の苦渋の決断だった。

阿鼻叫喚の地獄絵

会津鶴ヶ城には、一昼夜に二千七百発という薩長軍の砲撃がくわえられ、籠城した五千の人々は、爆死し、城内は阿鼻叫喚の地獄絵と化した。薩長軍は、城内で婦女子が泣きわめき半狂乱になっていることを知りながら、砲撃の手をゆるめなかった。城からで出て来る兵を捕らえ、城内の様子を聞き出し、その惨状を熟知していたが、停戦交渉など一切行わず、虐殺を続けた。後、自由民権運動の闘志、土佐の板垣退助も会津若松にいたが、人命救済のために動いた形跡はまったくなかった。

会津藩は戦死者約三千人、人夫や農夫を加えれば、さらに数千人を上回る犠牲者を出し、籠城一カ月、刀折れ、矢尽き、降伏に追い込まれた。

降伏の使者が米沢藩の陣営に向かうと、米沢藩の責任者は会津藩の使者を縄で縛り、土佐の陣営に連行した。こうして降伏が決まり、九月二十二日、会津鶴ヶ城に降伏の白旗が立った。白い布は全部、包帯に使ったので、婦人の衣装を割いて、「降伏」と墨書した。

鶴ヶ城内外では、すべてのものが薩長軍に略奪され、婦女子はいたるところで暴行を受けた。これ見よがしに裸のまま樹木に吊るされた婦人もいた。

城外で戦う会津藩家老の佐川官兵衛は、会津藩の降伏に憤慨し、なお戦闘を続けた。官兵衛は、薩長軍の傍若無人の振る舞いに、「敵は官軍にあらず」と大義のない薩長軍の横暴を激しく暴き、戦い続けた。

「列藩同盟の趣意は君側の奸を除くことではなかったのか。薩長の行為を見よ。民の財貨を奪い、無実の民を殺し、婦女を姦し、残虐きわまりない。これは奸賊であり、王師ではない。仁和寺宮が錦旗を進めて会津に入ったと聞く。願わくば余を総督府の軍門に伴ってほしい。親しく親王に接し、朝敵にあらざることを哀訴せん」

官兵衛は降伏を伝える使者をこう言って追い返した。最期は主君松平容保から親書を送られ身柄を任せたが、会津人の心情は官兵衛の怒りに集約されていた。

会津人の多くが今日もなお、薩長、とりわけ長州との和解を拒んでいるのは薩長軍の理不尽な行為のためであった。

仙台藩に詰めていた会津藩の参謀たちは、この知らせに号泣した。家族がどうなっているのか、まったく分からなかった。

「残念ながら我が会津の命運は尽きた。私は、何人かの会津藩兵を率いて蝦夷地に行き最後まで戦う」

会津藩の参謀小野権之丞の目に光るものがあった。小野権之丞の他、諏訪常吉、安部井政治らも榎本武揚艦隊で蝦夷地に渡り、会津藩の再興を期す覚悟を固めた。永岡敬次郎は会津鶴ヶ城落城の直前、榎本武揚から兵五十名を譲り受け、会津を目ざしたが、福島まで来ると、兵は皆逃げ失せ、永岡敬次郎が一人取り残された。「自分は蝦夷地には行かぬ」と知人を頼って潜伏した。

亘理で降伏式

会津藩が敗れ、仙台藩も敗れた。仙台藩の人々は空を見上げて嘆息した。これから自分たちはどうなるのか、先はまったくわからなかった。屈辱、絶望、後悔、さまざまな思いが脳裡を駆け巡った。この戦争で戦ったことは決して無駄な抵抗であったわけではない。しかし、賊軍の汚名を着せられて、これから生きていっても未来につながることがあるのか、人々の口は重かった。

仙台藩の降伏会談は、九月十四日、相馬に近い坂元《さかもと》で行われた。仙台藩の正使は、水沢領主一門の伊達将監、副使は遠藤文七郎で、宇和島藩の使者が付き添い、亘理の鷲尾右源太も加わり肥後藩との間で行われた。その前に石母田但馬がすべての交渉を終えていたので、滞りなく会談は終わり、引き続き、二十四日には亘理で降伏の式典が行われた。

主君伊達慶邦は、この朝、岩沼を立ち、正午に亘理の館に入った。奥座敷には、薩長軍参謀の長州藩士寺島秀之助、鳥取藩士河田佐久馬が座り、慶邦は麻裃脱刀の姿で進み出て、

「速やかに城地ならびに器械弾薬を差しだし、謝罪する」

旨の嘆願書をだし、降伏の式典は終わった。仙台藩屈辱の日であった。

亘理には、薩摩、長州、肥前、鳥取などの藩兵二千余人が進駐し、その後、岩沼に移り、二十八日には仙台に進駐を開始した。

亘理地方には流言蜚語が飛び交い、人々は家財道具を地中に埋め、老人や婦女子は遠方に避難した。薩長軍は献上の名目で食糧を取り上げ、牛馬を屠殺し、鶏を徴発した。亘理地方では、牛馬を屠殺して食べる習慣がなかったので、人々は馬頭観音の罰が当たると遠巻きに見つめた。海辺の荒浜では薩長兵が歓楽遊興の場所に殺到し、一部では乱暴狼籍の振る舞いがあった。

白鳥事件

刈田郡宮村では白鳥事件が起こった。柴田郡や刈田郡には白鳥伝説があり、白鳥を殺すことは禁じられていた。ところが領民の目の前で薩長兵が白鳥を殺したので、これを見た船岡領主柴田中務の家来、森玉蔵が芸州兵に向かって発砲、胸を貫通した。

この発砲事件に関する仙台藩勤王派の遠藤文七郎の処断は異常であった。玉蔵が逃亡したため主人の柴田中務の責任を問い、こともあろうに切腹を命じたのである。その時の状況から言って、進駐軍に発砲したのは罪であったかも知れないが、犯人の森玉蔵を探索すれば済む話であった。地元に伝わる伝承を無視して白鳥を殺すことの方が悪いのは間違いなかったが、文七郎は仙台藩士としてその伝承を知っていたにも拘わらず、領主切腹を命じたのである。

柴田中務(意広)は三十七歳だったが、仙台藩のためと説得され、否応なく切腹させられた。森玉蔵はその後も行方知れずだった。このため船岡の家老の首と森玉蔵と一緒にいた小松亀之進の首も切り、それも芸州藩に差し出して謝罪した。この処断は仙台藩の誇りをすべて失った屈辱的な行為であった。勤王派だった遠藤文七郎には家臣を守る知恵も勇気もなかった。

戦争責任者として但木土佐と坂英力の周辺に監視の眼が光り、世良修蔵暗殺の実行犯として瀬上主膳、田辺賢吉、赤坂幸太夫らも拘束され、藩内は恐怖に包まれた。

伊達慶邦、亀三郎父子にも薩長軍から謹慎の命が下り、慶邦は城外亀岡の地に退いた。仙台城下の東照宮別当仙岳院にいた輪王寺宮は、十月十二日、仙台を去った。十月六日には薩長軍の征討総督参与の四条隆歌が仙台に入り、榎本武揚艦隊が蝦夷地に向かうと仙台にも大量の進駐軍がやって来た。その数一万、城下は薩長軍が大手を振って歩いていた。兵士たちは、張幕、雨合羽、行李とすべてのものに菊の御紋を付け、ひれ伏さない民衆には「不敬無礼の賊だ」と叱咤罵倒した。

猫が鼠をとる、官軍が鶏をとる、仙台草餅金をとる

という俗謡がはやった。仙台草餅とは「草餅売りの女にして淫をひさぐもの」とある。

十一月十日、伊達慶邦父子は東京に移され、芝増上寺内良源院に謹慎、伊達六十二万石は二十八万石に減封された。すでに但木土佐と坂英力が戦争責任をとったため仙台藩の戊辰戦争はひとまず終戦の筈であった。ところが意外な事態が勃発した。

勤王派仙台藩士の残虐な裏切り

遠藤文七郎ら仙台藩勤王派に反発をいだく二関源治が数百人の同志を集めて石巻に集結し、蝦夷地に向かおうとした。これが引き金となって勤王派の桜田良佐《りょうすけ》らが仙台藩主伊達慶邦の列藩同盟の大義を無視して玉虫左太夫らに弾劾を始めた。

「逆徒が蜂起し、勤王派の家族を殺害する動きがある」と軍務官判事大村益次郎に誇大に訴え、長州藩士守長修理之介を軍監とする六百もの兵が仙台に送り込まれる事態になった。この過程で、奉行の遠藤吉郎右衛門、和田織部、近習の安田竹之肋、玉虫左太夫、若生文十郎らが捕らえられ、処刑となった。明治新政府に玉虫左太夫らの断罪を求める桜田良佐の嘆願書が残されている。

遠藤吉郎右衛門、玉虫左太夫、若生文十郎、大槻平治、新井義右衛門らは楽山（慶邦）を迷わしめ、あるいは会津の奸人に党し、米沢の奸人にあざむかれ三国の間を奔走周旋し、または反逆を主張し、邪説を草稿し、上始め下万民を動揺せしめ候大逆無道人にこれあり云々。

というものである。当初、仙台藩の意向は禁固七カ月だった。それを一転して死刑に追い込んだのは桜田良佐である。遠藤文七郎以上に薩長軍に迎合して己の利を図る卑怯な超保守派の男がいたのである。桜田良佐とはいかなる人物か。

『仙臺人名大辭書』にこうあった。

> 勤王家。経史、兵法、剣槍の術、皆、その奥をきわむ。文政二年江戸に遊び、諸国を歴遊して広く各地の形勢、国士、人情に通ず。文政十三年、大番士となし、小姓組より出入司に累遷（移り進む）す。病みて職を退き、済美館を興し、文武両道を教授す。再び仕えて養賢堂剣法指南役に遷る。遠近その名を聞き、来たりて教えを請う者はなはだ多し。庄内の志士清河八郎また来たり寓す。八郎、幕府の忌諱《きい》にふれて亡命するや、これをその宅に潜匿せしめ、憂国の士伊牟田尚平らまた往来す。

仙台藩士桜田良佐は仙台藩のなかでは際立って保守派の人物だった。清河八郎は新選組の誕生にかかわり、京都に上るや一転して勤王の志士に鞍替えした男である。

薩摩藩士伊牟田尚平は、薩摩藩の最高指導者、西郷隆盛配下の札付きの男である。攘夷のさきがけをしようと米国公使館付き通弁官ヒュースケンを斬り、清河八郎と組んで老中安藤信正の襲撃をはかり、慶応三年（一八六七）には西郷の密命を受けて江戸に潜入、関東の浪士相楽総三らと江戸薩摩屋敷を根拠地として、浪人を集めて江戸市中で掠奪、放火、騒乱を起こし、鳥羽伏見戦争のきっかけをつくった、奥羽諸藩にとっては、許し難い男だった。

桜田良佐はひどく独善的な男で、但木土佐の時代、五年にわたって幽閉されていた。戊辰戦争では薩長軍に通じ、薩長軍が勝利するや一転して恐怖政治を敷き、無実の玉虫左太夫や若生文十郎に死刑を科した。玉虫も若生も死刑に値するような反逆者ではなかった。仙台藩の使者として会津藩に行き、その使命を果たし、列藩同盟の理念を策定した。これは職務であり、罪を問うべきものではなかった。

玉虫左太夫と若生文十郎は、幕末の仙台藩の実際の動静をもっともよく知る人物である。仙台藩は自らの手で歴史の証人の口を封じた。二人の死は幕末維新史の研究にも計り知れない打撃を与えた。

秋田藩の戦後

東北諸藩の中で官軍となった秋田藩の戦後はどうだったのか。

吉田昭治『秋田の維新史』（秋田文化出版社）によれば、いってみれば一文の軍事費も入っていない空金庫を担いで戦争に飛び込み、あとは出たとこ勝負で、何もかもその場凌ぎの遣り繰りで切り抜けなければならなかった秋田藩は、いつしか膨大な負債を抱え込んでしまった。

戦後、秋田藩主は、その負債処理のため、太政官に対して五十万両の拝借を願い出たが、下付されたのはわずか二十万両で、これでは全く焼け石に水、荷馬賃銭の支払いさえ出来ない有り様で、結局、各村が立て替える結果になった。

いきおい人心は藩を離れ、藩庁は諸民怨嗟の府とならざるを得なかった。

また、誰が言い出したか、戦争のさ中に、「秋田公はこの度七十五万石に相成り、右領地荘内、松山、長瀞、新庄、本荘、矢島、其の外天領（旧幕府直轄領）にて下され、外に京都より御槍一本御許しに相成る事」という噂がまことしやかに流れていた。藩主が二十万石から一躍七十五万石の太守に出世するという噂が流れたが、すべてでたらめな噂話だった。

明治二年（一八六九）六月の論功行賞で秋田藩主佐竹義堯に与えられたのは、いかにも少なくて、賞典禄はたった二万石にすぎなかった。藩ではこの内一万石をあらかじめ藩主の手許金とし、残りの一万石を功労に応じてそれぞれ分与したが、その配分の仕方に公平を欠く傾きがあったため、藩士達の間に不満を呼び、これが人事に対する不平などと重なって相互不信、反目抗争の気運を助長し、藩の統制力を著しく衰えさせて、やがては藩主の威令行なわれずという現象を呈するに至った。中には、このような藩に見切りをつけて脱藩し、反新政府運動に投じて、ついには可惜春秋に富む命を異郷の地に捨てた者もいた。

秋田は兎にも角にも「官軍」として勝利の栄光を担っていながら、内は人心麻のごとく乱れて支離滅裂、外は新政府との間に数々の確執を生じて不幸な事件が頻発し、有為の人材を多数失い、まさに満身創痍、時代の波に最も乗り遅れた藩として、廃藩置県の時を迎える事になる。

楢山佐渡の死

一方、無念の敗北を喫した南部藩は沈痛だった。盛岡の人々は切腹を強いられた家老楢山佐渡に深い同情の念を抱いた。太田俊穂『南部維新記』に、佐渡に対する情愛の念が隅々まで籠っている文章がある。

子供のころ、私はよく夢のなかで白い裃《かみしも》を着たりっぱな武士が、切腹する場面を見て、うなされることがしばしばあった。母にそのことを話すと「おばあさんからよくきいている佐渡さんだよ。それは」といって「おばあさんも、あまり子供に、切腹の話などしない方がいいんだね」といい顔をしなかった。もちろん私は佐渡を知るわけがない。しかし、母のいうとおり祖母の万亀から、いつも、佐渡の切腹の話をきかされていたので、それが夢になったものであろう。

祖母は佐渡を決して呼び捨てにしなかった。「佐渡さん」といっていた。もちろん祖母ばかりではない。南部藩の士族はみなそう呼んでいたし、町家の人たちも必ず「さん」をつけていた。それほど彼は全藩から人望があり、その悲壮な死がいつまでも、いたまれたのである。維新における、南部藩の悲劇の代表的な人物であった。

彼が切腹してはてた盛岡の報恩寺は、昭和に入って二度炎上している。最初は昭和六年、二度目は三十五年の春である。私が小学校へあがってからだったと思うが、彼岸の墓参に祖母のお供をしていくと、報恩寺へお参りしようといって山門をくぐった。いまもそのまま残っている亭々たる老杉の下に一条の参道が長くつづいていた。本堂を入って右へ折れると廊下があり、そこを渡るとうす暗い部屋があった。

「この部屋で佐渡さんが腹を切ったんだよ」

そういって祖母は部屋の真んなかにしばらく坐っていたが、床の間に近い一枚の襖を指して、

「これが、そのとき、飛び散った血です」といった。それには、たしか鯉の絵があったように思う。そして、私の肩ぐらいの高さのところにどす黒い斑点が二つ三つ刷毛ではいたようについていた。

「この血は黒いね」

という私に、祖母は、

「血というものは、古くなるとこんなに黒くなってくるんだよ」

そして襖に近づいた祖母は、じっとその血をみつめていた。目に涙が浮かんでいたのを、私はいまでもはっきり思い起こすことができる。私は物の怪にでもつかれたようにただただ恐ろしかった。すぐ目の前に白い裃をつけた楢山佐渡が血まみれになって坐っているような気がしたのである。

楢山佐渡夫人は、なかといって、明治のなかごろまで生きていた。佐渡も祖母の家、毛馬内家とは遠い親戚だったらしく、祖母は、この夫人を「楢山のおばさん」と呼んでいた。

「佐渡さんは、五尺七寸以上もあったでしょうね。上背ののびた、色の白い、好男子で、『忠臣蔵』の芝居で見る判官さん（浅野内匠頭）のような人だった。おばさんもきれいな人で、よく顔世御前（内匠頭の夫人）みたいだといわれたものです」

これは祖母の思い出である。（太田俊穂『南部維新記』）＊途中略し、三分の一に圧縮したものである。

第十四章　戊辰戦争史の原点

三斗小屋事件

東北戊辰戦争の特色の一つは、大勢の民百姓が戦乱に巻き込まれ、おびただしい犠牲を出したことである。

端的に言えば、幕府、会津を倒して薩長政権の樹立を目論んだ野望に満ちた戦争だった。

東北、越後に攻め込んだ薩長軍は武器弾薬、食糧の運搬、偵察、道案内などに現地で大量の人夫を強制的に徴発しただけでなく、列藩同盟軍に協力した民百姓を徹底的に殺戮した。

東北越後は人心が乱れ、ひどく荒廃した。

福島県と栃木県の境界にある三斗小屋《さんどごや》で起こった三斗小屋事件は、薩長軍が行った実におぞましいものだった。

三斗小屋の大黒屋文五郎は、会津藩の人足になったと、とがめられ射撃の的にされた。また、たまたま三斗小屋に来ていた会津の百姓忠兵衛は、裸のまま石ころの道を引きずられ、気の枝につるされ、二人の兵士が足を引っ張って骨を折り、両手両足の指を切り落とし、その肉を食らいつくという蛮行に及んだ。（『北関東戊辰戦争』）

ここは那須から会津に抜ける峠路で、急流を徒歩で渡る悪路である。しかし、そこには、三斗小屋温泉があり、雲海の上に露天風呂があった。一度、訪ねたが、別世界だった。

名主の月井源右衛門は、会津藩に全面協力してきた。ここに攻め込んだ大垣藩と黒羽藩兵は、源右衛門を麓の百村《も》で捕縛し、三斗小屋に引き連れ民家の柱につなぎ、炉に火を焚き、源右衛門の皮を剝ぎ、股の肉を削り取って串に刺し焼いて食べ、一片を源右衛門の口に押込み、おのれが肉を食えと強要したとされているが、『三斗小屋誌』には、犯人は旧幕府軍という記述もある。

源右衛門は悲鳴を上げて身を捩じらせ、逃げ遅れた老人たちは、あまりの恐怖に声も出なかった。残虐行為も極まれり、という光景だった。

明治以降、この残虐行為は、黒羽藩ではなく、会津が行ったと流布されたが、会津がこのようなことをする理由はなく、背後に薩長関係者の証拠隠滅を図る陰謀の存在がありありだった。

入り乱れる間者

薩長軍、同盟軍とも多くの間者を敵陣に送り込み、情報の収集に当たった。

日光口の戦闘で両軍の間者が入り込んでいて油断がならなかった。

七月十一日のことである。芸州藩の探索方三人が、日光近郊の細尾村に侵入し、

「われらは会津藩のものである。敵に追われたからかくまってもらいたい」と村人に言った。

「会津なら喜んで」と村人が言ったところ、大変なことになった。三人はその夜に帰ったが、百人ほどの、芸州兵が村を包囲し、松蔵、辰蔵ら三人が逮捕された。近隣の村々でもこうした事件が頻発

し、多くが殺害された。

勝敗は、地域の民百姓がどう協力するかにかかっていた。薩長軍は、戦場地区に多くの間者を送り込み、敵軍への内通者を処分してから攻め込んだ。作戦は実に巧妙だった。

このやり方は、不穏分子を排除するのに役立った。

戊辰戦争ではこのように大量の民百姓が動員された。大砲が導入された結果、これを運搬するために、民百姓は欠かせなかった。

豊岡村の人馬の動員

田辺昇吉『戊辰秘話　日光山麓の戦』（板橋文化財保護協会）に、民百姓の動員の記録がある。その一つ、豊岡村の場合、閏四月中旬から小百・大桑・栗原らの豊岡村全域から猟師や百姓が双方の軍隊に徴用された。「豊岡村誌」によれば、五月以降、官軍は藤原村・栗山村との境界に見張所を設けて、会幕軍の侵入に備えていたが、小百村だけでも、次のように動員されている。

期間　五月十一日―七月一日
延人員　五百三十人
栗山口見張所　穴沢
小佐越口見張所　原宿
日光口見張所　行川

馬の動員は次の通りだった。

六月　五十疋（馬丁とも、以下同じ）
七月　三十疋
八月　百七十九疋
九月　百五十一疋

当時、馬は一家の大黒柱で、農民の生活を支える最も大きな担い手だった。そのため、戦争が切迫した三月二十日から五日間、今市宿において、四月十二日から五日間、足尾において馬市が開かれた。立会は日光奉行所で、農馬代金が払えないものは、奉行所で融資していた。このような育成方針をとっていたので、当時における小百村の馬数は百三十疋（八十五戸）にのぼっていた。

農家は、家を焼かれた上に、焼いた官軍のために多くの人馬が動員され、踏んだり蹴ったりだった。豊岡村の人々にとっては、堪えきれない苦痛だったろう。

芸州藩の徴発

田辺氏の著述はさらに続く。

六月二十七日芸州藩が日光に進駐してきたが、その兵力は四百余名、旧日光奉行所の同心をも指揮下に組み入れ、日光山内の警備に当たった。

芸州藩は、細尾村、清滝村、馬返村の猟師二十名も召集して、見張所に詰めさせていた。

八月三日、三百名の芸州藩隊は五十里に向けて日光を繰り出したが、「沢の峯」というところで会津軍（会津藩唐木隊）に阻止され、空しく日光に引き返してきた。このときも、大砲・弾薬運搬のために、助郷人足が日光から五十人徴発されている。

八月二十一日には、総督府命令で、日光、今市、船生の官軍諸藩が会津に向かって進撃することになったが、この日、芸州藩は二手に分かれて五十里に向け出発した。

途中、野門村付近の「四十八曲り」というところで、熊笹の中から少数の会津兵が襲いかかり大混乱になった。

抜身の槍を持った二、三人の兵士で芸州藩会計方等は一斉に谷底に逃げ出した。その内の一名と人足二名が、猟師藤助の案内で、山々谷々を越えて日光に逃げもどり、事を大きく言い触らしたため、市中はまたまた大混乱になった。

「人足は皆殺されてしまったと申し触らしたため、市中の動揺はおびただしく、三社権現や鎮守に社寺の周囲を千回まわる祈禱をかけたり、護摩を焚いたり、親が行った者は子が泣き、夫が行った者は妻が泣き、市中の騒ぎ目をあてられず」（平賀文書）

と言った光景になった。

人足として徴用するとすれば、身体頑健な農民が主体になるが、日光地方の百姓屋は四、五百戸たらずしかない。足りないので、周辺の村々から、「金がほしければ金やろう。美婦がほしけりゃ美婦をやろう」と、甘言をもって村民を連行しようとした。

鬼怒川渓谷の難所を避けた官軍、芸州・宇都宮・佐賀・今治・中津・人吉らの諸藩は、総兵力約千五百名の大兵力だったから、徴発人足の数も莫大だったろう。

小説と史実の違い

歴史の捉え方は、小説から学んだという人が結構多い。特に司馬遼太郎の作品は、決定的というぐらいのインパクトをもって国民に受け入れられている。

司馬の名作の一つに長岡藩家老河井継之助を扱った『峠』がある。これを読んで継之助ファンになった人は実に多い。

圧巻はいったん失った長岡城を奪還するシーンである。

継之助は十七小隊、六百九十人を率いて見附の前進基地を出発、ドロ沼の八町沖を渡って城下に攻め込む作戦を断行する。

八町沖の南端及び西方方面には富島村、宮下村、福島村、十二潟村、押切村、大黒村といった村々があり、そこに薩長軍の諸塁があった。

先行軍が新保《しんぼ》に達した。新保で短時間の激戦が行われた。長岡軍は白刃をかざし、

「長岡に死ににきたぞ」

と口々に叫びつつ、敵塁におどり込んだ。

「殺せ、殺せ」

と連呼しながら躍進して行く隊もあった。この奇襲作戦で新保守備の薩長軍は粉砕され、ほうほうの体で逃げ去った。

司馬は『峠』で、その時の様子をこう描いた。

新保の市民の喜びようはむしろ異様であった。まだ天明いたらず、あたりは暗かったが、沿道の家々はことごとく灯をつけ、路上に水桶を出し、みな口々に、

「長岡さま、長岡さま」

と、進んでゆく兵をはげました。泣きながら叫んでいる町民もあった。

つづいて城北の新町まで突入し、さらに城にせまった。

この攻撃成功に米沢藩兵も行動をおこし、各方面から域外の官軍陣地を圧迫したため、官軍はついにささえきれず、

富士川ノ平家ノゴトク。

といわれるほどの醜状で総崩れになった。継之助は城下に入った。

城の大手通には、町民がむらがり出ており、酒樽が山のように積まれ、なかには長岡兵と町民とが抱きあいながら「長岡甚句」を唄い、輪を組んでおどる風景もみられた。

お山の千本桜　花は千咲く

なる実はひとつ

夜があけるにつれて町家の娘衆が総出で踊った。

民百姓の声

ところが、地元の古老は「これらの沿道の百姓は集まって長岡甚句など唄わなかった」と反論した。

「異聞　長岡戦争夜話（五）」（『長岡郷土史』第33号）によると、百姓にとって戦争そのものが、怨嗟の的だった。特にこの作戦で放火された百姓は、よけいな戦争を行った継之助を怨み続けた。

地元に伝わるこの時の模様はこのようなものだった。

「アコとココを焼け」

と赤鬼のような隊長が兵に指示し、百姓屋に火を付けていった。地元古老の伝承を要約すると、権勢を誇る旧家がことごとく放火された。戦争における放火は、長岡だけではない。ありとあらゆる戦場で行われた。

会津軍も撤退するとき、進攻してくる薩長軍の宿舎を、食糧を断つために放火した。

百姓の悪知恵

吉田昭治の『秋田の戊辰戦争夜話』はすべて自らの足で歩き、聞き当たった話ばかりなので、迫力が違う。読んでいると、目の前に光景が浮かんでくる。

百姓は同盟軍が勝てば同盟軍に付き、薩長軍が勝てばそちらに付く。それが戦国時代からの百姓の慣わしだった。いつもこき使われているわけではない。時には残酷な行動をとった。

眠っていて置いてきぼりを食ってしまったのか。秋田のオサ沢で百姓が稲を背負って通りかかると、近くの洞穴の中から男が出て来た。庄内軍の農兵だった。

「助けてくれ」

という。百姓は、

「よしよし助けてやるから」

といって、その稲を背負わせると、自分の家へ連れて行くと見せかけて薩長軍の陣所へ突き出した。農兵は殺された。

百姓が茅を刈っていると、どこからともなく逃げおくれた庄内軍の郷夫がひょろひょろと出て来て空腹を訴えた。百姓は親切に自分の家へ連れて行って飯を食べさせた。

そこまではよかったが、それからがいけない。人足が何がしかの礼をするため、懐中から財布を取り出した。それを見た途端、百姓は欲に目がくらんでその財布を奪い、逃げ遅れの盗人というあらぬ汚名を着せて、これも薩長軍の陣所に突き出した。農兵はすぐに殺された。

なにがしかの褒美が出たのだろうか。

嫁が来た

突然、息子の嫁さんが現れたという信じがたい話もあった。

「村の名は忘れてしまった。ある村のある家としておく」

と吉田はこのエピソードを書いた。村社会は意外に狭い。村名を記してしまうと、分かってしまうからだろう。

同盟軍が去った後、主人が物置小屋をのぞいてみると、味噌桶の空いたのに若い女が隠れていた。寒さと恐ろしさ、それに腹もすいていたことであろう、がたがた震えているのを母屋へ連れて帰り、身元を問いただしたところ、仙台藩の者、場所から推して、もしかしたら一関藩隊かもしれなかった。軍勢と一緒に来て逃げ遅れたのだという。

何か事情があって出陣する父親か夫に付いて来たものか、あるいは恋人を追ってでも来たものか、それとも何か他に事情があってのことか、今日となっては知る由もない。ともあれ、容貌は十人並み以上で言葉遣いや物腰にも品がある。不憫に思った主人夫婦は着換えをさせ、暖かい食事をとらせ、寝具を与えるなどなど、一家を挙げて手厚く介抱し、女もまた勧められるままに一か月、半年、一年と居ついてしまった。気立てはいいし、その間には百姓仕事も覚えてよく働くので、すっかり主人夫婦の気に入り、とうとうその家の長男の嫁に迎えられ、それからは家運も栄えて、夫婦睦まじく一生幸せに暮らした。

「その家は今も栄えています。人間、善行は積んでおくものですな」

と吉田が記した。

しかし、仙台の女性が、なぜここに現れたのかは、不思議な気もするが、結果オーライという美談であった。

イギリス人医師

この戦争、両軍ともに野戦病院を開き、戦傷者の治療にあたっていた。薩長軍の医師は英国人のウィリアム・ウィリス。越後から会津に入ったウィリスは、会津の民情について注目すべき見解を述べていた。『英国公使館員の維新戦争見聞記』（校倉書房）「英人医師の会津戦争従軍記」である。

ウィリスは会津の印象をこう語った。

> 残念ながら、会津藩政の苛酷さとその腐敗ぶりはどこでも一様に聞かれた。今後十年、二十年に返済するという契約で、会津の藩当局が人民に強制した借款についての話がたくさんあった。会津の国の貧しさは極端なものである。家並は私が日本のどこで見たものよりもみすぼらしく、農民も身なりがわるく、小柄で、虚弱な種族であった。この国で生産される米はみな年貢として収められねばならなかった。
>
> 戦争で破壊されるまえの若松とその近郊には、三万の戸数があり、そのうち二万戸には武士が住んでいて、あらゆるものがこの特権階級の生活を維持するために充当されたり、税金をかけられたりしたとのことだ。
>
> また、会津侯が過去六年間、ミカド（天皇）の守護職として京都における大軍の維持は、けっきょく人数の点でも費用の点でも彼の力にあまるものであった、と一般的に考えられている。
>
> 私が会津の国で見聞した結果から受けた印象では、武士階級は正当な禄扶持の程度を逸脱し、

権力をふりかざして民衆をおさえつける背徳的なふるまいが多かったために、このような民衆の隷属状態の上になりたっていた武士階級によって会津藩政が行なわれてきたという抑圧された不満が、私が目撃したような小作争議に起因する暴動をひきおこしたのだといえよう。

私はこの国の医師たちから、会津侯がかずかずの暴動の知らせを耳にして痛ましいほど悲しまれ、会津の役人はみなそれを過去のこの国の支配体制への痛烈な非難と受けとっている、と聞いた。

会津の国で、私は高地民族のたくましい体格をした農民に会えるものと思っていたのだが、そのかわりに見たものは、彼らの領主を冷酷で搾取的な抑圧政治と同一視しているなかば飢餓状態のひよわな農民ばかりであった。

会津の農民は貧相であったという指摘は、イザベラバードの『日本奥地紀行』にも出てくる。私は別段、そうは思わないのだが、会津の農民は、外国人には不評だった。

それはそれとしてウィリアム・ウィリスは、敵味方に関係なく治療に当たり、会津の医療と看護活動にも大きく貢献した。

京都守護職は膨大な費用と労力が掛かり、会津藩が賄うことは、そもそも無理な話だった。そのひずみが、農民に重くのしかかった。

本来、京都守護職は幕府直轄で行うべき役職だった。徳川慶喜と松平春嶽に、うまく騙され、結果はみじめなものだった。

ウィリスの報告はさらに続いた。

会津兵はミカドの軍勢の進撃にたいし、平地では徹底的な抗戦に出なかったようである。逆に、ミカドの軍勢が山岳地帯を進んで行くことは、非常に難儀をきわめた作戦であったにちがいない。少数の決意の固い会津兵によって大勢の行く手が阻止されたであろう。しかし、自然の地の利が必ずしも十分に利用されたわけではなく、戦闘の大部分が山間の通路に占める難攻の地歩を無視して村落で行なわれたのを見てきた。

大部隊の征討軍はあらゆる方面の主要道路からその国に攻めのぼり、いくつかの小隊が山間の細道を突進して行ったらしい。日ごとに会津勢は戦力を消耗していったが、一方、ミカドの軍隊はあらたな援軍を受けて増加されつつあった（中略）。

若松攻略の際、もっとも強力な会津戦闘員は、各地からの侵攻に備えて出はらっていた。そして、彼らが若松の防備を固めるために退いたことは、結果的にミカドの軍勢の大部隊に進撃の道をあけてやることになった。

保科正之との隔壁

会津藩の憲法は藩祖保科正之がきめた家訓十五ケ条である。その第一条が幕府への絶対忠誠であったことは、何度も指摘した。

会津では名君として知られ、「保科正之に学ぼう」というキャンペーンも行われている。ところが、地域によって、その評価はまちまちである。

私は島原の乱を取材したとき、島原島民三万人を虐殺した黒幕の一人に、四代将軍の後見役保科正之がいたと聞いて「まさか」と思ったことがあった。

島原の乱が起こったのは、十七世紀前期の寛永十四年（一六三七）である。江戸幕府が安定期を迎えた時期に、突然、九州で、大事件が発生した。キリシタンの武装蜂起である。島原の乱はキリシタンの殉教戦争と見られてきたが、そうではなかった。

神田千里著『島原の乱』（中公新書）にこうあった。

「一般民衆が武装蜂起するについては、何の指導者もなく起ったわけではないし、何も知らない民衆がいきなり内戦に巻き込まれたわけでもない。約百年に及ぶ戦乱の歴史を通じて、民衆を動員し蜂起させるやりかたを知り抜いていた指導者がいなければこの武装蜂起は起らなかった。天草四郎を擁立した、旧有馬家家臣を含む指導部の浪人たちはまさにこういう部類の人々だったのである。また戦争に対処する方法を、やはり戦乱の中で鍛え上げていった、庄屋のもとに結集した村民がいなければ、このような事態にはならなかった。その意味で島原の乱は、戦国時代にどのように戦乱が起り、それに民衆がどのように対処していたのかを知ることのできる希有の事件である。島原の乱を通じて、戦国の事情や気風を垣間見ることができる」

なるほど、つまり、不満分子の大反乱だった、天草四郎をかつぎあげたところは、なかなか頭脳的である。

この時、保科正之は二十六歳、山形城主に任ぜられている。しかし江戸在住が基本で、将軍家光を補佐する重要な役職を担っていた。当然、島原の乱の処理にも加わっていた。

「百姓は怖い」

正之の脳裡には、そういう思いがあったに違いない。

白岩一揆

正之が山形二十万石の藩主の座にあったのは寛永十三年（一六三六年）八月から同二十年七月、年齢では二十六歳から三十歳までである。七年間在籍し、会津若松二十三万石の城主に転封した。

正之在任以前から山形の白岩地区で、百姓一揆が頻発していた。寛永十六年、ここは天領となり、代官所が管理した。

再び起きた一揆を代官所は鎮圧できず、山形藩に救いを求めた。

代官はいきり立つ百姓に対して、

「その方らの申すところはもっともである。しかし公儀代官に反抗したのであるから、どのような御裁許になるかわからない。今幸いに保科正之殿が在邑しているから、直訴して寛恕を乞うがよい」

と諭し、二人、三人と目立たないようにして山形に集まるように指示した。六月二十八日山形に全部集まったところで、手分けして宿々を襲撃し、三十五人全員を一挙に搦め捕ってしまった。これが代官を含めた正之の策であった。（五ノ井三男『山形の民衆が作った保科正之との隔壁』（『会津史談』第80号）

実はこの事件の三カ月前、島原の乱が鎮圧され、「武家諸法度」が改定されていた。その内容は、「何かあったときは速やかに討伐すべし」というもので、白岩一揆も火種が小さいうちに鎮圧しなければ島原の乱の二の舞になると正之は判断したと推定された。

「三代将軍・家光の弟として認知され、幕政に深く関与していた正之にとっては当然の処断だったのだろう」。

と五ノ井は記述した。

やり方が騙しうちだったので、山形の人々は保科正之に嫌悪感《けんおかん》を示し、今日、誰も保科正之を口にしないというのだった。

会津人の多くはこの事実を知らない。国家老西郷頼母は、藩祖正之の家訓をさほど重視しなかった。同じ憲法を後生大事に二百年も抱えていることもおかしい。米沢藩主上杉鷹山《ようざん》は、米沢藩は人民のためにあると説いた。

会津藩も憲法改正が必要だった。保科正之を大河ドラマの主人公に推すむきもあるが、どうだろうか。

なぜ戦争に

東北、越後の人々にとって、戊辰戦争は有難迷惑以外の何物でもなかった。会津藩も決して望んで戦争したわけではなかった。主君松平容保の首を出せといわれた以上、戦うしか道はなかった。薩長が自らの野望を実現すべく無理やり戦争に持ち込んだのが、戊辰戦争だった。

太平洋戦争に関しては「なぜ戦争に向かったのか」、「なぜ戦争はとめられなかったのか」など数多くの本が出ている。しかし戊辰戦争に関しては皆無である。

これは極めて問題である。私に言わせれば、太平洋戦争と同じように、これも必要のない戦争だった。会津は恭順し、仙台、米沢が会津の恭順を保障した。これを既定方針どおり世良修蔵が蹴った。

その時仙台が取るべき手立ては、九条総督以下奥羽鎮撫総督府の全員を監禁し、西郷や岩倉と交渉することだった。

世良の斬殺はやむを得ないとしても、九条総督以下を秋田に送り出す必要はなかった。仙台にとどめておけば、仙台藩使節の斬殺も秋田の離脱もなかった。仙台藩の最高指導者、但木土佐の大失敗だった。

岩倉具視や木戸孝允だったら「これはしたり」と監禁し、道具に使ったに違いない。

東北人は純粋だった。あまり人を疑わない。このため岩倉や西郷、木戸らが仕掛けた罠にまんまとはまってしまった。

近代日本の建設のために戊辰戦争は不可欠だったという言い方は、何の根拠もない話だった。要するに権力奪取の野望だけだった。

森谷秀亮

続日本史籍協会叢書『仙台戊辰史』に注目すべき解説が掲載されている。

筆者森谷秀亮は大正の末年、学窓を卒えて文部省所管の維新史料編纂事務局に奉職し、二十一年間、王政維新関係の記録、文書の編修に従事した人物である。この間、長岡、小千谷、新潟、新津、村松、新発田、村上、本庄、秋田、大館、米沢、二本松、会津若松を歩き、戊辰戦争の関係史料の探訪を試みた。

そこで得たことをこう述べた。

各地で古老・郷土史家から維新前後の体験談を聞かされたが、人々により、地域により歴史の解釈がまちまちであることを知って驚いた。順逆を誤って官軍に抗し、逆賊の汚名を蒙った者、その子孫は新発田藩、三春藩、秋田藩出身の者を列藩同盟脱退の裏切者であると論難し、彼らは、国事に身命を捧げた勤王論者であると豪語するが、実は打算的な行為に発したまでのことであると糺弾して怪しまない。仙台、米沢二藩から圧力を加えられることが甚だしく、旗幟を鮮明にすることが出来なかったと自己弁護してやまない。勤王諸藩であるが、互に功名を競い、他に譲らない傾向があるように感じた。例えば本庄城跡に建てられている戊辰役戦功碑を見るに、秋田藩佐竹氏の態度は優柔不断であり、本庄藩六郷氏は、率先大義を首唱し、秋田をして靡かせたとの自己礼讃の文で綴っていた。秋田と大館とは本支藩の関係にありながら、両者は兎角融和を欠き、大館の秋用を見る態度は本庄の場合と変りがない。戊辰の役、敵、味方に分れて戦ったことから生じた東北諸地の対立関係は、やがて政党的色彩が加わるに及んでいっそう激化し、今日に及んでいるとの印象をうけた。

次に戊辰の役をはじめ佐賀の乱、萩の乱、西南の役など明治初年内乱の経過を記述する時、官軍、賊軍の名称を用いることが多いが、私見を述べて置きたい。

明治六年、陸軍参謀局の中根淑少佐は命により「兵要日本地理小史」を記述したが、さきに旧幕軍の一隊長として鳥羽・伏見の戦に加わった因縁から、官軍・賊軍と書くべきところを西軍・東軍と書いた。

長州藩出身の軍務局長鳥尾小弥太少将はこの書を見て、官軍・賊軍の名称に改めさせようとしたが、中根は頑として譲らず、剛腹の聞こえが高い鳥尾将軍も兜を脱いだと伝えられている。

しかし鳥羽・伏見の戦が勃発すると、仁和寺宮嘉彰親王は征討大将軍に補せられ、錦旗・節刀を賜わり、諸兵を率いて進発、つづいて有栖川宮熾仁親王が東征大総督に任ぜられ、錦旗、節刀を授けられ、諸軍を率い征途に上られたから、たとえ諸藩兵であるにせよ、これを官軍と呼んで不自然でないと思う。しかし戊辰の役はいかなる原因で発生したか、どのような理由で拡大していったかを客観的に考えると、東北諸藩に限り官軍に抗する責任があったとは思われない。

彼等を順逆を誤った賊軍であると蔑視するのはいささか酷であり、列藩同盟軍もしくは同盟軍と呼んで差し支えないと思う。

少年の頃、自分は折にふれ父祖から、仙台藩の家老として伊具郡角田に領地を賜わっていた石川大和に仕え、五人扶持を食んでいた下級武士の家柄と聞かされたことがある。累代の恩顧を考えると西軍、東軍の語を選びたい気がするが、歴史を学ぶ者として、官軍、同盟軍と呼ぶのは妥当と思う。

最近はまた、官軍の代わりに政府軍の語が用いられることが多いが、官軍と政府軍とはニュアンスが異なるので、賛成しない。

というものだった。最近、新政府軍という言葉がよく使われる。新政府と国民は認めていないのだから私は薩長軍と呼んでいる。

秋田の変心

吉田昭治は、『秋田の戊辰戦争夜話』全三巻の「あとがき」に「ある思い出」と題し、仙台藩と秋田藩の確執を描いていた。

昭和二十七年頃の話である、秋田県南、現在の横手市、当時の十文字町に斎藤さんという名医がいた。蘭画の収集家として知られた方で、そのことを聞きに立ち寄ったことがあった。患者が大勢待っていたので、看護婦は気が気でない。

しょっちゅう、診察室に入って先生に何か耳うちをする。しかし先生はその度に「ふむふむ」と軽くうなずくだけで、さして意に介される風もない。

看護婦さんは、また小走りに戻って行く。そのとき、ちらっとこっちを見るまなざしからは、明らかに困惑と、この招かざる客への穏やかならざる心の動きが読みとれた。吉田はさすがに気がとがめて

「それでは……」

と腰を浮かしかけると、

「まあ、どうぞごゆっくり」

と回転椅子の向きを変えられて、いろいろ話をして下さった。

先生は下院内（現・湯沢市）で本陣と呼ばれた旧家の生まれで、藩主が参勤交代の往き帰りに立

ち寄った。その由緒ある建物は、戊辰戦争で官軍の本営となったり、賊軍の宿舎にされたりした挙句、しまいにはどっちかに焼かれてしまったという。それだけに、たとえば、

「後に総理大臣になった桂太郎がまだ二十歳ばかりの青年で、裸馬にまたがって走り回っていたのを、うちのおばあさんは見たといっていましたよ」

「庄内軍は村人たちに優しかったけれども、仙台はどうも乱暴だったようですな。何かというと斬るの打つのと騒ぐし、今でいう無銭飲食などはしょっちゅうだったようです」

といったお話をいろいろうかがうことが出来た。官軍であったはずの秋田県人が明治になって恵まれなかったことにも触れられ、

「仙北の六郷に某という快男児がいて、一時は新政府でいいところまで行ったが、途中で駄目になりました。秋田は、結局薩長に利用されただけだったんですな」

というようなことも話された。それからしばらく話し込んで先生が、

「そうそう」

と何度も大きくうなずかれながら、突然大きな声を上げて笑い出されたのは、私が、

「秋田藩は仙台の使者を殺してますね」

と言ったときであった。

「二高に在学中、えらいことがありました。二高に旧仙台藩士の舎監がいましてね、厳格な中にもなかなか優しいところのある爺さんで、生徒たちにも人気がありました。私なども入学した当座はずいぶん可愛がられ、お世話になったものです。ところが、ひとたび秋田の出身と分かると、途端に態度ががらりと変わってしまいました。

二高は仙台にあった旧制高校、戦後、東北大学教養部に吸収された。

それからというものは、寮の中であろうが、町の中であろうが、顔を合わせる度ごとに、一日に一回なら一回、三回なら三回、十回なら十回、凄い目でにらみつけて、割れ鐘のような声で「秋田の変心、秋田の変心」と頭ごなしに怒鳴りつけるんですな。

剣道のときなんかもひどいもんでしたよ、目の敵にしてこっぴどく打ち込んで来るんですからな。私は山奥の百姓のせがれで、仙台藩士の暗殺とはまったく何の関係もないのに――、いやあ、あれには参ったものでした。それほど、秋田藩に対する怨みが深かったということでしょうが」と、竹刀で打ちすえられたのがつい昨日のことでもあるかのように、今は頭髪のうすくなられた首すじのあたりを撫でさすりながら、苦笑されるのであった。

吉田さんはこの話はいつまでも鮮明に覚えており、お会いした時、

「仙台人の気持ち、わからないわけではありません」

とうなずかれたのだった。

新潟のお寺

私が長岡郊外のお寺に取材に行った時の事である。お寺には越後の戦争で戦死した会津の兵隊の墓

があった。生憎、住職が不在だったので、住職のおかみさんが取材に応じてくれた。

「わざわざおいでくださり、ありがとうございます」

品のいい方だった。

「私は長岡の士族の出ですが、新発田藩《しばた》は長岡を裏切って敵兵を新潟の港にいれたので、負けてしまった。いいか、お前は新発田の人間とは口をきいてはなりませんと、言われて育ちました。ですからごく最近まで新発田の人とは口をききませんでした」

「そうでしたか、それはまたきびしかったですね」

「当たり前でしょう。新発田のせいで、長岡がまけたのですから」

「まあそうですね」

私は慌ててうなずいた。

「ところがねえ、私、お茶をやっておりまして、その集まりが新発田であったのです。あら、どうしましょうと思いました。行こうか行くまいか、迷ったのですが、父もとうに亡くなっていましたので、新発田の人は、どんな人か、見てやろうと思いまして、でかけたのです」

「それでどうでしたか」

「それがねえ、みんないい人ばっかりで、親切にしていただいて感激しました。それ以来、新発田が大好きになりまして、最近は喜んででかけております。おほほほほ」

屈託のない笑顔だった。新発田の方にこのことを話したら、

「ありがたいことです」

と謙虚だった。新発田の方は、長岡人が苦手である。悪いことをしたという思いがどこかにある。し

かし、新発田も生き残る道を考えなければならない。江戸家老が強く主張して、薩長軍に寝返った。おかげで官軍の一員になり、町は焼かれなかったが、裏切り者の汚名は残った。

歴史は難しいものである。

三春と二本松

三春町は郡山市の近郊である、郊外と言ってもよい。きれいな町である。郡山市では、合併しませんかと何度か呼びかけたが、答えはノーだった。これは正解だと思う。三春町は、自分たちで住みよい町を造っている。

三春から阿武隈川を越すと二本松市である。私が以前勤めていたテレビ局の営業部長は会津、経理部長は三春、チーフカメラマンは二本松だった。

営業部長は、何かと金がかかる。スポンサー接待の伝票が、しばしば経理部長のところで引っかかる。

「あいつは三春だから、意地が悪い」

と営業部長がいえば、経理部長は、

「どうも会津はおおざっぱだ」

と批判する。すると営業部長は二本松出身のチーフカメラマンをつかまえる。

「君は二本松だろう、俺の言う方が正しいだろう」

「無論そうです」

「機材を買う際は、経理部長にペコペコするな。堂々と買ったらいいんだ。俺が稼ぐ」

「はい」

戊辰戦争の時、二本松藩は会津藩のいわば子分だった。

「兵隊を出せ、金もだせ」

会津はいつも命令する立場だった。三春は薩長軍が攻めてくると、いち早く薩長軍に寝返った。そして、薩長軍の先兵となって二本松を攻撃した。

後年、自由民権運動の闘士となった三春の河野広中はいの一番に突入し、

「何十人も殺した」

と放言し、後日訂正した。チーフカメラマンいわく、

「三春は卑怯者だ、卑怯者の子孫から嫁を貰うな、と二本松では語り継がれてきました」

有名な三春の滝桜も二本松の人は見に行かないともいった。

「それでいい。さすがは二本松、偉い」

営業部長が褒めた。

嘘のような本当の話である。

少年兵平太の目

少年兵の戊辰戦争感も胸を打つものがあった。会津藩の越後派遣軍のなかに、何人かの少年がいた。白虎隊ではなく父親や兄の従者としてついて来た少年たちである。

遠藤平太は十五歳。

越後口の萱野右兵衛隊に従軍した父遠藤虎之助について三月十二日に会津若松を出立、五月九日に連日の雨で水びたしの長岡に入り、十一日から朝日山の砲撃戦に投入された。

後年、平太は従軍時の記憶を整理し、末裔の方が『会津戊辰戦争従軍記』（自家版）と題して公表した。従来の史書では誰と誰がどこを攻め、敵を何人討ち取ったかとなるのだが、平太の記録はそれと異なり、少年兵の目で見た越後の戦いを実にリアルに描いていた。

雨のなか昼夜、野に伏し、山に寝る日々である。足が腐乱し、苦痛きわまりない。同じ少年兵の富松が耳の下を銃弾で撃ち抜かれ、泣き叫ぶ姿もあった。

腹部を斬られ、滝壷に転落した会津兵が這い上がり、長岡の病院に運ばれたが、切り口にウジが群がり、腸がはみ出し、惨澹たる有様だったと、自分の目で見た戦争を描いた。

やがて戦闘が激しくなり逃げ惑ううちに父親とはぐれ、一人さ迷い歩くと見知らぬ兵団に取り巻かれ、これで終わりだと観念すると、友軍の桑名藩だった。

越後の戦争は雨の戦争ともいわれた。信濃川をはじめ大小の河川が氾濫し、平太らは水びたしになって戦うが、夜間の戦闘で平太は増水した信濃川に転落し、すんでのところで助けられた。

とにかく目の離せない平太である。隊員らは平太になにかと気を遣っており、助かったと聞いて皆、ほっとした様子だった。

越後の戦いは集落に陣を張り、一つ一つ攻め取る一進一退の戦いが二カ月ほど続いた。双方とも集落に火を放ち、相手を追い払う作戦を取ったため農民は多大の犠牲を強いられた。

日記の後半は父親が重傷を負い、左腕切断の大手術を受け、城下に敵が攻め入るなか戦病死するまでが描かれている。

平太の父が重傷を負ったのは、津川に戻る途中の戦闘だった。腕に銃弾を浴びたのだった。

「これしきの傷」

と父親は歩き続けたが、そのうちに足並みが乱れ、歩行が困難になった。そこで津川の病院で診察を受けると意外な重傷で、会津若松の野戦病院に送られ、旧幕府医学所の西洋医松本良順が執刀して左腕を切断する大手術となった。その直後に、敵軍が城下に雪崩を打って侵攻してきた。

首をはねよ、と叫ぶ父親を平太は必死に背負い、逃れようとするが、少年の手に負えるものではない。平太は、

「父を助けてくれ」

と逃げ惑う人々にすがり、なんとか母の里方に運び込んだ。しかし容体は急変し、八月二十四日、父は不帰の客となった。

「なにとぞ快復全治致したく、神仏へ祈誓を籠り、苦心惨憺、真心を砕きしもその甲斐もなく、冥《めい》土黄泉《どよみ》へと旅たたれしかば、天を仰いで嘆息し、地に伏して涕泣し、祖母および母の落胆一方ならず。心気も狂わんばかり悲痛凄惨をきわむ」

平太は、父の死をこのように書き記した。

平太にとって、この戦争はなんだったのか。

「わが藩には先見の明なく無智、短才、猛威、暴慢にまたがりし故、かくのごとき惨敗の憂き目を見るに至りしは臍《ほぞ》をかむとも及ばず」

と会津藩首脳の判断の誤りを指摘し、

「ああ天なるかな」

と結んだ。

私は兵士や妻女の記録をかなり見てきたが、明確に指導部に誤りがあったと述べたのは、皆無に近かった。これが、動員された人夫や農兵の本音であったろうと思う。

美化された薩長

勝てば官軍、負ければ賊軍である。

薩長軍は戦後、自分たちはいかに正義の軍隊であったかを宣伝することに努めた。

その典型的なものが末松謙澄の『防長回天史』であった。末松謙澄は、安政三年（一八五六）、豊前国京都郡前田村（福岡県行橋市）に生まれた。

私の手元にあるマツノ書店刊『防長回天史』は全十四冊、膨大なものである。公平無私、忠実正確をうたっているが、末松は伊藤博文の女婿であり、この本の編纂事業は長州の毛利家が行っており、百パーセント長州藩の歴史書であった。

世良修蔵の暗殺については「世良の密書と称するものは頗る疑わし」と疑問を呈し、奥羽越諸藩を牽制した。

末松は奥羽越諸藩を徹底的に悪者にした。これを藤原相之助が仙台戊辰史で激しく反論したが、明治の教科書は、『防長回天史』の著述にそった官軍、賊軍の歴史であり、藤原の作品は負け犬の遠吠えと一蹴された。

しかし昨今、明治維新の捉え方が確実にかわりつつある。

私の取材録

私は各地で様々な声を聞いてきた。

いまから十五年前の平成十年に「戊辰戦争130年IN角館」という大規模な討論会が、秋田県角館で開かれたことがあった。

当時の角館町長、高橋勇七さんは東北大学国史学科の卒業生。これを機会に会津と長州の和解ができないかと考えた。私のところに高橋さんから電話があり感想を聞かれた。

細部をみれば、秋田の反乱もあったが、戊辰戦争の時、東北は奥羽越列藩同盟を結成し、薩長と戦った。

その中で最も激しい戦いは会津戦争だった。

そのとき敵味方に分かれて戦った福島県会津若松市（旧会津藩）と山口県萩市（旧長州藩）との市長らが同席して「戊辰戦争とわが町づくり」と題して語り合うことは、画期的な試みであり、私は一も二もなく大賛成だった。

「素晴らしいことです」と私は答えた。基調講演も依頼され、二つ返事でお引き受けした。中公新書に『奥羽越列藩同盟』を執筆したころだったので、演題はこの本のタイトルをベースに「奥羽列藩同盟が遺《のこ》したもの」と決めさせていただいた。

テレビ、新聞で大きく報道し、もしかすると会津と長州の和解がなるのではないかとう期待も込めて、人々は大会を待ち続けた。

前夜祭

前日の夜、角館町の温泉施設で前夜祭が行われた。出席者が一堂に会する交歓の夕べであった。ところが会津若松市長の山内さんの姿が見えない。どうしたのかと思い、事務局に聞くと、角館駅前の旅館にお一人で泊まっているということだった。

「どうして」

と私は思った。せっかくの前夜祭なのに、主賓の一人がいないのは、なんとも具合の悪いものだった。後で聞いたら山内さんには、どうにもならない事情が隠されていた。

角館の討論会に出発する直前、会津青年会議所の面々が、どかどかと市長室に押しかけ、

「ゆめゆめ長州と手を握ってはならない」

と釘をさしていたのだった。まじめな山内さんは、それを忠実に守っていたのである。

以前、市長選挙で長州との和解を口にした候補者はあえなく落選した。萩の野村市長と前夜祭で同席しては、何を言われるかわからない、山内さんは、そのこと気にされて、前夜祭を欠席されたのだった。

そこまで考えなくてもと思ったが、会津人は一様に生真面目だった。

平行線

翌日、午前十時から、注目の両市町が出席する討論会がはじまった。

　冒頭、萩の野村市長は、

「百三十年前の確執はあるが、お互い歴史的事実を踏まえ、その中から会津若松市の市民と文化、スポーツの交流を深めることによって新しい流れが生まれると思う」

と会津若松にエールを送った。しかし会津若松の山内市長からは回答はなく、

「戦後、会津の人たちは、恨みつらみではなく戦いへの遺恨を精神的、物質的なものに変え、それをバネに町づくりに努めてきた」

と述べたにとどまった。

　恩讐《おんしゅう》を消し去るまでには百三十年では足りないという意味を含んでいた。

吉田松陰

　続いて萩の野村市長は明治維新を語るには欠かせない長州の吉田松陰の名を挙げ、

「長州も幕末には二度も幕府の征伐を受け、大変な目にあっている」

と被害者でもあったことを強調、

「戊辰戦争はその流れの中で起きた大きな犠牲だった。いま日本は再び平成恐慌が起きそうな大変な時代を迎えようとしている。もう一度、歴史の原点に戻って、風化しようとしている明治維新を学ぶべきだ。振り返れば必ず未来が見える」

と再度呼びかけた。

　山内会津若松市長は、

「戊辰戦争は武士道としての戦いだった。それなのに戦死者の遺体は埋葬も許されなかった。武士同士の戦いなら、もっときちっとした始末をさせてもらいたかった。そして敗戦後、今のむつ市に会津藩士は移住させられたが、そこでは草の根しか食べるものがなかった」

と親代々から受け継がれた時の政府軍への恩讐を語った。

隣に座った川井白石市長は、

「萩市、会津若松市に囲まれて脂汗を流している状態だ」

とかつて敵味方に分かれて戦った両市の間に挟まれたことを引き合いに語りだすと会場からは爆笑が起こった。そして奥羽越列藩同盟の意義を語り、

「秋田藩はさっさと官軍に行っちゃった」とちょっぴりからしを効かせた。

萩市の野村市長はその間、目をつぶったままで、山内市長も野村市長とは視線も交わそうとはしなかった。

「ううん」

私もコメントを失い、双方を見つめるだけだった。

略奪暴行

山内さんが、あの惨憺たる会津戦争にふれたのは当然と言えば当然のことだった。集まった秋田の方々は、会津人の傷跡の深さを知り、ただうなずくばかりだった。

戦争には勝敗がつきまとう。軍事力から言って薩長軍の勝利は当然といえるものだった。だが官軍

というものの、その実態は、略奪と女分捕りの悪党部隊だった。会津城下から金目のものは全部奪い、女性を拉致監禁した。

籠城戦の備えを欠いた会津藩軍事局の判断の甘さもあったが、確かにひどい戦争であった。それだけではない。山内市長が言われたように明治政府は戦後まで会津人に賊軍、犯罪者の汚名を着せ、下北半島の極寒の地に流した。

挙藩流罪である。薩長政権の非人道主義がここに集約されていた。

実は秋田県も文中で見たように会津対長州のような複雑な問題を抱えていた。列藩同盟を離脱し、官軍になったのはいいとして仙台、庄内、南部藩、米沢藩から恨みを買い、多くの村が焼き払われた。その後遺症が残っていた。

きわめて沈痛な討論会だった。

会場には東京からテレビ局も姿を見せ、この日の朝刊には、

「会津、長州、世紀の和解がなるか」

といった見出しが踊っていたが、とんでもない、結果はすれ違いだった。でもここで得たものは大きかった。それだけ怨念の根は深く、今後に課題を残す結果に終わったが、角館町の試みは、未来につながるものであり、高く評価されるべきものだった。

私は高橋町長に大いに敬意を表した。高橋さんは町長を退任後、東北大学の大学院に入学され、更に歴史の研究に没頭され、私も仙台に出かけた折にお会いし、秋田の酒を楽しんだ。

和解への遠い道のり

　私は、これを契機に会津と長州の和解を模索するようになり、会津ラーメンの全国展開をされている幸楽苑の社長、仁井田さんを団長とする萩訪問団を編成、萩に出かけたことがあった。

　萩の野村市長が受け入れ態勢を取ってくださったので、交流会には萩だけではなく、山口、下関、三田尻など遠方からも大勢の方が見え、びっくりした。どこでも、大歓迎を受け、皆さん、会津のことを気にされていることを肌で感じ、同行した会津の歴史関係者からも「そろそろ和解の時期かな」という声も出た。

　しかし、会津若松全体となると異論も多く、大きな進展はむずかしいが、個人レベルでの交流は、非常に活発で、私の場合は長州研究の第一人者、一坂太郎さんと、よく対談を行っている。昨今も『大河ドラマと日本人』（イースト・プレス）で対談、『花燃ゆ』や『八重の桜』を論じた。

　先日、アメリカのハーバード大学ライシャワー日本研究所の所長、ベスター教授にお会いする機会があった。

「アメリカでも南北戦争以来、南部と北部の対立は続いています。ありのままの姿のほうがいいのです」

とおっしゃった。

　そう考えた方が、肩ひじを張らずに、楽しく歴史を見つめることが出来るかもしれない。最近、そう思っている。

エピローグ

仙台藩幕末群像ルポ

仙台に『仙台学』という雑誌がある。荒蝦夷というういかにも東北らしい名前の出版社が編集発行している。二〇一〇年だから今から五年前、編集を取り仕切っている千葉由香さんから『幕末群像　仙台の残像を歩く――』を執筆してほしいという依頼があり、仙台に出かけた。

仙台藩士玉虫左太夫《たまむしさだゆう》の末裔である仙台の山本三郎さんも同行し、二日がかりで仙台を歩いた。

世良修蔵の墓――東北戊辰戦争の火ぶた

最初に訪れたのは、長州藩士世良修蔵《せらしゅうぞう》の墓である。東北諸藩に謀略と掠奪とあらゆる意味において悪無限的な復讐の連鎖と殺戮戦争を持ち込んだ悪魔の使者である。

西郷の差し金で奥羽鎮撫総督府の下参謀として仙台に来て、会津藩征伐を主張し、仙台藩士に斬殺された世良修蔵の墓は、仙台市の郊外白石市の陣場山にあった。私はこれまで二、四回、ここを訪ねている。小高い山の中腹にあり、かつては見晴らしのいい場所だったに違いないが、今は寂れた侘びしい場所だった。

西郷と共に、長州の最高指導者木戸孝允《きどたかよし》も世良修蔵が仙台で大暴れをして戦争に持ち込むことを期待していた。薩長軍の期待を一身に担ってその大役を見事に演じ切って、最期は仙台藩士に誅殺された人物、それが世良修蔵である。

「奥羽皆敵、軍艦を酒田沖に回して前後から挟撃する」という世良の手紙が仙台藩士の手に落ち、世良は命を落とすことになる。世良は長州藩の下級武士で、仙台では悪魔の使者とも言われたが、長州ではそれなりの男だった。世良は山口県の大島郡椋野《むくの》村に生まれた。現在の周防大島町椋野、瀬戸内海の島である。本家は村の庄屋であった。萩に出て高杉晋作《たかすぎしんさく》の指導を受け、奇兵隊の書記も務めた。

奥羽鎮撫総督府の参謀は、同じ長州藩の品川弥二郎《しながわやじろう》だったが、参謀は会津攻撃が主な任務である。仙台も手強いと聞いて、品川はさっさと参謀を降りて世良に譲った。品川は、後に宮中顧問官、内務大臣を務める人物である。

世良修蔵の墓地で消された「為賊」の文字を指でなぞる星。

世良が仙台に姿を現したのは、慶応四（明治元・一八六八）年の三月である。突然、奥羽鎮撫総督一行を乗せた軍船が仙台湾に現れ、一行は東名浜《とうな》に上陸した。奥羽鎮撫総督従一位九条道孝《くじょうみちたか》、副総督従三位沢為量《さわためかず》、参謀従四位少将醍醐忠敬《だいごただゆき》、下参謀薩摩藩士大山格之助《おおやまかくのすけ》、下参謀長州藩士世良修蔵ら六百人ほどである。

仙台藩はあまりにも速い動きに戸惑った。「ともあれ九条総督に敬意を表さねばならぬ」と、藩主伊達慶邦は首席家老の但木土佐ら三百人を従えて、宿舎の観瀾亭に向かい九条総督に拝謁した。

「会津は朝敵である。仙台の手で会津を攻撃せよ」と世良が言った。

会津藩は京都守護職として京都に在勤し、孝明天皇が存命のときは、徳川幕府の名代として京都に君臨したが、薩長同盟が結成され、鳥羽伏見戦争に惨敗し、長州征討にも失敗して会津に帰るや国境に兵を出し、幕府の陸軍部隊も加わり、ふたたび勢いを盛り返していた。その会津藩をなぜ仙台藩が討たなければならないのか。

三月二十六日、榴ヶ岡公園の梅林亭で花見の宴が開かれ、総督府から沢副総督、醍醐参謀、世良下参謀らと薩長軍の諸隊長が出席した。酒が入ると酔いにまかせて、世良は人目もはばからぬ醜態を演じ、

陸奥に桜かりして思うかな
花ちらぬ間に軍《いくさ》せばやと

と詠み、会津攻撃に向かわない仙台藩は軟弱だとなじった。世良の暴言が積もりに積もって、仙台藩士が福島で世良を誅殺した。

明治政府の高官、長州の木戸孝允は明治天皇の東北巡行の際、白石市を一望に見下ろす世良の墓に詣で、献灯した。

仙岳院本堂〜輪王寺宮御座所

世良を誅殺した仙台藩は、奥羽越列藩同盟の盟主となって薩長軍に戦いを挑むことになる。列藩同盟参謀は仙台藩と会津藩で構成し、仙台藩からは遣米使節の随員として訪米した養賢堂指南統取、玉虫左太夫が軍務局議事応接統取として加わった。若生文十郎が副統取を務めた。

参謀たちは薩長政権を打倒して北方政権を樹立することを謳い、東北独自の天皇の擁立も図った。これに携わったのは会津藩の参謀小野権之丞である。

小野は上野の寛永寺に潜入、寛永寺の第十五代門跡、輪王寺宮公現法親王を北方政権の天皇に迎えることに成功した。輪王寺宮は伏見宮邦家親王の第九皇子で、誕生の翌年、孝明天皇の父君仁孝天皇の養子となった。記録によると皇后は仙台藩主伊達慶邦の養女、一条関白の女《むすめ》である。

上野で暮らした輪王寺宮は薩長を嫌い、榎本武揚の軍艦で江戸を脱出、茨城県の平潟《ひらかた》に上陸し、平、三春、会津若松、米沢を経て仙台に入り、仙台の東照宮の一角にある仙岳院《せんがくいん》に入られた。沿道はどこも黒山の人だかりだった。仙岳院本堂は高い樹木に囲まれ、当時の面影を残している。

北方政権の総理は仙台藩主伊達慶邦、副総理は会津藩主松平容保である。この政権が機能するかどうかは、すべて戦争の行方にかかっていた。仙岳院の末寺のひとつ、青葉区の清浄光院、通称万日堂に、仙台藩の洋式部隊、額兵隊の隊長星恂太郎の墓がある。

清浄光院――「額兵隊」星恂《じゅん》太郎《たろう》墓

戊辰戦争時の仙台兵は、「ドン五里兵」という、ありがたくないニックネームを貰っていた。大砲をドンと撃たれると五里も逃げるという意味である。

私の先祖は砲術師範の一人だったので、この話が出る度に、私は俯いてしまうのだが、その体たらくに星恂太郎は大いに怒り、洋式軍隊額兵隊を編制した。

赤と黒のマントをはおり、全員が連発銃を持った。しかし戦う前に、仙台藩は降伏してしまった。

「腰抜けめが」恂太郎は額兵隊を率いて箱館戦争に参戦し、仙台武士の意地を示したが、隊員の中に金次《きんじ》というラッパ手の少年がいた。親が止めるのを振り切って蝦夷地まで付いて行った。戦場で行方不明になり、恂太郎は必死に捜し回った。金次は敵の陣営に迷いこみ、何も食べずに草むらに隠れ、顔中、ブヨの大群に刺され、ぼこぼこになって戻ってきた。

「よかったよかった」恂太郎は金次を抱きしめて泣いた。

私は人情家でもあった恂太郎の墓前に焼香し、深々と頭を下げた。

日浄寺――悲劇の重臣、坂英力の墓

仙台藩軍事総督、坂英力《さかえいりき》の墓は青葉区堤町にある。藩主慶邦は輪王寺宮を迎え、北方政権の樹立を明確に打ち出した今こそ、白河奪還作戦の好機と捉えた。

七月一日、青葉城は白河口に出陣する兵士で溢れ、慶邦が青葉城御座の間に重臣を集め、問いかけた。

「我が軍、利あらず、いかにすべきか」

皆、拝伏して答える者がいない。そのとき、後方から鋭い声があがった。

「大将がその器にあらざるためである」

「しからば、大将は誰か」

「坂英力殿ッ」

と声が返った。

坂は現在の岩手県一関市藤沢町に領地を持つ重臣の一人であった。江戸勤務が長く、『仙臺人名大辭書』に、「伊達家の一族にして東山黄海邑《きのみむら》五百石を食《は》む…慶応二年奉行に挙げられ爾来、但木土佐と共に専ら国政を執る」とあった。

私は父親の転勤で高校は岩手県立一関第一高校に学んだ。黄海からの同級生も何人かいた。岩手県は水沢まで仙台藩であった。水沢は現在は奥州市である。

七月三日、藩主名代の坂英力を大将に参謀長真田喜平太《さなだきへいた》、五番大番士一小隊、投機隊一隊、伊達安芸《あき》の兵一大隊、聚義隊二小隊、真田喜平太の兵一小隊の約五百人が白河城に向かった。

これに会津、二本松藩も加わり戦ったが、生憎の大雨で、道は膝まで没する泥土となり、大砲を曳くこともできない。各隊の進撃は大幅に遅れ、攻撃は失敗してしまったが、次はなかった。

日浄寺には坂英力の末裔、坂和夫さんが来ていた。坂は戊辰戦争後、戦犯として但木土佐とともに処刑された。末裔の人々は無念の思いで百四十年を過ごしてきた。

「薩長軍に屈せず、会津攻めをしなかった。英力は武士の大義を果たした」と和夫さんは語った。会津の人が聞いたら涙を流すに違いない。

列藩同盟は乱れに乱れ、仙台藩の使節を秋田の雷風義塾の若者たちが斬殺して秋田藩が裏切り薩長軍に寝返った。

「秋田人がね」坂和夫さんがポツリと言った。

明治の頃、仙台の人は秋田の人と分かると「秋田の変心」となじった。岩手と秋田の県境で、私はこの話を何度も聞いた。岩手の南部藩もこれに怒り、秋田に攻め込んで賊軍にされてしまった。仙台藩は腰抜けではなかった。実に千人近い犠牲者を出して薩長軍と戦ったのである。

仙台藩の精神的な指導者大槻磐渓《おおつきばんけい》は、「薩長に大義なし」と言って、天皇を玉として操る政治手法に疑念を感じた。しかしすべては「勝てば官軍、負ければ賊軍」でしかなかった。

龍雲院――「鴉組」細谷十太夫の碑

仙台藩の常勝軍団、鴉組《からすぐみ》の隊長、細谷十太夫《ほそやじゆうだゆう》の墓は、青葉区子平町の龍雲院にある。鴉組は黒装束に身を固めたゲリラ部隊である。隊員は侍ではなく、奥州街道ぞいの暴れ者や猟師だった。長州の奇兵隊も身分の壁はなかった。

鴉組は薩長軍の宿舎に夜襲をかけ、恐怖に陥れた。列藩同盟軍には地の利があった。夜陰に紛れてゲリラ攻撃を仕掛ければ、敵は相当の損害を出すことは必至で、それを細谷十太夫が証明した。

細谷十太夫は仙台藩の探索方だった。戦況を視察してまともな戦法ではだめだと判断していた。武器には相当な差があり、火縄銃が主体の仙台兵は、雨が降れば戦争はできなかった。

戊辰戦争後、細谷十太夫は開拓使権少主典、西南戦争では陸軍少尉として出征、晩年は仏門に入り、龍雲院の住職を務めた。

境内に入ると、すぐ目につくのは大きな「細谷地蔵」である。髭を蓄えた翁像であり、いかにも細谷十太夫の風貌を現していた。これも仙台人の特性のひとつであった。臨機応変に生きるという、片意地を張らない人生である。

「粋人でしょうね」

と山本さんが言った。

保春院――奥羽越列藩同盟の立役者、玉虫左太夫の墓

玉虫左太夫は有名な『航米日録』の著者で、幕末、日米修好通商条約批准式典の際、正使の従者として訪米した人物である。玉虫左太夫は当時の日本では数少ない国際派ジャーナリストである。『航米日録』はアメリカを描いた優れた文明論であり、玉虫はワシントンで共和政治のすばらしさを学んでいた。選挙で選ばれた国会議員が財政、外交、防衛、教育など内外の政策を討論して決めるやり方である。大統領も選挙によって選ばれ、世襲ではなかった。

薩長軍は天皇を頂点に戴く官軍と僭称していたが、東北諸藩をまったく無視し、横暴で、暴逆の限りを尽くす一方的な政治戦略を実践していた。これは違うと玉虫が考えたのは当然なことで、参謀となって薩長軍への戦争に踏み切った。しかし戦いに敗れ、仙台藩が恭順したことで、一部の人間から

玉虫を糾弾する声が上がったため、榎本武揚は玉虫の才能を惜しみ、蝦夷地に行くことを勧めた。

「藩論一変するや榎本釜次郎等と共に北海道に奔り再挙を計らんとし、本吉郡の製塩場に至り、製塩を集めて榎本らの船の気仙沼に寄航するを待ちしが、藩の探索隊、本吉に入り込みて左太夫を索むる事急なりければ、已む無く浅野某の家に潜匿せしも、到底免れざるを知り、弟子大和田（後高橋）甲蔵と共に十月十三日、気仙沼を発して志津川に至るや捕吏の認むる所となり、狼河原、佐沼、古川を経て仙台に着せしは同十七日にて直ちに禁錮せられき、一方榎本等は開陽丸にて十三日、松浜を発し、鍬ケ崎に直航せしが、星恂太郎等の額兵隊を搭載せし回天艦は十四日気仙沼に寄港して左太夫を求めたるも、前日出発の後にて之を収容するを得ざりき」（仙台郷土研究会編『玉虫左太夫略伝』）

とあり、一日違いで乗れなかったのだ。

その後、玉虫左太夫は仙台藩政を握った恭順派の遠藤文七郎らの狂気のような戦犯狩りによって捕縛され、犠牲に

東北戦争後に処刑された仙台藩の軍事奉行・坂英力の子孫である坂和夫さん（左）、同じく切腹を命じられた奥羽越列藩同盟の立役者・玉虫左太夫の子孫である山本三郎さん（中央）と共に。

なったのである。

玉虫には妻と子がいた。途中で蝦夷行きを自ら断念したという説もあるが、北海道に渡っていれば、戊辰戦争とは何であったのか、玉虫左太夫は己の見聞を記述したに違いなかった。痛恨の極みというほかはない。

薩長軍は但木土佐と坂英力には斬首を申し渡したが、玉虫については、「仙台藩において処置いたし言上に及ぶべきこと」と通達していた。これは助命もありえる処置だった。福沢諭吉をはじめ多くの人が左太夫の助命を望んだが、遠藤文七郎らが強硬に反対した。かくて本来、責任のない玉虫左太夫までもが処刑されたのである。

飯沼貞吉終焉の地

一か所、意外な場所を回ってみた。会津白虎隊の蘇生者として知られる飯沼貞吉《いいぬまさだきち》の最期の地である。貞吉は、仙台で晩年を過ごした。会津戦争が終わった後、三年ほど空白の時期があった。

長州藩士楢崎頼三《ならざきらいぞう》と長州の美祢《みね》に行き、そこで過ごしたと昨今いわれている。私も一度、美祢にある楢崎頼三屋敷跡を訪ねた。その後、電信技士となった飯沼貞吉の最初の赴任地は赤間関《あかまがせき》、現在の下関市である。貞吉はある時期から白虎隊のことは何も喋らなくなった。終焉の地は仙台市青葉区錦町にあり、その敷地はアパートになっており、庭に記念碑が建っていた。そこを探す途中で、貞吉に会ったことがあるという老人に偶然出会った。

大正六年（一九一七）生まれの蘇武忠雄さんである。「小学生のころ、飯沼家の前を通ると、玄関に貞吉翁が座っているのが見えた。白い髭を蓄えた立派な人だった」と証言してくれた。これには本当にびっくりした。私は興奮し、感激し、改めて歴史探訪のすばらしさを実感した。

瑞鳳殿――弔魂碑、鹿児島県人七士の墓

最後は伊達政宗を祭る瑞鳳殿《ずいほうでん》に向かった。ここに戊辰戦争の殉難者千二百六十人を悼む弔魂碑が建っている。何度も来ていたところだが、改めて戦死者の霊に黙禱を捧げた。そこには仙台人の心意気が宿っていた。

帰りに瑞鳳殿に向かう坂道の途中にある「鹿児島県人七士の墓」に参拝した。西南戦争で捕らえられた国事犯三百五十人が宮城監獄へ送られ、十三人が獄死した。うち七人は引き取り手がなく、瑞鳳寺で手厚く葬られた。勝者が一転、敗者になったのが西南戦争である。胸が痛む墓碑であった。（『仙台藩物語』）

あとがき

私の戊辰戦争研究の原点は会津若松である。二十代の中ごろ、私は福島民報の若松支社に転勤になった。ある日、取材先の老人から言われた。

「星君はどこの生まれですか」

「仙台です」

「ううむ、仙台か」

「なにか」

「わしは仙台が嫌いだ」

ときびしい声で言った。

「どうしてですか」

「仙台人はずるい。さっさと白河から引き上げた。列藩同盟の盟主なのだから、最後まで戦うべきだった」

戊辰戦争白河口の戦いに関する話しだった。

この話、会津人北原雅長の『七年史』にも出ていた。仙台藩兵が白河から仙台に引き上げる際、奥州街道を通らず、石筵口から山道を通って米沢に抜け、仙台に戻っていた。

「なぜひきあげるのか」

という北原の問いに、仙台兵は、

「弾薬欠乏していかんともしがたし」

と答えた。

「弱虫めが」

北原がつぶやいた。

白河の戦争、主導権を握ったのは、仙台だったのか会津だったのか。私は禁門の変や鳥羽伏見を戦い、薩長の軍事力を熟知した点で、会津藩が主導権を握ったと考えていたが、幕末維新史の研究者あさくらゆうさんに聞くと、

「会津は仙台に遠慮して仙台にまかせたようですよ」

と語った。会津の西郷頼母は戦争のことは知らない。仙台も戦争を知らない。なんとなくなれ合いで、綿密な作戦計画がなされないままに、戦争に入ってしまったのかもしれなかった。共同作戦の難しさである。

とにかく緊張感に欠けていたことは事実だった。戦争は守る方が難しい。戦争巧者が攻めるほうだったので、未曽有の大敗を喫してしまった。

仙台か、会津か、どちらかに多き責任があるとすれば、当然会津だった。仙台は援軍である。会津がリードし、勝たねばならなかった。

昨今、幕末維新の再検討が進んでいる。私も『偽りの明治維新』で口火を切ったが、原田伊織『明治維新という過ち』も話題作である。古くは、山川浩『京都守護職始末』、山川健次郎『会津戊辰史』、北原雅長『七年史』、渋沢栄一『徳川慶喜公伝』、福地源一郎『幕府衰亡論』、蜷川新『維新正観』など枚挙にいとまない。巻末の文献をぜひ参照いただければ幸いである。

『幕末の会津藩』星亮一（中央公論新社）
『奥羽越列藩同盟』星亮一（中央公論新社）
『会津落城』星亮一（中央公論新社）
『敗者の維新史』星亮一（中央公論新社）
『幕末の会津藩』星亮一（中央公論新社）
『大鳥圭介』星亮一（中央公論新社）
『仙台戊辰戦史』星亮一（三修社）
『よみなおし戊辰戦争』星亮一（筑摩書房）
『偽りの明治維新』星亮一（大和書房）
『平太の戊辰戦争』星亮一（角川書店）
『北関東戊辰戦争』田辺昇吉（自家版）
『西洋見聞集』沼田次郎、松沢弘陽（岩波書店）
『白石市史』白石市
『仙台人名大辞書』仙台郷土研究会
『霊山町史』霊山町
『亘理町史』亘理町史編纂委員会
『七ヶ宿町史』七ヶ宿町史編纂委員会
『仙台戊辰戦史』（東京大学出版会）
『米沢市史』米沢市史編纂委員会
『河井継之助伝』泉鐸次郎（目黒書店）
『桑名市史』桑名市教育委員会
『小出町史』小出町教育委員会
『新発田市史』新発田市史編纂委員会
『村松町史』村松町史編纂委員会
『南柯紀行・北国戦争概略衝鉾隊之記』大鳥圭介、今井信郎（新人物往来社）
『芳賀町史』芳賀町史編纂委員会
『日光市史』日光市史編纂委員会
『藤原町史』藤原町史編纂委員会
『福島市史』福島市史編纂委員会
『戊辰紀事』佐藤信著、志賀潔編
『世良修蔵』谷林博（マツノ書店）
『伊達町史』伊達町史編纂委員会
『いまいち市史』今市市史編纂委員会
『黒羽町誌』黒羽町誌編纂委員会
『登米町誌』登米町誌編纂委員会
『ふるさと小斎の歴史』窪田文夫
『仙台戊辰物語』宮城県神社庁
『仙台戊辰史』藤原相之助（マツノ書店）
『幕末実戦史』大鳥圭介（新人物往来社）
『補訂戊辰役戦史』大山柏（時事通信社）
『戊辰白河口戦争記』鈴木完一編（戊辰白河口戦争記復刻刊行会）
『岩倉公実記』（原書房）

『岩倉具視』永井路子（文藝春秋）
『岩倉具視』大久保利謙（中央公論新社）
『秋田戊辰勤王史談』宙外後藤寅之助（秋田県振興会出版部）
『秋田の維新史』吉田昭治（秋田文化出版社）
『秋田県史』秋田県
『南部維新記』太田俊穂（大和書房）
『民衆のための戊辰戦争一三〇周年記念資料集』（北方風土社）
『秋田の戊辰戦争夜話』吉田昭治（岩苔庵）
『概説平市史』平市史編纂委員会
『浪江町史』浪江町史編纂委員会
『三春町史』三春町
『相馬市史』相馬市史編纂会
『会津史』池内儀八（歴史図書社）
『秋田の維新史』吉田昭治（秋田文化出版社）
『戊辰秘話　日光山麓の戦』田辺昇吉（板橋文化財保護協会）
『峠』司馬遼太郎（新潮社）
『長岡郷土史』第33号　長岡郷土史委員会
『英国公使館の維新戦争見聞記』ローレンス・オリファント／ウィリアム・ウィリス／中須賀哲朗訳（校倉書房）
『島原の乱』神田千里（中央公論新社）
『会津史談』第80号　会津史談会出版部
『防長回天史』末松謙澄修訂（マツノ書店）
『七年史』続日本史籍協会叢書（東大出版会）
『会津歴史フォーラム報告書』（会津若松市市制百周年記念事業実行委員会）
『戊辰戦争１３０年ｉｎ角館「いま戊辰戦争を問い直す」報告書』（角館町）
『戊辰戦争１３０年記念誌』（秋田市・戊辰戦争一三〇周年を考える会）
『佐賀藩戊辰戦史』宮田幸太郎（マツノ書店）
『会津藩庁記録』日本史籍協会叢書（東大出版会）
『幕末会津藩往復文書』会津若松市
『幕末会津志士伝稿本』広沢安宅
『会津藩教育考』続日本史籍協会叢書（東大出版会）
『会津若松史』会津若松史出版委員会
『若松市史』会津若松市
『谷干城遺稿』続日本史籍協会黄書（東大出版会）
『薩藩出軍戦状』日本史籍協会叢書（東大出版会）
『徳川慶喜公伝』渋沢栄一（東洋文庫）
『昔夢会筆記』渋沢栄一（東洋文庫）
『勝海舟全集』勝海舟（講談社）
『松平春嶽』川端太平（吉川弘文館）
『山内容堂』平尾道雄（吉川弘文館）
『幕末乱世の群像』吉田常吉（吉川弘文館）
『増補明治維新の国際的環境』石井孝（吉川弘文館）
『戊辰戦争論』石井孝著（吉川弘文館）
『秋月悌次郎伝』秋月一江発行
『氷川清話』勝部真長編（角川文庫）
『山内容堂』平尾道雄（吉川弘文館）
『大久保利通文書』日本史籍協会編（東京大学出版会）

著者略歴

星 亮一（ほし・りょういち）

1935年仙台市生まれ。

東北大学文学部国史学科卒。日本大学大学院総合社会情報研究科博士課程前期修了。

職歴

福島民報社記者、福島中央テレビ報道制作局長を経て、現在、歴史作家、フクシマ未来戦略研究所代表。

日本文芸家協会会員、福島県郡山市在住。

主な著書に、『脱フクシマ論』（イースト新書）、『会津藩流罪』（批評社）、『勝海舟と明治維新の舞台裏』（静山社文庫）、『大鳥圭介』（中公新書）、『明治を支えた「賊軍」の男たち』（講談社＋α新書）、『坂本龍馬その偽りと真実』（静山社文庫）、『謀略の幕末史』（講談社＋α新書）、『偽りの幕末動乱』『偽りの明治維新』（以上、だいわ文庫）、『幕末の会津藩』『奥羽越列藩同盟』『会津落城』（以上、中公新書）、『山川健次郎伝』『後藤新平伝』（以上、平凡社）、『龍馬が望まなかった戊辰戦争』（ベスト新書）、『仙台戊辰戦史』『白虎隊と二本松少年隊』（以上、三修社）、『会津籠城戦の三十日』『会津維新銘々伝』（河出書房新社）、『東郷平八郎伝』『出羽重遠伝』（以上、光人社NF文庫）、『幕臣たちの誤算』（青春文庫）などがある。

星亮一オフィシャルサイト　http://www.mh-c.co.jp/

長州の刺客
——明治維新の内幕

2015年11月25日　初版第1刷発行

著　者……星 亮一

装　幀……臼井新太郎

発行所……批評社
〒113-0033 東京都文京区本郷1-28-36 鳳明ビル102A
電話……03-3813-6344　FAX.……03-3813-8990
郵便振替……00180-2-84363
Eメール……book@hihyosya.co.jp
ホームページ……http://hihyosya.co.jp

組　版……字打屋
印刷所……文昇堂＋東光印刷
製本所……越後堂製本

乱丁本・落丁本は小社宛お送り下さい。送料小社負担にて、至急お取り替えいたします。

ISBN978-4-8265-0632-8 C0021